Beck-Rechtsberater

Jura –
erfolgreich studieren

Für Schüler und Studenten

Von Christof Gramm
und Heinrich Amadeus Wolff

7., überarbeitete und ergänzte Auflage

Deutscher Taschenbuch Verlag

www.dtv.de
www.beck.de

Originalausgabe

Deutscher Taschenbuch Verlag GmbH & Co. KG,
Tumblingerstraße 21, 80337 München
© 2015. Redaktionelle Verantwortung: Verlag C.H. Beck oHG
Druck und Bindung: Druckerei C.H. Beck, Nördlingen
(Adresse der Druckerei: Wilhelmstraße 9, 80801 München)
Satz: ottomedien, Darmstadt
Umschlaggestaltung: Design Concept Krön, Puchheim
unter Verwendung eines Fotos von Fotolia
ISBN 978-3-423-50770-7 (dtv)
ISBN 978-3-406-67278-1 (C. H. Beck)

Vorwort

Aufgrund der freundlichen Annahme, die diese Einführung bei den Lesern gefunden hat, erhält das Werk nun seine 7. Auflage. Das Ziel des Buches ist gleich geblieben Es möchte vor allem SchülerInnen und Studierenden in den Anfangssemestern helfen, effektiv, erfolgreich und mit möglichst viel Freude zu studieren:

- Es vermittelt Ihnen für die Wahl Ihres Studienganges ein möglichst realitätsnahes Bild vom Studienverlauf und späteren Berufsmöglichkeiten. Sie sollen zunächst eine klare Vorstellung gewinnen und dann entscheiden, ob dieses Studium das richtige für Sie ist. Schließlich stellt die Studienwahl in den meisten Fällen den entscheidenden Schritt für die Berufswahl dar – und damit für die nächsten 40 Jahre Ihres Lebens.
- Es bietet Ihnen Anregungen, mit denen Sie Ihre Urteilskraft trainieren und Ihre eigene Motivation durchleuchten können. Prüfen Sie nicht nur das Fach, sondern auch sich selbst!
- Es enthält praktische Tipps zu den einzelnen Schritten des Studienverlaufs, Hinweise auf Arbeits- und Lernmethoden sowie zahlreiche weitere konkrete Informationen und Adressen zu Aufbau, Finanzierung, Organisation und Abschluss eines erfolgreichen Studiums.

Die Mittel und Empfehlungen, mit Hilfe derer die Ziele erreicht werden sollen, wandeln sich mit der Zeit. Der Grund dafür ist einfach. Studieren in Deutschland und speziell im Fach der Rechtswissenschaften verändert sich zurzeit. Das Schwerpunktstudium, die Fernwirkungen des Bologna-Prozesses und die Stärkung der universitären Selbstständigkeit verursachen eine gewisse Unübersichtlichkeit über den Verlauf des Studiums. Die Neuauflage passt die Darstellung daher an diese Veränderungen an.

Die wichtigste Botschaft, die dieses Buch vermitteln möchte, ist dabei folgende: Nehmen Sie Ihr Studienschicksal entschlossen und kritisch in die Hand. Die Hochschulbildung gehört bei allen offensichtlichen Unzulänglichkeiten zum Kostbarsten, was unsere Gesellschaft anzubieten hat.

Nichts ist so gut, als dass es nicht verbessert werden könnte. Die Autoren danken allen, die in der Vergangenheit durch Hinweise dieses Buch verbessert haben und freuen sich auch in Zukunft über Anregungen und Kritik, am besten mit der Post über den Verlag oder per Mail (Heinrich.Wolff@uni-bayreuth.de). Heinrich Wolff dankt den Mitarbeitern seines Lehrstuhl für die vielfältige Hilfe, insbesondere Herrn Thomas Kosmider.

Köln/Bayreuth *Christof Gramm*
im Mai 2015 *Heinrich Amadeus Wolff*

Inhaltsübersicht

Vorwort V
Inhaltsverzeichnis IX
Abkürzungsverzeichnis XIII

1. Kapitel
Einführung – Studieren lernen 1

2. Kapitel
Was ist Jura? 9

3. Kapitel
Den eigenen Standort bestimmen: Jura, die richtige Wahl? 15

4. Kapitel
Was die Juristin und den Juristen ausmacht 19

5. Kapitel
Studieren ohne Illusionen 53

6. Kapitel
Arbeitstechniken 89

7. Kapitel
Aus Fehlern lernen 119

8. Kapitel
Präsentation in Wort und Schrift 143

9. Kapitel
Über die Liebe zur Sache 177

10. Kapitel
Die Praxis des Studiums 183

11. Kapitel
Schlüsselqualifikationen für JuristInnen 197

Inhaltsübersicht

Anhang 213

Anmerkungen 251
Sachverzeichnis 253

Inhaltsverzeichnis

Vorwort	V
Inhaltsübersicht	VII
Abkürzungsverzeichnis	XIII

1. Kapitel
Einführung – Studieren lernen 1

2. Kapitel
Was ist Jura? 9

3. Kapitel
Den eigenen Standort bestimmen:
Jura, die richtige Wahl? 15

4. Kapitel
Was die Juristin und den Juristen ausmacht 19

1. Wie studiert man Jura? 19

2. Wer studiert Jura? 20

3. Die wichtigsten Berufsbilder 25
   Richter/Richterin 25
   Rechtsanwalt/Rechtsanwältin 28
   VerwaltungsjuristIn 32
   VolljuristIn in der Wirtschaft 34
   Wissenschaft 36
   Sonstige Berufe 37
   Insbesondere: Frauen in juristischen Berufen 38

4. Das Handwerkszeug 39
   Fallbeispiel: Die unglückliche Erblasser 41

5. Wie gut ist gut genug? 48

5. Kapitel
Studieren ohne Illusionen 53

1. Ein paar Fakten oder: Wie süß ist das Studierendenleben? 53

2. Wie gut ist die Qualität der Lehre? 55

3. Welche Uni ist die richtige für mich? 58

4. Welche Schwerpunktesetzung ist die richtige für mich? ... 64

5. Den Studienverlauf in die Hand nehmen 67
- Studienabschnitte 68
- (1) Die Eingangsphase 68
- (2) Das Grundstudium 69
- (3) Das Hauptstudium 70
- (4) Schwerpunktbereichsstudium 71
- (5) Examensvorbereitung 72
- Veranstaltungsformen 73
- Studienbegleitende Prüfungen 75
- Examensvorbereitung 76
- Erste juristische Prüfung 78
- Individuelle Schwerpunktsetzung 81
- Finanzierung 84

6. Kapitel
Arbeitstechniken 89

1. Der Grundsatz des aktiven Lernens 89

2. Selbstmotivation und Profilbildung 91

3. Der gut gepflegte Zeithaushalt 98

4. Grundregeln des Selbststudiums 104
- (1) Verständnis lässt sich nicht erzwingen 105
- (2) Das Verstehen nimmt einem niemand ab 105
- (3) Von der Schwierigkeit, das richtige Buch zu finden 106
- (4) Vorbereiten ist wichtiger als Nachbereiten 108
- (5) Die innere Grundhaltung 109
- (6) Die Kunst des Fragens 110
- (7) Aufbauendes Lernen 111

(8) Die handwerkliche Seite des Lernens 113
(9) Teamwork: Teamwork kann produktiv sein 114
(10) Zur Erinnerung 116

7. Kapitel
Aus Fehlern lernen 119

1. Qualitätskontrolle 119

2. Psychologie zum Anfassen: Lerntypen 123
Die Familie der Erfolgsorientierten 125
Die Familie der Sachbezogenen 128
Die Familie der Ausweichenden 131
Die Familie der Verzweifelten 133

3. Typische Fehlerquellen 135
Sachverhaltsfehler 136
Fehler im Umgang mit dem Gesetzestext 138
Aufbaufehler 140
Denkfehler 142

8. Kapitel
Präsentation in Wort und Schrift 143

1. Die praktische Kommunikationslücke 143

2. Sprechen in der Universität 146

3. Juristisches Schreiben 157
Exaktheit des Sprachgebrauchs 160
Vorsicht vor falschem Sprachstil 160
Grundsätzlich ist bei Prüfungsarbeiten der Gutachtenstil anzuwenden 160
Rechtsnormen richtig zitieren. 161
Kein zusammenhangloses Reproduzieren von Wissen 162
Argumentieren statt Abschreiben 162
Ich-Stil 163
Achtung vor überflüssigen Floskeln 163
Richtige Schwerpunktsetzung 164
Die herrschende Meinung 164
Umgang mit Fußnoten 165

4. Grundzüge der Klausurenpraxis ... 166
Zum Klausurenablauf ... 168

9. Kapitel
Über die Liebe zur Sache ... 177

10. Kapitel
Die Praxis des Studiums ... 183

1. Die Zielbestimmung ... 183

2. Spezifische Probleme ... 187

3. Bewältigung der Stofffülle ... 191

4. Das Zeitproblem ... 193

5. Der Universitätsbezug ... 194

6. Die intellektuelle Freude ... 196

11. Kapitel
Schlüsselqualifikationen für JuristInnen ... 197

1. Juristische Fachkenntnisse sind zu wenig ... 197

2. Kann man Schlüsselqualifikationen erlernen? ... 199

3. Drei ausgewählte Qualifikationsfelder ... 201
Sachlichkeit und Fairness ... 201
Der Blick fürs Wesentliche und der Sinn für Angemessenheit ... 202
Überzeugungskunst ... 205

4. Konzentrieren Sie sich auf Ihre Stärken! ... 210

Anhang ... 213

1. Der Motivations- und Zieltest ... 213

2. Statistiken und Übersichten zum Jurastudium ... 222
Statistik 1 ... 223
Statistik 2: Art und Gewichtung der in der staatlichen
Pflichtfachprüfung zu erbringenden Leistungen ... 225

Inhaltsverzeichnis

Statistik 3: Übersicht über die Zahl der in der Bundesrepublik erfolgreich abgelegten juristischen Examina (ohne einstufige Ausbildung) 226
Statistik 4: Überblick über die Schwerpunktbereiche in der universitären Lehre und ersten Prüfung an den juristischen Fakultäten Deutschlands 229
Baden-Württemberg 229
Bayern 231
Berlin 234
Brandenburg 235
Bremen 236
Hamburg 237
Hessen 238
Mecklenburg-Vorpommern 239
Niedersachsen 240
Nordrhein-Westfalen 242
Rheinland-Pfalz 245
Saarland 246
Sachsen 247
Sachsen-Anhalt 248
Schleswig-Holstein 248
Thüringen 249

Anmerkungen 251
Sachverzeichnis 253

Abkürzungsverzeichnis

Abs.	Absatz
Art.	Artikel
AtomG	Atomgesetz
Aufl.	Auflage
BAbfallG	Abfallgesetz des Bundes
BGB	Bürgerliches Gesetzbuch
BImSchG	Bundes-Immissionsschutzgesetz
BVerfGE	Entscheidungssammlung des Bundesverfassungsgerichts (mit Band- und Seitenangabe)
GG	Grundgesetz
HIS	Hochschul-Informations-System (mit Sitz in Hannover)
i. d. R.	in der Regel
LSAT	Law School Admission Test
NatSchG	Naturschutzgesetz
NC	Numerus clausus
TierSchG	Tierschutzgesetz
VwGO	Verwaltungsgerichtsordnung
WaffenG	Waffengesetz
ZVS	Zentralstelle für die Vergabe von Studienplätzen (mit Sitz in Dortmund)

1. Kapitel

Einführung – Studieren lernen

Sie wollen Jura studieren oder spielen mit diesem Gedanken? Dann sollten Sie wissen, worauf Sie sich einlassen, und sich vorher so gut wie möglich informieren – schließlich geht es um Ihr (Berufs-)Leben. Dieses Buch will Ihnen dabei helfen, sich ein möglichst realistisches Bild von der Juristerei zu machen.

Ein Ratgeber kann Ihnen Ihre Entscheidungen nicht abnehmen. Er kann Ihnen aber helfen, sich besser zu orientieren und Ihre eigenen Entscheidungen auf einer möglichst gut fundierten Urteilsgrundlage zu treffen.

Ein erfolgreiches Studium der Juristerei lässt sich weder mit einem gemächlichen Spaziergang, einer Wanderung mit gutem Kartenmaterial noch einer harten Bergtour vergleichen, sondern vielleicht am ehesten mit einer Dschungeldurchquerung, an deren Ende verheißungsvoll das offene Meer liegt. Dort anzukommen ist nicht ganz einfach, denn wer kennt sich in unseren Breiten schon im Dschungel aus? Auch wenn das Bild von der Dschungeldurchquerung natürlich überzeichnet ist: Es gibt einige interessante Gemeinsamkeiten mit dem Jurastudium.

Im Dschungel lauern bekanntlich unzählige Gefahren. Vor allem aber: Es gibt keine erkennbaren Wege oder auch nur Pfade, und wenn es welche gibt, sind sie schnell wieder überwuchert und zugewachsen. Trampelpfade führen deswegen oft in die Irre. Hat man

1. KAPITEL Einführung – Studieren lernen

den Dschungel erst einmal betreten, droht schon nach wenigen Metern der Verlust jeglicher Orientierung. Vor allem dem Unerfahrenen dreht sich bald alles im Kreis und jeder Weg scheint gleich richtig oder gleich falsch zu sein, halt irgendwie „zielführend" – oder auch das genaue Gegenteil davon. Nicht genug damit, gibt es auch noch etliche unbekannte, verwirrende Geräusche und allerhand unheimliches Getier, vor dem man sich besser in Acht nimmt. Vor allem gilt: Ohne eine gute Ausrüstung, ohne eigene Erfahrung oder zumindest eine erfahrene Wegleitung durch einen Experten verläuft man sich unweigerlich im schattigen Halbdunkel einer fremden Welt.

Die Situation wird dadurch nicht besser, dass viele gleich Ahnungslose zur gleichen Zeit an der gleichen Stelle losirren, um diese unbekannte Welt zu durchqueren. Schnell entsteht die gefährliche Situation zusätzlicher Verwirrung durch den Verlust der eigenen Urteilsfähigkeit. Eigene Ahnungslosigkeit verleitet einen schnell dazu, anderen zu vertrauen, selbst wenn sie noch ahnungsloser sind. Mancher hat sich gerade erst dadurch gründlich verlaufen, dass er einem anderen, von dem er glaubte, dass er es besser weiß, einfach gefolgt ist.

Der Grad der eigenen Anstrengung sagt leider noch nichts darüber aus, ob ich meinem Ziel tatsächlich auch nur einen Schritt näher komme. Der ziellose Energieeinsatz hilft nur selten weiter. Dass Sie Ihre Kräfte dabei völlig sinnlos vergeuden, ist noch nicht einmal das Schlimmste. Viel schwerer wiegen die psychischen Folgen, die denjenigen einholen, der sich selbst betrügt:

- Sie verlieren die Motivation und den Spaß am Studium
- oder Sie werden verbissen und total verkrampft
- oder Sie resignieren einfach und geben Ihre Ziele auf.

Dieses Gefühl der Orientierungslosigkeit beruht zum Teil auf der Art der Abschlussprüfung. Bisher lernte man jahrelang auf eine Prüfung hin, deren Anforderungen und Verlauf man nicht genau kannte. Eine Abschichtung einzelner Teilprüfungen war nicht möglich, ein Einbezug von Teilleistungen aus dem Studium nicht vorgesehen. Dies hat sich mit der Einführung des „Freischusses" und der Wiederholungsmöglichkeit sowie der neuen Schwerpunktbereiche deutlich verbessert. Das Problem ist im Kern aber gleich geblieben. Man muss immer noch einen wesentlichen Teil des Examens innerhalb kurzer Zeit ablegen. Die Zweite Juristische Staatsprüfung ist unverändert eine vollständige Abschlussprüfung, ohne Teilprüfungen während der Referendarzeit.

Ein paar Worte zu den Verbesserungen: Es wurde zunächst die so genannte Freischussregelung eingeführt. Sie gibt Ihnen das Recht auf einen Examensversuch, der nur dann gewertet wird, wenn Sie es wollen: Lief die Prüfung gut, wird Sie auf Ihren Wunsch als vollwertiges Examen angesehen, andernfalls zählt der Versuch als reiner Manöverschuss. Alle damit verbundenen Fragen – Soll ich einen Freischuss probieren? Wie bereite ich mich darauf vor? – stellen sich Ihnen erst ziemlich spät. Wer sich allerdings zum Freischuss entschließt, wird sich rechtzeitig darauf einzustellen haben, da jenseits einer bestimmten Semesterschwelle die Chance i. d. R. vertan ist. Dazu unten mehr. Weiter wurde gleichzeitig die Möglichkeit eines Verbesserungsversuches geschaffen. Danach kann auch derjenige, der das Examen bestanden hat, innerhalb einer Frist von i. d. R. einem Jahr das Examen noch einmal ablegen und versuchen, ob er die Note dadurch verbessern kann.

Schließlich wurden vor wenigen Jahren Schwerpunktbereichsprüfungen eingeführt. Diese universitäre Teilprüfung schwächt das Risiko des orientierungslosen Laufens „ins Dunkle" hinein noch einmal ab. Nach der Neuregelung werden 30 % der Examensnote durch universitäre Prüfungen im Schwerpunktbereich gebildet, die teilweise vor der eigentlichen Abschlussprüfung während der Studienzeit abgelegt werden können und einen engeren Bezug zwischen Studium und Prüfung herstellen. Die meisten angehenden JuristInnen haben vor Beginn ihres Studiums keine oder nur unzureichende Techniken erlernt, ihr eigenes Studienschicksal befriedigend und effektiv zu gestalten. Die Schulen mit ihrer alles in allem doch recht behüteten Atmosphäre vermitteln diese Techniken nicht in ausreichender Weise. Vor allem ist es ein Irrtum zu glauben, dass die allgemeine Hochschulreife automatisch auch zu einem guten Studium befähigt – sie ist eine Eintrittskarte, nicht mehr und nicht weniger. Es geht bei der selbstverantwortlichen Gestaltung des eigenen Studienweges um mehr als um die richtige Benutzung des Internets, der Universitätsbibliothek oder die Kunst des Zitierens, und es liegt weitgehend an Ihnen, sich die notwendige Orientierungskunst anzueignen. Dieses Buch möchte Sie dabei begleiten.

Sinn hat das allerdings nur, wenn Sie eine wichtige Spielregel akzeptieren. Mit ein bisschen wohliger Lektüre am Feierabend und behaglich-besinnlichem Insichgehen oder „Vernünfteleien" über die Gerechtigkeit ist es nicht getan. Wenn Sie dieses Buch mit Gewinn lesen wollen, müssten Sie als Erstes eine ordentliche Portion Aufrichtigkeit im Umgang mit sich selbst aufbringen. Aufrichtigkeit im Umgang mit sich selbst bedeutet – negativ ausgedrückt – die Verabschiedung von der inneren Bereitschaft, sich Illusionen zu machen. Der Glaube, es werde schon gut gehen oder künftig werde alles besser werden, hilft nicht weiter. Positiv formuliert: Sie zielt auf die Erlangung von Klarheit über sich und den eigenen Standpunkt. Selbstverständlich sollen Sie an Ihren eigenen Erfolg glauben, aber aus guten Gründen. Lernen Sie, Ihre Stärken und Schwächen im Hinblick auf die Juristerei zu unterscheiden und mit Ihren positiven Ressourcen zu arbeiten. Dagegen kann es Ihnen einigermaßen gleichgültig sein, was Ihre Mitstudierenden/Kommilitoninnen und Kommilitonen über Sie denken. Sie haben auch nicht die Aufgabe, Ihre Kommilitonen davon zu überzeugen, dass Sie nun den ultimativen Trick gefunden hätten, wie man sich möglichst effektiv durchs Unterholz des juristischen Studiums schlägt. Das heißt nicht, dass andere Ihnen nicht auch auf Ihrem Weg helfen könnten oder, umgekehrt, dass Sie nicht auch andere dabei unterstützen könnten und sollten. Aber jeder noch so gelungene Umgang mit anderen kann den aufrichtigen Umgang mit sich selbst nicht ersetzen. Dieses Training will Ihnen in erster Linie – und nicht ohne eine Portion Humor – zeigen, wie Sie den Weg durch Ihr Studium hin zur ersten juristischen Prüfung möglichst erfolgreich finden können. Marschieren müssen Sie selbst.

Beantworten Sie bitte die folgende Frage:

Was bedeutet Erfolg für Sie in Ihrem Studium?
Halten Sie unbedingt ein paar Minuten inne, bevor Sie weiterlesen. Die Frage ist ganz ernst gemeint. Also, haben Sie Ihre Meinung erforscht?

Zum langfristigen Erfolg gehört mehr als die Punktzahl im Examen. Man kann dies mit drei Stichworten umschreiben, die zugleich die Leitgedanken für die Orientierung im Studium ausmachen. Die Stichworte lauten: Intensität – Qualität – Urteilskraft.

Intensität, Qualität und Urteilskraft sind Wertbegriffe, die sich nicht direkt angehen und nicht planmäßig erarbeiten lassen. Der innere Entschluss zur Qualität geht für sich genommen immer ins Leere, ebenso wie das nackte Wollen, das sich auf die Entwicklung des eigenen kritischen Urteilsvermögens erstreckt. Der Selbstappell „Sei gut!" hilft noch nicht viel weiter. Hier gilt Ähnliches wie für den bekannt gewordenen Appell von *Paul Watzlawick* in seinem Buch ‚Anleitung zum Unglücklichsein': „Sei spontan" ist eine absurde Aufforderung. Man kann Spontaneität ebenso wenig befehlen wie Qualität. Qualität und Urteilskraft bedeuten mehr als die Fülle des Wissens. Sie müssen langsam reifen und stehen eher am Ende eines langen Weges, für den das Bild von der Dschungeldurchquerung steht. Um beides zu erlangen, braucht man neben dem Willen zur Qualität viel Erfahrung, Geduld und vor allem die unverkrampfte Anstrengung in der Sache. Wenn Sie Qualität wirklich zu Ihrer eigenen Sache machen wollen, müssen Sie selbst etwas tun, um Qualität zu gewinnen. In gewisser Hinsicht ist das Jurastudium nichts anderes als ein Training für Ihre Urteilskraft, zu dem selbstverständlich auch ein paar handwerkliche Fertigkeiten gehören.

Der juristische Dschungel wird Ihr Trainingsfeld für die nächsten sechs bis acht Jahre sein. So lange dauert es nämlich ungefähr, bis Sie gelernt haben, sich in ihm zurechtzufinden. Ein perfekter juristischer Experte sind Sie dann zwar immer noch nicht, aber immerhin haben Sie dann die höheren Weihen, die Sie zur Berufsausübung befähigen. Eine ziemlich lange Wanderung steht Ihnen also bevor.

1. KAPITEL Einführung – Studieren lernen

In den folgenden Kapiteln finden Sie Tipps, Methoden und praktische Übungen, um Ihr Qualitätsbewusstsein zu trainieren. Inhaltlich ist der Bogen weit gespannt

Das zweite Kapitel soll Ihnen abstrakt kurz erläutern, was Jura ist, weshalb der Jurist eine eigene Ausbildung benötigt und was das Besondere an dieser Kunst ist.

Im dritten Kapitel haben Sie die Möglichkeit, sich selbst zu prüfen. Analysieren Sie Ihre Einstellung zur Juristerei und gehen Sie der Frage nach, ob Ihnen das juristische Denken überhaupt einigermaßen liegt.

Im vierten Kapitel geht es um das juristische Profil des Berufsstandes und seiner „Handwerkskunst". In diesem Kapitel finden Sie auch ein paar Informationen zur Juristerei als Wissenschaft, zu den gängigen Berufsbildern und zu den jeweiligen Anforderungen.

Hochschulpolitische Rahmenbedingungen, die Ihre Studiensituation maßgeblich beeinflussen werden, stehen am Anfang des fünften Kapitels. Hier wird auch die Wahl des Studienortes erörtert. Desillusionierung ist dabei leider unvermeidlich. *Ingo von Münch* hat einmal sehr drastisch vom „Studium als Abbruchunternehmen" gesprochen. Desillusionierung muss aber weder den Absturz in die Resignation noch das kalte Abgebrühtsein zur Folge haben. Es gibt auch im Massenstudium Wege zu kostbaren geistigen Erlebnissen, von denen viele ein Leben lang zehren. Ohne Intensität, Qualität und Urteilskraft bleibt jedes Studieren ein fades Einpauken, das die Persönlichkeit kaum weitet. Möglichkeiten der Gestaltung des persönlichen Studienverlaufs ergänzen dieses Kapitel. Dabei wird auch auf die einzelnen Richtungsentscheidungen, die man im Studienverlauf treffen muss, eingegangen: Nehmen Sie den Verlauf Ihres Studiums selbst in die Hand!

Das sechste Kapitel stellt einige grundlegende Lerntechniken vor, die den Grundsatz des aktiven Lernens *(F. Haft)* praktisch umsetzen. Dazu gehört auch die Einübung des effektiven Umgangs mit der eigenen Zeit.

Das siebte Kapitel konzentriert sich auf eine besondere Methode des aktiven Lernens, das Lernen aus eigenen Fehlern. Man könnte ganz modern auch von einer Art Qualitäts-Controlling für Studierende sprechen. Es enthält unter anderem eine kleine, zwischen Scherz und Ernst angesiedelte Charaktersammlung, bei der jeder sich selbst prüfen mag.

Das achte Kapitel thematisiert eine häufig unterschätzte Dimension für ein gelungenes Studium. Es geht um die Anwendung des Erlernten, genauer gesagt, um die dazu erforderlichen praktischen Fertigkeiten. Für diese handwerkliche Seite werden Grundzüge und einige Präsentationstechniken in Wort- und Schriftform vorgestellt.

Schließlich hat Jura vor allem auch etwas mit Gerechtigkeit und Solidarität, mit Freiheit und Zwang, mit Frieden und Sicherheit, mit Staat und Verfassung zu tun. Im neunten Kapitel geht es deswegen um die Liebe zur Sache und das Ethos der JuristInnen.

Das zehnte Kapitel enthält einige pragmatische Tipps und Vorschläge zur Bewältigung eines Jura-Studiums.

Seit der 5. Auflage neu hinzugekommen ist das 11. Kapitel „Schlüsselqualifikationen für JuristInnen". Hier geht es um die berufspraktische Perspektive, was man von Ihnen außer juristischen Fachkenntnissen noch erwarten wird. Es ist gut und hilfreich, wenn Sie sich über die Erwartungshaltung des juristischen Berufsstandes schon während Ihres Studiums Klarheit verschaffen.

Die Kapitel wurden jeweils von einem der beiden Autoren verfasst, deren Inhalt wird aber von beiden Autoren mitgetragen.

2. Kapitel

Was ist Jura?

Jura ist die Kunst rechtmäßiges Verhalten von rechtswidrigem zu trennen. Das geschieht, indem untersucht wird, ob ein Verhalten in einem konkreten Fall mit einem allgemein gültigen Rechtssatz übereinstimmt. Das hört sich banal an, kann aber im Einzelfall sehr schwierig sein. Es handelt sich dabei um eine für das friedliche Zusammenleben der Menschen sehr wichtige Aufgabe. Dies beruht auf folgendem Gedanken. Die Rechtsnorm, i. d. R. ein Parlamentsgesetz, soll festlegen, wie die Menschen miteinander friedlich leben können, so dass diese einerseits möglichst viel von dem Zusammenleben profitieren können (vor allem durch Arbeitsaufteilungen und gegenseitige Schutzgewährleistungen) und andererseits jeder Einzelne so viel Freiheit wie möglich erhält. Diese Freiheit soll er nach seinen eigenen Interessen ausfüllen, vorausgesetzt, er schadet dadurch keinem anderen. Absoluter Fixpunkt aller Rechtsregeln ist dabei die Freiheit und Gleichheit jedes einzelnen Menschen. Die Rechtsnormen, d. h. die Gesetze, enthalten meist allgemeine Regeln (etwa den Satz „man soll auf der Straße rechts fahren" oder „Verträge, die man abschließt, muss man grundsätzlich auch einhalten"). Die Generalität und Abstraktheit der Vorschrift garantiert am ehesten, dass die Regel inhaltlich richtig ist und nicht auf spezielle Sonderinteressen zugeschnitten ist. Das Gesetz wird dabei in einer Demokratie von einem gewählten Parlament erlassen. Wird eine Regel von den Repräsentanten derjenigen erlassen, die sich später an die Regelung halten müssen, verfügt diese Regel einerseits über eine hohe Legitimation und andererseits besteht zugleich die größte Wahrscheinlichkeit ihrer inhaltlichen Ausgewogenheit.

Entgegen einem weit verbreiteten Irrtum werden die Gesetze dabei nicht von JuristInnen selbst erlassen. Es ist allerdings sinnvoll, bei der Gesetzgebung JuristInnen um ihren Rat zu fragen. Da diese die Gesetze später anwenden sollen, können sie eventuell schon im Voraus Schwächen der Regelung erkennen. Erlassen werden die Regelungen aber dennoch nicht von JuristInnen, sondern von Parlamentariern, die gerade ein sinnvolles Abbild der Gesamtbevölkerung sein sollen und nicht eine spezielle Berufsgruppe wie etwa Lehrer, Freiberufler, Arbeiter oder Juristen.

Gibt sich ein Staat nur sinnvolle Gesetze, hat er einen wichtigen Schritt in Richtung eines friedlichen und freiheitlichen Gemeinwesens getan. Es kann aber trotz sinnvoller Gesetze dennoch zu Problemen kommen, vor allem weil einzelne Menschen sich aus Eigennutz nicht an die allgemeinen Regelungen halten wollen oder weil unklar ist, wie die generelle Regelung im Einzelfall anzuwenden ist. Diese Auslegungsschwierigkeiten von generellen Sätzen auf den Einzelfall hin sind unumgänglich und hängen mit der Allgemeinheit des Gesetzes zusammen. So wäre etwa eine Vorschrift, die einen Diebstahl, der von einer Bande begangen wird, härter als den normalen Diebstahl bestraft, für sich genommen eine klare und sinnvolle Regelung. Dennoch stellt diese Vorschrift nicht klar, ob in ihrem Sinne eine Bande schon bei zwei Personen beginnt, die zusammenwirken, oder erst bei weiteren Beteiligten – für beide Varianten ließen sich gute Gründe nennen.

Die verbindliche Feststellung, was der allgemeine Rechtssatz im Einzelfall bedeutet, ist die Aufgabe der Jurisprudenz. Dazu gehört die Prüfung, welche Rechtsnormen bestehen, ob diese jeweils gültig sind, welche Rechtssätze im vorliegenden Fall anzuwenden sind und welche Vorgaben dem relevanten allgemeinen Rechtssatz für den konkreten Einzelfall zu entnehmen sind. Für diese Aufgabe bestehen methodische Regeln. Notwendig ist dabei vor allem immer eine Argumentation am Text des Rechtssatzes. Man muss Argumente dafür suchen, dass die vorgegebenen Rechtsnormen für einen konkreten Fall das Ergebnis X und nicht das Ergebnis Y vorsehen.

Wegen dieser Tätigkeit der argumentativen Herleitung des rechtlich Gebotenen im konkreten Einzelfall stehen die JuristInnen im Ruf,

- autoritätshörig zu sein, weil sie geübt sind, sich der vorgegebenen Norm, dem allgemeinen Rechtssatz, zu unterwerfen;
- unmoralisch zu sein, weil sie sich nur den geltenden Rechtssätzen und nicht Moralitätssätzen der Kultur, der Religion oder politischer Gruppen unterwerfen; sie sind daher auf die individuelle Freiheit der Einzelnen ausgerichtet;
- einem das Wort im Munde umdrehen zu können, weil sie sehr geübt sind, zielorientiert unter dem festen Rahmen der Rechtsnorm zu argumentieren;
- arrogant aufzutreten, weil sie unentwegt dazu aufgerufen sind, entweder den Streit zwischen mehreren Personen verbindlich zu klären oder als Rechtsanwälte für eine betroffene Person dessen Interesse in einem Rechtsstreit, so gut wie das Gesetz es verlangt und zulässt, zu vertreten;
- Pessimisten zu sein, weil sie bei einem Vertragsabschluss immer einen Blick dafür haben, was schiefgehen kann und für welche Konstellationen die bisher getroffene Regelung keine klaren Vorgaben enthält. Wenn es etwa ein Problem gibt, das bei 100.000 Verträgen über einen Hauskauf einmal auftreten kann, müssen die beteiligten JuristInnen dafür sorgen, dass eine hilfreiche Regelung für diesen Sonderfall in alle 100.000 Verträge aufgenommen wird, da zum Zeitpunkt des Vertragsschlusses noch nicht klar ist, bei welchem der 100.000 Verträge das Problem auftreten kann. Die Festlegung der Regel schon bei Vertragsschluss, auch wenn diese Regelung so gut wie nie praktisch relevant werden wird, ist deshalb wichtig, weil für den Fall, dass das Problem doch einmal auftreten sollte, die beteiligten Personen sich nicht mehr auf eine einverständliche Regelung werden einigen können, da sie gegenteilige Interessen haben werden.

Die Feststellung der Vorgaben eines allgemeinen Rechtssatzes für den konkreten Sachverhalt ist somit der Kern der Aufgabe der Juris-

2. KAPITEL   Was ist Jura?

tInnen und damit auch der Juristerei. Ob die Juristerei eine Wissenschaft ist, ob diese anspruchsvoll ist, ob sie ethisch hochstehend ist, ob sie berechenbar ist, etc. – über alle diese Punkte lässt sich streiten. Eindeutig ist aber, dass die Rechtswissenschaft notwendig ist. Eine gute Rechtswissenschaft ist essentielle Grundlage sowohl für ein freiheitliches Gemeinwesen als auch für eine florierende Volkswirtschaft.

Aus dem Wesen der Jurisprudenz ergeben sich auch die Gründe, wegen denen man ein Jurastudium aufnehmen kann. Ein Jurastudium lohnt sich fast für jeden. Sie lernen für Ihren künftigen Beruf und fürs Leben. Ihnen steht eine breite Palette der unterschiedlichsten Berufe offen, die teilweise allerhöchste Anerkennung in Staat und Gesellschaft genießen. Viele der Absolventen können gute Einkommen erzielen. Ein ausgebildeter Jurist ist faktisch nie „arbeitslos" und die meisten sind mit ihrer Tätigkeit auch nach Jahrzehnten noch sehr zufrieden. Der „tägliche Kampf um die Gerechtigkeit" hält einen jung.

Zu einem großen Teil besteht Jura aus dem Argumentieren an einer Rechtsvorschrift, einem Gesetz oder einer Regel. Dieses Argumentieren kann die unterschiedlichsten Ziele verfolgen, etwa den Zweck haben, einen Streit zu schlichten oder möglichst viel für eine Seite „herauszuholen", einen Menschen von einem Vorwurf zu befreien oder Forderungen und Ansprüche durchzusetzen. Bei der Rechtswissenschaft muss man dabei mit vorgegebenem Werkzeug zu einem Ziel kommen – das erfordert diszipliniertes Denken, Abstraktionsvermögen, Sprachkompetenz, analytische Fähigkeit und Durchsetzungsvermögen. Das Schöne dabei ist, dass fast jeder diese Fähigkeiten besitzt und sie im Studium trainiert und geformt werden. Den „unbegabten Juristen" gibt es eigentlich nicht.

Die Rechtswissenschaften sind nah an der Realität und so vielseitig wie die Gesellschaft. Sie werden nicht in einem Labor arbeiten, sondern an menschlichen Konfliktsituationen. Wer das Recht kennt und mit den Regeln denken und argumentieren kann, versteht vieles in der Welt besser. Zusammenhänge, die man bisher ohne nachzudenken im Alltag wahrgenommen hat, werden deutlich. Nach dem Jurastudium werden Sie mit anderen Augen durchs Leben gehen.

Zum juristischen Blick auf die Wirklichkeit gehört immer auch die „Kunst des Weglassens". Aus der Fülle der Tatsachen wählt der Jurist nur diejenigen aus, auf die es für die rechtliche Bewertung ankommt. Auf welche Tatsachen es genau ankommt, dies sagt ihm das Gesetz. Aus ihm ergeben sich die Vorgaben für die entscheidungsrelevanten Tatsachen. Der juristische Arbeitsblick wandert dabei zwischen den Tatsachen und der Rechtsnorm hin und her und verwertet alles, aber auch nur das, was für die Rechtsfindung zu gebrauchen ist. Alles andere lässt er weg. Das Tatsachenmaterial wird so in die Kategorien „erheblich" und „unerheblich" sortiert. Was für die Rechtsfindung unerheblich ist wird nicht weiter betrachtet, und zwar auch dann nicht, wenn ein Betroffener diese Tatsache für überaus wichtig und entscheidungsrelevant hält. In eben dieser Denk- und Vorgehensweise liegt eine wichtige Ursache dafür, dass JuristInnen von NichtjuristInnen mitunter als überheblich erlebt werden.

Ohne Regeln läuft nichts – nicht einmal ein Staat oder eine Gesellschaft. Nur wenn die Menschen sich allgemein an vernünftige Regeln halten, sind individuelle Freiheit, Gewaltlosigkeit und Wohlstand möglich. Als JuristIn können Sie auf der Ebene, die das ermöglicht, „mitspielen". Die Rolle, die Sie dabei einnehmen wollen, dürfen Sie sich selbst aussuchen – etwa ob Sie eher als „Streitschlichter" und „Friedensengel" auftreten wollen oder doch lieber als gewiefter „Interessenwahrer", der durch geistige Überlegenheit die Anliegen durchsetzt, die er vertritt.

Es sprechen daher gute Gründe dafür, diese Tätigkeit zum Hauptinhalt seiner beruflichen Zukunft zu machen – man muss es nicht, man kann es aber tun. Viele, die es tun, werden von der Faszination, die von diesem Fach ausgeht, so eingefangen, dass sie einen Tag ohne Juristerei für einen verlorenen Tag halten.

3. Kapitel

Den eigenen Standort bestimmen: Jura, die richtige Wahl?

Der Mangel an Urteilskraft ist eigentlich das,
was man Dummheit nennt.
Kant

Sollten Sie zu dem kleinen Prozentsatz gehören, der sich nie einen anderen Beruf als den des Richters oder Anwalts vorstellen konnte, dann können Sie diesen Abschnitt getrost überspringen. Die Mehrzahl jedoch hat wahrscheinlich keine sehr klaren Erwartungen oder Vorstellungen über das, was sie im Jurastudium und im späteren Berufsleben erwartet. Man könnte erwidern: Das ist nicht ihre Schuld, denn im Gegensatz zu vielen anderen Fächern ist Jura in den meisten Bundesländern kein Schulfach. Dieser Grund allein reicht aber offensichtlich nicht aus, um die allgemeine Unschärfe in der Berufsvorstellung zu rechtfertigen. Von der Tätigkeit eines Arztes hat schließlich jeder eine mehr oder weniger deutliche Vorstellung, auch ohne dass Medizin ein entsprechendes Lehrfach an den Schulen ist. Warum ist das Vorstellungsbild bei den JuristInnen vor Studienantritt und sogar noch in den ersten Semestern trotz „Fernsehaufklärung" mit Gerichtssendungen aller Art meistens ziemlich diffus?

Das hat etwas mit der Vielfalt juristischer Tätigkeiten zu tun. Obwohl es eine einheitliche Ausbildung zum Juristen gibt, fehlt es an einem einheitlichen Berufsbild. JuristInnen arbeiten in vielen, ganz

3. KAPITEL Den eigenen Standort bestimmen: Jura, die richtige Wahl?

unterschiedlichen Berufsfeldern. Gerade dies macht für viele wohl auch den Reiz eines juristischen Studiums aus. Die Kehrseite der Medaille liegt freilich auf der Hand. Wo alles noch so schön offen ist, fehlen häufig präzise Vorstellungen über die eigene berufliche Zukunft. Viele studieren gerade deswegen Jura, weil sie die Entscheidung über die eigene Berufstätigkeit ganz gern noch eine Weile aufschieben wollen. Nicht jeder findet mit dieser Methode berufliche Zufriedenheit.

Hinzu kommt ein zweites Problem: In der Schule begegnet man i. d. R. nirgendwo dem typisch juristischen Denken, bei dem es immer um die Spannung zwischen der Lebenswirklichkeit einerseits und der Welt der Rechtsnormen andererseits geht. Der Jurist hat im Grunde immer die Aufgabe, die wirkliche Welt der Fakten und die künstliche Welt der Rechtsnormen zusammenzubringen. Dass beide Welten, sowohl die normale „rohe" Lebenswirklichkeit als auch die gelegentlich ziemlich komplizierte Welt der Rechtsnormen, nicht stillstehen, sondern ein Eigenleben entfalten, macht die Sache nicht leichter. Weil das Denken in dieser Spannungslage in den traditionellen Schulfächern unbekannt ist, fallen die Vorstellungen darüber, was einem als JuristInn an Fähigkeiten abverlangt wird, meistens sehr verschwommen aus. Worin liegt eigentlich die spezifisch juristische Art zu denken, die uns JuristInnen trotz einer einigermaßen einheitlichen Ausbildung befähigt, anschließend in völlig unterschiedlichen Lebensbereichen zu arbeiten?

Haben Sie sich selbst schon einmal intensiv Rechenschaft darüber abgelegt, warum Sie eigentlich JuristIn werden möchten? Es ist gut sich klarzumachen, dass es mitunter ganz seltsame emotionale Vorlieben sein können, die über den persönlichen Berufsweg entscheiden. Solche Motive braucht wahrscheinlich jeder, nur: Manche erweisen sich in der rohen Lebenswirklichkeit als tragfähig, selbst dann, wenn sie sich inhaltlich wandeln und verschieben. Andere dagegen entpuppen sich als katastrophaler Irrtum und führen nur ins Abseits der persönlichen Möglichkeiten und Interessen. Dabei muss es nicht schädlich sein, wenn die eigenen Motive sich erst einmal ein bisschen naiv anhören. Entscheidend ist, ob sie auf dem eigenen Studien- und Berufsweg mitwachsen und einem die erforderliche

Den eigenen Standort bestimmen: Jura, die richtige Wahl?

Kraft dafür geben. So hat ein Studienfreund als ausschlaggebenden Grund für seine Studienentscheidung sich immer auf eine beliebte Fernsehsendung berufen: Die Rolle des Richters in einem königlich bayerischen Amtsgericht hatte es ihm in jungen Jahren angetan. Sein Leitbild hat sich im Lauf der Jahre allerdings gründlich gewandelt. Heute ist er glücklich im diplomatischen Dienst und genießt seine Rolle als Vertreter unseres Landes in aller Welt, die nur ziemlich selten etwas mit harter Juristerei zu tun hat und wahrscheinlich gar nichts mit dem erwähnten Amtsrichter. Sein Berufsbild hat sich offenbar während seines Studiums und danach verschoben. Wichtig ist, dass man sein eigenes Leitbild von Zeit zu Zeit überdenkt und rechtzeitig erkennt, ob man sich ein völlig verkehrtes und nicht nachbesserungsfähiges Berufsbild macht, das nicht zur eigenen Person passt. Das ist der Fall, wenn die harten Tatsachen, die ein juristisches Studium nun einmal mit sich bringen, überhaupt nicht mit den eigenen Wunschvorstellungen übereinstimmen. Weil es in der Lebensphase Studium für die meisten auch um Aspekte des guten Lebens geht, werden im ersten Selbsttest auch andere studienprägende Erwartungen angesprochen. Schließlich ist die Juristerei nur eine Seite Ihrer Persönlichkeit.

Es ist nicht falsch, wenn auch Sie sich selbst Rechenschaft über Ihre Motive für den Wunsch, Jura zu studieren, geben. Als kleine Hilfestellung dazu finden Sie einen kleinen Test im Anhang I, S. 213. Mit Hilfe dieses Testes sollen Sie besser herausfinden können, ob die Juristerei nach Ihrer gegenwärtigen Interessenlage für Sie ein guter beruflicher Weg sein kann. Bestimmen Sie mit seiner Hilfe Ihren eigenen Standort. Der kleine Test ist ein reiner Motivationstest und zielt auf Ihre innere Haltung zur Juristerei ab. Beweggründe für eine Berufsentscheidung sind meistens von sehr gemischter Art. Dabei spielen nicht nur rationale Elemente eine Rolle.

4. Kapitel

Was die Juristin und den Juristen ausmacht

Wer nicht weiß, was er werden will, studiert Jura.
Ralf Dahrendorf

1. Wie studiert man Jura?

Es gibt unterschiedliche Formen Jura zu studieren. Im Vordergrund steht hier das Studium an der Universität mit dem Abschluss der ersten juristischen Prüfung. Früher hieß diese Prüfung erstes Staatsexamen. Diesem Abschluss schließt sich dann das Referendariat an, das außerhalb der Universität zu absolvieren ist und seinen Abschluss im zweiten Staatsexamen findet. Ausgerichtet ist dieses Studium auf die Berufe des Richters, Rechtsanwaltes oder des Verwaltungsbeamten im höheren allgemeinen Verwaltungsdienst.

Die Ausbildung für juristische Berufe im Staat, insbesondere als Rechtspfleger oder im allgemeinen gehobenen Verwaltungsdienst, wird von den Fachhochschulen und sonstigen Schulungsstätten in der öffentlichen Verwaltung angeboten. Dieses Studium unterscheidet sich von dem Universitätsstudium durch seinen stärkeren Praxisbezug, durch eine Begrenzung des Stoffes, der im juristischen Bereich unterrichtet wird, und durch einen Einbezug sonstiger fachlicher Bereiche wie Verwaltungswissenschaften, Haushaltsrecht etc.

sowie in seinem Ablauf durch eine stärkere Verschulung. Der Unterrichtsstil liegt in der Regel irgendwo zwischen Universität und Schule.

Neben diesem klassischen Studium des deutschen Rechts gibt es seit jüngerer Zeit auch Rechtsstudiengänge, die einen Bachelor- oder Masterabschluss haben. Diese Studiengänge erfassen i. d. R. einen besonderen Aspekt oder Ausschnitt aus der gesamten Rechtsordnung und kombinieren typischerweise zwei Fächer, wie Jura und Wirtschaft oder Jura und Kulturwissenschaften oder deutsches und polnisches Recht.

Die Berufsmöglichkeiten mit diesen Abschlüssen sind geringer (sofern sie nicht als Zusatzqualifikation zum zweiten Staatsexamen eingesetzt werden), da die klassischen staatlichen Juristenberufe (Rechtsanwalt, Richter, Staatsanwalt) die Befähigung zum Richteramt voraussetzen, die nur durch das zweite Staatsexamen und nicht durch Bachelor- oder Masterstudiengänge erworben werden können. Zudem gibt es zahlreiche Ergänzungsangebote, in Form von Zusatzstudien oder aufbauenden Masterstudiengängen. Ein altes und etabliertes Zusatzstudium ist etwa die wirtschaftswissenschaftliche Zusatzausbildung der Universität Bayreuth. Je nach Interessenlage können aber auch die jüngeren Abschlüsse sinnvoll sein, jedoch ist deren Bedeutung gegenwärtig noch so gering, dass es gerechtfertigt sein dürfte, sich bei einem Einführungsbuch auf die klassische Ausbildung zu VolljuristInnen zu beschränken.

2. Wer studiert Jura?

Nachdem Sie sich selbst geprüft haben (haben Sie wirklich?), ist es jetzt an der Zeit, die Juristenwelt etwas näher zu betrachten. Wer sich in seinem späteren Beruf wohlfühlen will, der tut gut daran, sich rechtzeitig in Grundzügen mit den typischen juristischen Berufsbildern, dem spezifischen Berufsmilieu und den Standesattitüden vertraut zu machen, aber auch mit dem intellektuellen Handwerkszeug und dem kollektiven Berufsethos. Dieses Milieu prägt schon Studium und Referendarzeit. Es ist ziemlich illusionär zu glauben, man

2. Wer studiert Jura?

könne sich jahrelang mit einer bestimmten Denkart beschäftigen, ohne dadurch auch geprägt zu werden. In diesem Abschnitt sollen Sie mehr darüber erfahren, was am Ende dieses Sozialisationsprozesses steht, d. h. welche berufliche Wirklichkeit Sie erwartet.

Wegen der Vielfalt juristischer Tätigkeiten kann dabei allerdings nur ein kleinster gemeinsamer Nenner herauskommen. Den typischen Juristen gibt es nicht. Dieses Kapitel dient damit auch als Auslegungshilfe zu Ihrer Selbsteinschätzung und Ihrer Sichtweise auf die Juristerei.

Zunächst sollen Sie ein paar Daten als Anregung zum Überdenken Ihrer eigenen Standortbestimmung an die Hand bekommen, die wir dem kühlen Blick von außen durch die Rechtssoziologie verdanken. Vor allem das Sozialprofil der Richter war in den 60er und 70er Jahren ein beliebter Forschungsgegenstand der Rechtssoziologen. Inzwischen ist diese Thematik ein wenig aus der Mode gekommen, einige Ergebnisse mögen überholt sein. Zum eigenen Nachdenken aber regen sie allemal an.

In Deutschland üben derzeit deutlich über 340.000 JuristInnen ihren Beruf aus. Die größte Berufsgruppe bilden die Rechtsanwälte mit fast 162.700. In dieser Zahl sind allerdings auch Teilzeitanwälte, Syndikusanwälte bei großen Unternehmen, ausländische hier zugelassene Anwälte und solche, die ihren Beruf gar nicht ausüben, einbezogen. Hinzu kommen rund 1.500 (Nur-)Notare. Der Arbeitsmarkt ist immer schon angespannt gewesen. Es werden mehr JuristInnen ausgebildet, als Verwaltung, Wirtschaft und Justiz in Zukunft benötigen werden. „Warnhinweise" besitzen beim Jurastudium allerdings Tradition und sind nicht zu ernst zu nehmen. Dies gilt im Übrigen auch für einige andere Studiengänge. Die wirklich Entschlossenen haben sich nie von schlechten Prognosen abhalten lassen. Trotzdem kann kein Zweifel daran bestehen, dass die Zeiten für den Nachwuchs nicht einfach sind. Die Anfangsgehälter von VolljuristInnen in Anwaltskanzleien, Verlagen und Versicherungen sind teilweise erschreckend niedrig. Auch eine zeitweise Arbeitslosigkeit, vor allem in Übergangsphasen, ist nicht unüblich.

Ein wesentlicher Umstand ist nicht zu bestreiten: Viele Studierende wählen die Rechtswissenschaften mangels besserer Alternative. Das

4. KAPITEL Was die Juristin und den Juristen ausmacht

war schon immer so und wird im Kern auch so bleiben. Dieses Charakteristikum hat viele Ursachen. So benötigt man für Jura keine spezifische Begabung bis auf den „normalen Menschenverstand", durch die Schulzeit ist man von Jura nicht abgeschreckt, das potentielle Berufsfeld nach der Ausbildung ist ausgesprochen breit, sodass man sich mit der Studienwahl nur teilweise für seine Zukunft einschränkt, und schließlich ist ein juristischer Studienplatz für den Staat verhältnismäßig „billig". Viele der „Verlegenheits-Jura"-Studierenden brechen das Jurastudium später ab. Die meisten wachsen aber langsam in das Fach hinein. Es gibt viele begeisterte „Vollblutjuristen", die durch Zufall zu diesem Fach gekommen sind. Für die Jurisprudenz ist es sehr heilsam, dass ein großer Anteil der Studierenden eine gewisse Skepsis und Gleichgültigkeit mitbringt. Sollten Sie sich zum Jurastudium entscheiden, dann nutzen Sie die Chance und diskutieren Sie mit „Andersdenkenden" über den Sinn und Wert der Rechtswissenschaft.

Was lässt sich über die soziale Herkunft der JuristInnen sagen? Gut dokumentiert ist dies bei der Gruppe der JustizjuristInnen (Richter und Staatsanwälte), die mit ca. 28.000 etwas weniger als 10 % aller JuristInnen ausmacht. Aussagekraft hat diese verhältnismäßig kleine Gruppe gleichwohl, denn die Ausbildung war bisher im Wesentlichen am Ideal des Richters ausgerichtet. Die Forschungsergebnisse sind dabei keineswegs nur schmeichelhaft, wie Sie gleich merken werden. Schichtenspezifisch gesehen rekrutieren RichterInnen sich ganz überwiegend aus der so genannten oberen Mittelschicht (höhere Beamte, Selbstständige, leitende Angestellte etc.). Man hat ihnen vorgeworfen, dass sich häufig die weniger Begabten ohne klar erkennbare Sonderinteressen und ohne stark ausgeprägte Persönlichkeitsmerkmale für das Jurastudium entschieden hätten. Manche meinten gar, den Typus des so genannten autoritären Charakters häufig unter JuristInnen antreffen zu können. Besonders angezogen fühlten sich Persönlichkeiten mit den Merkmalen Dogmatismus, Rigidität, Ambiguitätsintoleranz, fehlende Risiko- und Leistungsbereitschaft.[1] Andere glauben, dass JuristInnen ideologisch und sozial „verspätet" seien.[2] Ihre Gemütslage spiegele vor allem den Status quo und die bereits bestehenden Machtverhältnisse wider,[3] auch fehle ihnen die Wärme des Gefühls häufiger als anderen Berufsgruppen. „Was ihr persönliches Geschick betrifft, sind sie oft resigniert und weder im Hinblick auf das Weltgeschehen noch das eigene Wohlergehen im Alter optimistisch. Sie bestehen auf Autorität und ziehen, zumindest unbewusst, ein Machtargument dem Überzeugen vor." Solche Aussagen dürften allerdings stark überzogen und eher auf Diffamierung als auf Erkenntnis gerichtet sein und zudem übersehen, dass Rechtsnormen keine moralischen Regeln sind.[4]

Ähnlich sieht dies für die in den Verwaltungsdienst strebenden JuristInnen aus. Diese zweite große Berufsgruppe macht weniger als 10 % des gesamten Juristenstandes aus (28.000). Ihre Persönlichkeitsmerkmale seien weniger prägnant, allerdings zeichneten auch sie sich angeblich durch einen relativ hohen Dogmatismus bei geringer Risikobereitschaft aus. In der Verwaltung scheint noch am ehesten ein sozialer Aufstieg stattzufinden, da die Assessoren hier tendenziell eher aus der Unter- und Mittelschicht stammen sollen und die Väter nicht im öffentlichen Dienst waren.[5] Ob diese Aussagen auch heute noch so zutreffen, erscheint allerdings fraglich. In dem Maße, wie die Unsicherheit der beruflichen Perspektiven in Anwaltschaft und Wirtschaft zunehmen, gewinnt der öffentliche Dienst an Attraktivität.

Auch über Jurastudierende gibt es eine bekannte Analyse. Der Psychoanalytiker Tilmann Moser stellte Mitte der 70er Jahre fest, dass Jurastudierende Gefühle für etwas ausgesprochen Gefährliches halten und stattdessen bestrebt seien, nie die Kontrolle über sich und die Situation zu verlieren. Groß sei ihre Furcht vor einer „Entscheidungslähmung" und vor einem möglichen Kompetenzverlust.[6]

Man mag von den hier erwähnten kritischen Untersuchungen und den verhältnismäßig schlechten Einschätzungen halten, was man will. Obwohl manches stark überzeichnet sein dürfte und der betont kritische Zeitgeist der 70er Jahre deutlich seine Spuren hinterlassen hat, findet man darin wohl auch das berühmte Fünkchen Wahrheit. Die Gründe dafür liegen allerdings kaum nur in einer spezifisch juristischen Persönlichkeitsstruktur, sondern in der Sache selbst. JuristInnen sind tendenziell konservative Leute im Sinne von Bewahren und Erhalten, die den gesellschaftlichen Wandel auf eher sanfte

4. KAPITEL — Was die Juristin und den Juristen ausmacht

Art begleiten, anstatt ihn selbst aktiv zu betreiben. Die urjuristische Aufgabe, widerstreitende Interessen immer wieder auszugleichen, prägt auf Dauer die Persönlichkeit und steht allzu radikalen Lösungsansätzen von vornherein entgegen. Diese **Erziehung zum Ausgleich**, das Abwägen der Argumente hat den JuristInnen nicht immer nur Beliebtheit eingebracht. Ihnen geht eher der Ruf einer gewissen Distanziertheit voraus. JuristInnen sind eben keine revolutionären Sozialingenieure. Das aktuelle Bild bliebe allerdings unvollständig ohne den Hinweis auf den politisch engagierten Juristentypus, den man mitunter auch in der Richterrolle erleben kann.

So weit, so gut. Aber wer studiert nun wirklich Jura? Natürlich weiß das niemand so genau, und über einen Kamm scheren lassen sich „die" JuristInnen genauso wenig wie „die" Lehrer. Es gibt überall viele Motive, viele Individuen und viele Attitüden. Aber es gibt auch den berühmten gemeinsamen Nenner. Bei aller Berufsvielfalt gilt: JuristInnen sind in erster Linie **Analytiker**. Das macht ihre Stärke aus, aber auch ihre Beschränktheit. Wo Menschen in kreativen Berufen Ähnlichkeiten und Parallelen sehen, betonen wir die Unterschiede. Nicht nur das Verbindende, sondern auch das Trennende zu erkennen gehört zu unseren Schlüsselqualifikationen. Die **Besonderheiten des Falles** gilt es zu erfassen. So sind wir nicht in erster Linie „Zusammenfüger", sondern „Zerlegungsdenker". Unterschiede herausarbeiten, auf die es im Vergleich zu anderen Fallkonstellationen ankommt, manchmal auch Gemeinsamkeiten, das ist unser Handwerk. Dabei können selbst kleine Unterschiede für die rechtliche Bewertung von Bedeutung sein. Wenn zwei Fallkonstellationen von außen betrachtet „so ähnlich" aussehen, können sie rechtlich doch ganz anders zu bewerten sein. Juristen wirken deswegen manchmal kleinkariert und besserwisserisch. Daraus folgt: Künstlertypen werden (nur) als Jurist eher unglücklich (es sei denn, sie betreiben die Juristerei nur mit der einen Seite und heben ihr Herz für ein aktives Künstler-Dasein auf; allerdings sind die Zeiten nicht mehr so wie früher, als *Johann Wolfgang v. Goethe* nebenbei auch noch Jurist war). Werfen wir zur Probe mal einen Blick auf die typischen juristischen Berufe.

3. Die wichtigsten Berufsbilder

Die vier Hauptgruppen des Berufsstandes, in denen rund 95 % aller JuristInnen tätig sind, haben Sie bereits kennen gelernt. Dieser Abschnitt will einen Eindruck von der Vielfalt beruflicher Tätigkeiten innerhalb dieser Hauptgruppen vermitteln und dabei auch etwas zu den kollektiven Einstellungen und Standesattitüden sagen. Um sich in seinem späteren Beruf wohlfühlen zu können, ist es gut, etwas über die kollektiven Einstellungen und Haltungen der JuristInnen zu wissen. Genau diese wird der Berufsstand nämlich an Sie herantragen.

Richter/Richterin

Der klassische Juristenberuf, an dem sich auch die Ausbildung zumindest lange Zeit orientierte, ist der des Richters. Von dieser Berufsgruppe weiß jeder, dass sie Recht für den Einzelfall spricht und es mit streitenden Parteien zu tun hat. Schon optisch sitzen RichterInnen – zwar leicht erhöht, aber doch – **dazwischen.** Das Arbeitsfeld ist weit und reicht im Zivilrecht von Nachbarstreitigkeiten, Erbrechtsauseinandersetzungen, Scheidungsprozessen und Schadensfällen bis hin zum Vertrags-, Wirtschafts-, Immobilien-, Bankrecht usw. Zur so genannten ordentlichen Gerichtsbarkeit gehört außerdem noch das Strafrecht. Je nachdem wo man Richter ist, kann die richterliche Tätigkeit dabei ganz unterschiedlich aussehen. Wer beispielsweise den Kontakt zu den Menschen besonders schätzt, wird sich am Amtsgericht vor Ort wohler fühlen als in der Rolle des Beisitzers bei einem Landgericht, wo drei RichterInnen in einer Kammer sitzen und der Vorsitzende die mündliche Verhandlung leitet. Die Arbeit besteht hier vor allem im Umgang mit Akten und ist stark analytisch ausgerichtet. Ohnehin ist die richterliche Tätigkeit weniger auf Diskussionen, sondern eher auf das Hinhören und Befragen gerichtet. Die Rolle ist deswegen traditionell auf Zurückhaltung und Sachlichkeit angelegt. In jüngster Zeit ändert sich diese Rolle stärker in Richtung „Moderator" und „Konfliktmanager".

4. KAPITEL Was die Juristin und den Juristen ausmacht

Daneben entwickelt sich die Rolle des „Moderators" im Recht zurzeit zu einem eigenen Berufsbild, das überwiegend, aber nicht nur von JuristInnen wahrgenommen wird und mittlerweile eine eigene gesetzliche Grundlage erhalten hat. Gemeint ist insbesondere der Mediator. Der Mediator ist ein unbeteiligter Dritter, der den Beteiligten dabei helfen soll, eigenständig eine Lösung für ihren Streit zu finden. Der Mediator unterscheidet sich vom Richter gerade dadurch, dass er nicht autoritativ entscheidet. Er besitzt keine Entscheidungsgewalt und ordnet sich keinen generellen Normen unter, in denen er die Lösung für den vorliegenden Konflikt sucht. Er versucht einen fairen Kompromiss der Beteiligten aus eigener Kraft durch Moderieren, Gesprächsführung und Neutralität zu finden. Der Einsatz von Mediatoren ist ganz verschieden und je nach Situation auch unterschiedlich sinnvoll.

Die Aufgabe der neutralen Streitentscheidung prägt auch die Mentalität der Richterinnen und Richter. Es gibt viele Richterinnen und Richter, die wegen ihres Berufs auch den Erwerb eines Parteibuchs strikt ablehnen. Das „Pathos der Nüchternheit" wird man bei ihnen stark ausgeprägt finden. Viele sind in ihrer Lebensführung ausgesprochen sesshaft und bleiben bei dem Gericht, wo sie einmal angefangen haben. Der Zwang zur Entscheidung kann mitunter allerdings ausgesprochen belastend sein, vor allem, wenn das geltende Recht es nicht zulässt, in einem harten Einzelfall anders zu entscheiden.

Neben der ordentlichen Gerichtsbarkeit gibt es noch vier weitere Gerichtszweige: Arbeitsgerichte, Sozialgerichte, Finanzgerichte und Verwaltungsgerichte. In großen Gerichten ist die Tätigkeit des einzelnen Richters oft stark spezialisiert. So kann es bei großen Verwaltungsgerichten vorkommen, dass eine Kammer neben Asylrechtsfällen nur beamtenrechtliche Streitigkeiten zu bearbeiten hat, vom Reisekostenrecht über Beihilfeangelegenheiten bis hin zu Statusfragen.

Der richterliche Status hat seinen besonderen Reiz: Die richterliche Unabhängigkeit, in deren uneingeschränkten Genuss man i. d. R. nach einer dreijährigen Probezeit kommt, ist verfassungsrechtlich garantiert. Das bedeutet vor allem, dass ein Richter nicht gegen seinen Willen versetzt, umgesetzt oder entlassen werden kann. Auch vorgeschriebene Dienstzeiten gibt es nicht, was allerdings nicht heißt, Richter hätten wenig zu tun. Ein gemütlicher Job ist das Richterdasein in aller Regel nicht – aber der Druck kommt mehr von der Aufgabe her und weniger von außen und praktisch kaum von oben.

Die Eintrittskarte für diese Ehre ist hoch, d. h. zwei ordentliche Examina, i. d. R. Prädikatsexamen ab vollbefriedigend aufwärts. Vollbefriedigend war für JuristInnen bisher eine Traumnote. Über diese Schwelle und darüber hinaus kamen im staatlichen Teil der ersten juristischen Prüfung höchstens 35 % pro Examen; wenn man den Schwerpunktbereich hinzuzählt, wird der Anteil etwas höher und lag im Jahr 2008 bei 40 %.[7] Zwei Prädikatsexamen sind erheblich seltener. Die exakte Einstellungsnote ist allerdings immer auch nachfrageabhängig. Wenn Richter fehlen, kann die Anforderung an die Note schon einmal etwas sinken.

Auch ein Wort zur Besoldung soll an dieser Stelle gesagt sein: Richter werden nach der R-Besoldung bezahlt und verdienen nicht schlecht, aber reich werden sie nicht. Es gibt eine Aufforderung der Versammlung des Europarates vom 30. 9. 2009 an Deutschland, die Besoldung der Richter schrittweise zu erhöhen, da diese gemessen an der durchschnittlichen Kaufkraft zu gering sei (Resolution 1685 [2009] vom 30. 9. 2009 unter 5.4.2, vgl. http://assembly.coe.int). Viele Richter fühlen sich gegenwärtig nicht mehr amtsangemessen alimentiert. Das Bundesverfassungsgericht prüft zurzeit, ob die Richterbesoldung der Höhe nach verfassungsgemäß ist. Wer Geld verdienen will, sollte Rechtsanwalt werden, wobei nicht übersehen werden darf, dass viele Anwälte relativ schlecht verdienen. Der Blick auf die Realität darf sich keinesfalls einseitig auf Erfolgsanwälte richten. Erfolgreiche Rechtsanwälte übertreffen ihre Richterkollegen allerdings gar nicht so selten um ein Vielfaches. Dies gilt aber nur für einen kleinen Prozentsatz der Anwälte. Etwas besser sieht der Vergleich zu den Verwaltungsbeamten in der sogenannten A-Besoldung aus. Zunächst verdient eine Richterin oder ein Richter genauso viel wie in der Besoldungsgruppe A 13, steigt dann aber mit zunehmendem Dienstalter stärker auf. Dies liegt daran, dass Richter schlechtere Beförderungschancen besitzen als Verwaltungsbeamte. Ohne

Beförderung erreicht ein Richter (ledig) im Jahr 2014 am Anfang ein Grundgehalt von ca. 3.700 Euro und am Ende i. H. von ca. 5.900 Euro (Besoldungstabellen – Berlin und Bayern). Die Besoldung unterscheidet sich dabei auch von Bundesland zu Bundesland. Ein Richter der Besoldungsstufe R2 (z. B. Vorsitzender Richter am Landgericht) verdient in Berlin in der höchsten Erfahrungsstufe zurzeit minimal weniger als ein Richter der Stufe R1 (z. B. Richter am Amtsgericht) im Freistaat Bayern auf entsprechender Erfahrungsstufe. Die genaue Höhe des Gehalts hängt wie bei den Beamten auch einerseits von den persönlichen Lebensumständen (beispielsweise ledig oder Verheiratete und zwei Kinder) und andererseits vom jeweiligen Bundesland ab.

Die Aufstiegschancen für Richter sind ziemlich schlecht. Vorsitzender Richter werden noch einige (R 2 am Ende ca. 6.400 Euro), danach wird die Luft dünn. Der Stellenkegel läuft nach oben spitz zu, was bedeutet, dass die Chancen zum Aufstieg schon rein rechnerisch gering sind. Alles in allem dürfte der Richterberuf der ideale Weg für besonders ausgeglichene und in sich ruhende Charaktere sein, die Spaß am Nachdenken haben.

Bis zum Jahr 2008 war zudem die Besoldung von VerwaltungsjuristInnen und RichterInnen in allen Ländern vergleichbar. Das gleiche Amt, d. h. die gleiche Stelle, wurde überall gleich besoldet. Dies ändert sich zunehmend. Die Bundesländer haben das Recht, eigene Besoldungsgesetze zu erlassen und machen von ihrer Befugnis Gebrauch. Die Unterschiede zwischen den Ländern können ein paar hundert Euro ausmachen.

Rechtsanwalt/Rechtsanwältin

Groß und hochspezialisiert oder klein und mit der ganzen Breite des (Rechts-)Lebens befasst – diese und etliche andere Zwischenformen gibt es (auch) bei Rechtsanwälten. Egal, ob in der postmodern gestylten Kanzlei mit wirtschaftsnahem Ambiente oder in einer kleinen Feld-, Wald- und Wiesenkanzlei, eines muss ein Rechtsanwalt auf jeden Fall haben: Biss. Ansonsten sind die Unterschiede im Stil ziemlich groß. In Großkanzleien mit 30 und mehr Anwälten, die sich nach amerikanischem Vorbild in Deutschland immer mehr ausbreiten, sind die Spezialisierungsmöglichkeiten ganz anders als in einer kleinen Sozietät mit drei oder fünf Anwälten, die so ziemlich alles machen. Bei wirtschaftsnah operierenden Kanzleien gehören das standesgemäße Outfit und ein entsprechendes Auftreten ganz selbstverständlich dazu. Überhaupt wirken die Mandanten einer Kanzlei für das Erscheinungsbild und das Profil stilbildend. Eine Kanzlei, die eher das alternative Spektrum vertritt und sich auf Bürgerinitiativen spezialisiert hat, hat ein anderes Profil als eine Nobelkanzlei für Immobilienmakler. Die Juristerei betreiben sie freilich alle.

Es gibt deutliche Anzeichen dafür, dass das Berufsbild des Anwalts sich wandelt. Noch 1973 konnte in einer großen Untersuchung festgestellt werden, dass Rechtsanwälte eine richter- und beamtenähnliche Einstellung zu Staat und Recht haben.[8] Das kann kaum überraschen, wenn man den § 1 der Bundesrechtsanwaltsordnung liest, wonach der Rechtsanwalt ein Organ der Rechtspflege ist – und damit eben nicht nur und auch nicht in erster Linie der Vertreter privater Interessen. Allerdings befinden sich die Rechtsanwälte als Berufsgruppe in einem deutlichen Umbruch. Die so genannte Anwaltsschwemme hat dazu geführt, dass die Konkurrenz sehr viel härter geworden ist. Es wird jedenfalls vielfältiger und bunter. Beratung und Serviceleistungen für Kunden, außergerichtliches Konfliktmanagement und „Mediation" in einer immer komplexer werdenden Rechtsordnung nehmen an Bedeutung zu. Auch die internationale Wirtschaftsverflechtung trägt zu diesem Wandel bei. Der Rechtsberatungsbedarf für eine Firma, die europaweit operiert und jetzt auch ein Standbein in Moskau haben will, stellt erhebliche Anforderungen an Person und Material. Entsprechend wichtig werden Kompetenzen, die im sozialen Bereich liegen. Verhandlungsgeschick im Vorfeld gerichtlicher Verfahren, die für Großkunden oft viel zu lange dauern und zu kostspielig sind, Managementqualitäten bei der Organisation des eigenen Ladens und Spezialkenntnisse gehören zunehmend zum Berufsbild . Die Tätigkeit ist zwar auch juristisch-analytisch geprägt, aber das diskursive Element steht deutlich stärker im Vordergrund als beim Richterberuf .

4. KAPITEL — Was die Juristin und den Juristen ausmacht

Natürlich muss ein Anwalt sich auch verkaufen können. „Ohne Schuss kein Jus", hieß es früher. Eine Anwaltskanzlei ist ein nach wirtschaftlichen Grundsätzen geführter Betrieb, in dem die laufenden Kosten für Personal und den eigenen Laden mit allem, was so dazugehört, erst einmal Monat für Monat eingespielt werden müssen: Miete, Büromaterial, Fachliteratur und vor allem das Personal schlagen mit schöner Regelmäßigkeit zu Buche. Das Zauberwort des entwickelten Zeitgeistes aus der Wirtschaftssprache hat auch hier längst Einzug gehalten: Marketing. Durch die wachsende Zahl der Rechtsanwälte hat sich die Konkurrenz selbst bei gut eingeführten Kanzleien verschärft. Seit einigen Jahren ist es auch zulässig, so genannte Fachanwaltstitel zu tragen. Bisher gibt es beispielsweise den Fachanwalt für Verwaltungsrecht, für Steuerrecht, für Arbeitsrecht, für Sozialrecht, für Familienrecht, für Strafrecht für Insolvenzrecht, Versicherungsrecht, Medizinrecht, Miet- und Wohnungseigentumsrecht, Verkehrsrecht, Bau- und Architektenrecht, Erbrecht, Transport- und Speditionsrecht, für den gewerblichen Rechtsschutz, das Handels- und Gesellschaftsrecht, das Urheber- und Medienrecht, das Informationstechnologierecht, das Bank- und Kapitalmarktrecht sowie das Agrarrecht. Wirtschaftsnahe Großkanzleien kooperieren häufig mit Wirtschaftsprüfungs- und Steuerberatungsgesellschaften und leisten einen rechtlichen Rundumservice, der auch öffentlich-rechtliche Fragen, z. B. komplizierte Genehmigungsverfahren bei einem neuen Standort für Produktionsanlagen, abarbeitet. Dieser Typ Anwaltskanzlei liegt im Trend, da immer mehr Unternehmen aus Kostengründen ihre Rechtsabteilungen auflösen oder verkleinern und diese Aufgaben auf Kanzleien verlagern.

Natürlich gibt es auch die ganz normale Kanzlei, in der vom Mietrechtsstreit über den Arbeitsgerichtsprozess bis hin zum Einbruchsdiebstahl, dem Unfallschaden und dem Ärger mit der Stadtverwaltung alles vorkommt, eben ein breites und dynamisches Feld. Der Anwaltsberuf hält für jeden Typ die passende Form bereit. Viele Anwälte sind heute ausschließlich beratend tätig und treten nur selten oder gar nicht bei Gericht auf.

Zu den Schattenseiten: Die Arbeitszeiten liegen bei Anwälten oft höher als bei Richtern und Beamten. Auch wenn es bei dieser Berufs-

3. Die wichtigsten Berufsbilder

gruppe zum besonders feinen Ton gehört, mit der eigenen Arbeitsbelastung herumzuprahlen, dürfte daran i. d. R. etwas Wahres sein. Das Arbeitstempo ist hoch, und die Mandanten erwarten häufig permanente Ansprechbarkeit. Viele sitzen an Samstagen und auch noch an Sonntagen an ihrem Schreibtisch. Andererseits haben klug agierende Anwälte meistens auch einen deutlich höheren Verdienst zu erwarten. Das Anfangsgehalt liegt für angestellte Anwälte bei den großen Kanzleien manchmal schon bei 60.000 bis 100.000 Euro pro Jahr, 10 %ige Steigerungsraten sind keine Seltenheit. Andere arbeiten auch sehr viel, verdienen aber keineswegs sonderlich gut. Viele junge Anwälte im Anstellungsverhältnis haben ein niedriges Anfangsgehalt und träumen von einer Festanstellung.

Ein Anwalt darf für seine Dienste Gebühren erheben. Diese Gebühren berechnen sich nicht nach der Schwierigkeit des Falles, sondern nach dem Streitwert. Daneben besteht die Möglichkeit der freien Honorarvereinbarung, die Stundensätze liegen etwa zwischen 150 und 550 Euro. Mit den dicken Fischen, die es vor allem in der Wirtschaft gibt, wird am meisten verdient. Wer dagegen viele kleine Fälle mit schwierigen und arbeitsintensiven Rechtsfragen hat, dessen Bilanz sieht weniger gut aus.

Der Berufseinstieg findet meistens im Anstellungsverhältnis in einer fremden Kanzlei statt, in der man eine ganze Zeit lang mitarbeiten muss, bevor man die Chance hat, als Sozius aufgenommen zu werden. Dieser Einstieg ist oft nicht ganz einfach, nicht selten sind die Aussichten ziemlich unsicher. Es besteht auch manchmal die Gefahr einer gewissen Ausbeutung. Wer dagegen sofort eine eigene Kanzlei aufmacht, hat das Problem Mandanten gewinnen zu müssen.

Zur Mentalität: Alles in allem ein dynamischer Beruf mit viel „action". Eine entsprechende Portion Kampfgeist gehört dazu, Arbeitswut schadet jedenfalls nicht. Während seines Berufslebens ist man Diener vieler Herren.

> **Tipp**
>
> Umfassende Infos zum Beruf des Rechtsanwalts finden Sie unter www.brak.de.

VerwaltungsjuristIn

Die Tätigkeiten in der Verwaltung sind im modernen Sozialstaat vielfältig und bunt. Durch die Ausweitung der Staatstätigkeit in fast alle Lebensbereiche hat sich nicht nur die Gestalt des Staates stark gewandelt, sondern mit ihm auch das Bild der Verwaltung. Der ganz überwiegende Teil der Verwaltungsaufgaben liegt heute im Bereich der leistenden und planenden Tätigkeiten. Besonders lebendig ist der Aufgabenkreis unmittelbar vor Ort in den Kommunalverwaltungen von Städten und Landkreisen, aber auch noch in den Mittelbehörden der Landesverwaltungen (Regierungspräsidien bzw. Bezirksregierungen). Hier geht es meistens um ganz konkrete Fragen: die Errichtung von Kindergärten, die Neuorganisation der Abfallentsorgung, die Erarbeitung eines neuen Verkehrswegekonzeptes, die Ausweisung von geeigneten Gewerbeflächen, die Durchführung von denkmalschützenden Maßnahmen, um nur ein paar Beispiele zu nennen. Vor allem bei Genehmigungsverfahren mit komplexen Rechts- und Entscheidungsstrukturen brauchen Verwaltungsleute erhebliches Verhandlungsgeschick. Wenn es etwa um eine neue Umgehungsstraße geht, müssen viele Personen beteiligt werden. Dabei geht es neben verkehrsplanerischen Gesichtspunkten auch um Umweltbelange, wirtschaftliche Interessen und die Rechte der Anwohner. Natürlich gehört dazu etwa auch die Erarbeitung einer neuen Baumschutzsatzung. Hier steht weniger die trockene Rechtsanwendung im Vordergrund, sondern eher die kluge Nutzung vorhandener rechtlicher Spielräume im Einzelfall, um bestimmte Ziele optimal zu verwirklichen: Das rechtlich Zulässige muss mit dem praktisch Machbaren zusammengebracht werden. Das leidige Thema der – immer knappen – öffentlichen Haushaltsmittel bestimmt dabei die Gestaltungsspielräume vor Ort ganz entscheidend mit. Insgesamt kann man sagen, dass das Bild der modernen Verwaltung sich immer mehr in Richtung einer Art Managementfunktion und hin zu einer Serviceeinrichtung für die Bürger wandelt, ohne freilich darin aufzugehen. Faustregel: 20 % Rechtsfragen, 80 % Leitungsfunktionen und Management.

3. Die wichtigsten Berufsbilder

Ganz anders sieht die Verwaltungstätigkeit in den Ministerien und Oberbehörden aus. Hier geht es meistens um recht abstrakte Fragen. Ein großer Teil der Tätigkeit besteht in der Aufsicht über andere Behörden und Körperschaften, ein anderer Schwerpunkt ist die Erarbeitung von Verwaltungsvorschriften, von Rechtsverordnungen und von generellen Weisungen an nachgeordnete Behörden. Die Hierarchie ist in Ministerien wohl am stärksten ausgeprägt. Konkret heißt das: Vorlagen werden vom Referenten unten erarbeitet und auf der Leiter über Referatsleiter, Unterabteilungsleiter, Abteilungsleiter und Staatssekretär zum Minister nach oben gegeben. Dabei darf jeder „Hierarch" (Vorgesetzter) seine Anmerkungen in die Vorlage malen, was mitunter ganz schön frustrierend sein kann.

Gemeinsames Grundmerkmal aller Verwaltungstätigkeit ist die mehr oder weniger stark ausgeprägte Nähe zur Politik. Das Spannungsfeld Politik – Verwaltung besteht auf kommunaler Ebene ebenso wie in einem Ministerium. Entsprechend hoch ist das Maß an parteipolitischer Einflussnahme in der Verwaltung. Schlüsselstellen und Führungspositionen werden oft nach dem „richtigen" Parteibuch besetzt, auch wenn offizielle Stellungnahmen das natürlich kaum so offen eingestehen. Die Regierungsnähe ist dabei Chance und Versuchung zugleich. Die Verdienstchancen sind in der Verwaltung nur zu Beginn schlechter als bei Richtern, später gleichen sie sich an. Die Aufstiegschancen sind i. d. R. nicht glänzend. Auf dem flachen Land endet die Beförderung i. d. R. bei A 15 (Regierungsdirektor), bei Ministerien und Oberbehörden sehen die Chancen besser aus. Auch hier gilt: Wer viel Geld verdienen möchte, ist im Anwaltsberuf oder in der Wirtschaft besser aufgehoben.

Ein Wort zur Mentalität: Wer sich gerne engagiert und einmischt, auch gern mit den Leuten redet, ist insbesondere in der Verwaltung vor Ort gut aufgehoben. Gerade dort haben Sie auch von Anfang an Leitungsfunktion, denn die Verwaltung besteht nur zum kleinsten Teil aus dem höheren Dienst. Andererseits müssen Sie es ein Berufsleben lang aushalten eigentlich überall Vorgesetzte zu haben, die Ihnen im Zweifel sagen, was Sie anders machen sollen.

In den Spitzen der Verwaltung und in den Ministerien nimmt der Abstraktionsgrad der juristischen Tätigkeit dagegen deutlich zu. Die

Tätigkeit wird hier durch rechtspolitische Gestaltungsfunktionen, durch Gesetzgebungstätigkeit oder durch die Aufsicht über nachgeordnete Verwaltungsbereiche geprägt.

VolljuristIn in der Wirtschaft

Über diese Berufsgruppe ist wohl am schwierigsten mit ein paar Worten ein einigermaßen flächendeckendes Bild zu vermitteln. Folgende Anhaltspunkte lassen sich dennoch benennen. Man kann drei Grundtypen von JuristInnen in der Wirtschaft unterscheiden:

Zunächst den juristisch arbeitenden höheren Angestellten in der Rechtsabteilung eines Unternehmens, der so etwas wie den klassischen Fall des „Wirtschaftsjuristen" bildet. Die juristischen Arbeitsfelder sind in erster Linie wirtschaftsnah und international, wozu etwa Gesellschaftsrecht, Handelsrecht, Vertrags- und Schadensrecht, Wettbewerbsrecht, aber auch das Steuerrecht zu zählen sind. Einwirkungen des Europarechts und des internationalen Wirtschaftsrechts sind häufig und Kenntnisse des internationalen Privatrechts oft selbstverständlich.

Weiter kommt das Feld des Arbeitsrechts hinzu. Der bei einem Unternehmen angestellte Wirtschaftsjurist ist so etwas wie ein „Hausanwalt". Zusätzliche spezielle Rechtsgebiete ergeben sich in allen Wirtschaftsbereichen, zum Beispiel im Banken- und Versicherungswesen, in der Lebensmittelindustrie und in der Chemie. Auch öffentlich-rechtliche Berührungspunkte gibt es, wenn zum Beispiel ein Großunternehmen eine neue Produktionsanlage aufbauen möchte und erst einmal eine Unmenge von Voraussetzungen aus Baurecht, Umweltrecht und anderen Rechtsgebieten geklärt werden müssen.

Ein zweiter Typus des Wirtschaftsjuristen soll mit dem Stichwort VerbandsjuristIn gekennzeichnet werden. Seine Tätigkeit ist in erster Linie beratender Art. Bei den örtlichen Industrie- und Handelskammern, bei den Handwerkskammern, bei überregional und bei bundesweit arbeitenden Verbänden hat er die Aufgabe, der Klientel des Verbandes Rechtsbeistand zu leisten. Kontaktpflege zu anderen Interessengruppen, aber auch zur Politik (Interessenpflege bzw.

3. Die wichtigsten Berufsbilder

„Lobbyismus") gehört ebenfalls zum Aufgabenspektrum des Verbandsjuristen.

Die dritte Gruppe schließlich hat zwar einmal Jura studiert, ihre Tätigkeit hat aber mit der Juristerei im engeren Sinn kaum mehr etwas zu tun. Sie arbeitet wirklich wirtschaftsnah, ihre Rolle könnte auch von Volks- oder Betriebswirten übernommen werden. Besonders Großunternehmen mit einem eigenen, hochentwickelten Aus- und Fortbildungswesen wie Banken und Versicherungen bieten gelegentlich für Juristen ein „training on the job" an. Es ist gar nicht so ungewöhnlich, dass ein gelernter JuristIn auf diese Weise zum Wirtschaftsexperten auf seinem Gebiet wird und kaum mehr einen Paragraphen in seinem Berufsleben zur Kenntnis nimmt.

Insgesamt sind auch die Chancen in der Wirtschaft für JuristInnen zurzeit und in absehbarer Zukunft wohl nicht als besonders gut zu bezeichnen. Dafür sind zwei sich wechselseitig verstärkende Trends verantwortlich. Einmal gehen die Unternehmen verstärkt dazu über, aus Kostengründen ihre Rechtsabteilungen abzubauen und die entsprechenden Funktionen Anwaltskanzleien zu übertragen. Zum anderen drängen Volks- und Betriebswirte immer stärker in Managementpositionen und verdrängen die JuristInnen zunehmend aus diesem Bereich. Konkurrenz erwächst den „VolljuristInnen" auch durch Absolventen des Studiengangs „Wirtschaftsrecht" (Diplom Fachhochschule), auch wenn diese Wirtschaftsjuristen nicht über die Befähigung zum Richteramt verfügen (Infos unter: www.wirtschaftsrecht-fh.com). Wer von vornherein das Ziel anstrebt, in die Wirtschaft zu gehen, sollte auf den rechtzeitigen Erwerb von besonderen Qualifikationen achten. Fremdsprachenkenntnisse gehören dazu, aber auch wirtschaftsnahe Fachkenntnisse. Wer beispielsweise eine Doktorarbeit über ein ausgetüfteltes bankrechtliches Thema geschrieben hat, wird für eine Großbank ein interessanter Mitarbeiter sein können.

Die Verdienstchancen fallen im Schnitt eher besser als im öffentlichen Dienst aus. Für die Mentalität dürfte hier Ähnliches gelten wie für die Rechtsanwälte. Allerdings gilt auch hier: Je größer das Unternehmen, desto stärker die Tendenz zur Bürokratisierung und desto geringer die Unterschiede zu einer Verwaltungsbehörde.

4. KAPITEL — Was die Juristin und den Juristen ausmacht

Wissenschaft

Die kleine Berufsgruppe der ProfessorInnen sei hier immerhin erwähnt, denn mit ihr haben Sie es in den vier bis sechs Jahren Ihres Studiums an der Universität vor allem zu tun. *Wilhelm von Humboldts* Grundbeschreibung von „Einsamkeit und Freiheit" als Grundbedingung für akademisches Arbeiten hat gerade bei uns Juristen noch immer ihre Gültigkeit. Bei allen Wandlungen im nationalen und internationalen Diskurs wird wissenschaftliche Produktion vor allem in Einzelarbeit erbracht. Dies steht übrigens ganz im Gegensatz zu anderen Wissenschaftszweigen, wo hervorragende Ergebnisse zum Teil überhaupt nur noch im Teamwork denkbar sind. Der Weg zum Professor geht über die Promotion und trotz gesetzlicher Änderungen bei den Juristen zurzeit i. d. R. immer noch über die anschließende Habilitation. Ein Habilitationsverfahren dauert in den seltensten Fällen unter drei Jahren, oft deutlich länger. Dann folgt eine Zeit als Privatdozent, in der man vor allem aus dem Koffer lebt und so genannte Lehrstuhlvertretungen macht, um sich zu profilieren und Erfahrung zu sammeln. Wenn alles gut geht, wird das Ziel in der zweiten Hälfte der 30er erreicht. Die Stellung als ProfessorIn ist dann auch einzigartig in der Gesellschaft: Es gibt wohl kaum einen freieren Beruf als den des Hochschullehrenden. Der königlichen Freiheit in Forschung und Lehre, übrigens auch in der eigenen Gestaltung des Alltags, steht allerdings ein beachtlicher Leistungs- und Profilierungsdruck gegenüber, der keineswegs aufhört, wenn man den ersten Ruf auf eine Universitätsprofessur erhalten hat. Sieht man von ein paar schwarzen Schafen ab, die es in jedem Berufsstand gibt, so liegt die Arbeitszeit hier im Schnitt gerade bei den Juristen außerordentlich hoch. Hinzu kommt der immer größer werdende Aufwand für Prüfungen, Verwaltungsarbeiten und Organisationsaufgaben im Bereich der universitären Selbstverwaltung. Das Grundgehalt eines Professors beläuft sich gegenwärtig je nach Besoldungsgruppe von rund 4.000 bis 5.700 Euro monatlich. Hinzu können leistungsabhängige Zulagen kommen. Viele verfügen zusätzlich über zum Teil sehr erhebliche Nebeneinnahmen aus Gutachten, Vorträgen, Publikationen, Beratungstätigkeiten und sonstigen Mandaten.

Zur Mentalität erübrigt es sich, etwas zu sagen. Sie werden genügend Gelegenheit haben, diese im Verlauf Ihres Studiums selbst zu studieren. Es ist allerdings hilfreich, sich klarzumachen, dass die Ausbildung bis zum Ersten juristischen Examen nicht in den Händen der Leute liegt, mit denen man es nachher im Berufsleben in erster Linie zu tun haben wird. Hochschullehrende sind immer noch zumeist Theoretiker, die im Gegensatz zum Richter kaum praktischen Entscheidungszwängen unterliegen. Auch das prägt.

Sonstige Berufe

Neben diesen genannten Berufen gibt es noch eine Vielzahl von Tätigkeiten, die in der Praxis von Juristen ausgeübt werden, obwohl viele von diesen mit der Juristerei im engeren Sinne nichts zu tun haben. Dies liegt an der Art des juristischen Denkens, das auch für andere Tätigkeiten hilfreich ist. Überall da, wo die klare Strukturierung des Denkens, die argumentativ überzeugende Aufbereitung von Sachpositionen und die Durchsetzung von Inhalten gefragt ist, findet man auch JuristInnen. Das gilt beispielsweise für die Politik und die Politikberatung oder für Journalisten. Manche JuristInnen arbeiten auch weit weg von ihrer ursprünglichen Ausbildung und haben nur noch am Rande mit juristischen Kerntätigkeiten zu tun. Solche „krummen" Berufswege, die sich nicht in die herkömmlichen Karrierebilder einfügen, können besonders interessant und spannend sein. Wie kaum eine andere Berufsausbildung bietet die Juristerei Anknüpfungspunkte für originelle Wege.

Zum Schluss ein Tipp für alle zum Kennenlernen des Berufsstandes: Besuchen Sie den Deutschen Juristentag!

Diese traditionsreiche, alle zwei Jahre stattfindende Veranstaltung ist eine für alle JuristInnen offene Tagung, bei der aktuelle, rechtspolitisch bedeutsame Fragen diskutiert werden. Vom Juristentag sind schon viele Impulse für die Gesetzgebung ausgegangen. Hier können Sie einen Querschnitt durch den ganzen Berufsstand erleben und Leute und Diskussionsstile kennen lernen.

> **Tipp**
>
> Informationen erhalten Sie bei: Deutscher Juristentag: www.djt.de

Daneben gibt es als Konkurrenzunternehmen auch einen „Alternativen Juristentag", auf dem die sich dezidiert als linksliberal verstehenden JuristInnen zusammenkommen. Der „Alternative Juristentag" verfügt allerdings über keine Organisation, kein Sekretariat und keinen Apparat, an den man sich mit der Bitte um Informationen wenden könnte. Er existiert nur, wenn er stattfindet, da hilft nur kreatives Durchfragen.

Insbesondere: Frauen in juristischen Berufen

Zumindest für die Gegenwart gilt – sofern man dies als männlicher Autor überhaupt beurteilen kann – als Grundsatz: Als Frau sind Sie in der Jurisprudenz gut aufgehoben. Es gibt zwar signifikante Unterrepräsentanz von Frauen in einigen juristischen Berufen, insbesondere in der Wissenschaft und den einflussreichen Anwaltskanzleien und wiederum eine ausgesprochen starke Präsenz in anderen Berufssparten (wie insbesondere dem Richterberuf). Insgesamt ist aber das Bemühen um Gleichberechtigung in dem Fach im Allgemeinen so alltäglich, dass man sich allein wegen seines Geschlechtes, gleich ob männlich oder weiblich, nicht von dem Fach abwenden sollte. Das Nachdenken über die richtige Entscheidung ist geschlechtsneutral und die messbaren geschlechtsspezifischen Differenzen halten sich insgesamt, verglichen mit anderen Berufsgruppen, deutlich in Grenzen. Zu erwähnen ist in diesem Zusammenhang zumindest der Deutsche Juristinnenbund, der sich – mittlerweile seit über 100 Jahren – der Belange der Frauen bei der Fortentwicklung des Rechts angenommen hat. Er will dazu beitragen, die Gleichberechtigung und Gleichstellung der Frau in Gesellschaft, Beruf und Familie zu verwirklichen und tritt für eine angemessene Beteiligung der Frauen an gesellschaftlicher und politischer Verantwortung ein. Mitglied kann auf Antrag jede Frau werden, die Rechts- oder Wirtschaftswissenschaft studiert oder studiert hat. Eine ähnliche Zielsetzung hat die Arbeitsgemeinschaft Anwältinnen im DAV (http://www.dav-anwaeltinnen.de/).

> **Tipp**
>
> Interessentinnen können sich an folgende Adresse wenden: Deutscher Juristinnenbund e. V., www.djb.de.

4. Das Handwerkszeug

Wie jeder Beruf hat auch die Juristerei ihre eigene Ästhetik. Es ist eine Kunst, auch in sehr komplexen Fallgestaltungen Klarheit zu schaffen. Im juristischen Diskurs überzeugen Klarheit und Einfachheit, die den Nagel auf den Kopf treffen, nicht geschraubte Kompliziertheit und wortgewaltiges Getöse. Diese Kunst setzt Unterscheidungsvermögen voraus. Es kommt darauf an, die entscheidenden Punkte in einer Argumentationskette zu erkennen und alles Überflüssige und Unwichtige wegzulassen. Man braucht schon einen Blick für das Wesentliche und viel Übung, um diese Fähigkeit zu erwerben. Früher hieß es, ein guter Jurist könne werden, wer in Deutsch und in Mathematik gute Noten erzielt hat. Falsch dürfte diese Kombination als Kennzeichnungsversuch für den Schlüsselbereich des juristischen Denkens auch heute noch nicht sein, auch wenn man daraus keine schlichte Kausalität im Sinne eines Wenn-dann-Satzes ableiten darf. Die Nähe zur Mathematik ist freilich sehr locker, denn Jura ist keine exakte Wissenschaft und es geht dabei nicht immer nur streng logisch zu. Gegen die Spielregeln der sprachlichen Logik darf man allerdings nicht verstoßen. Argumentationsstrukturen, die in sich widersprüchlich sind, zirkulär oder ohne klaren inneren Ableitungszusammenhang sind falsch, auch wenn das Ergebnis stimmen mag. Tatsächlich hat die Juristerei zuallererst etwas mit Sprache zu tun, vor allem mit dem geschriebenen Wort in Gesetzen, Verordnungen, Satzungen und Verträgen. Der Umgang mit der Welt findet – im Gegensatz zum manchmal blutigen Handwerk des Mediziners – immer gefiltert durch das Wort

4. KAPITEL Was die Juristin und den Juristen ausmacht

statt, meistens durch das geschriebene Wort. Ständig werden dabei irgendwelche Texte ausgelegt und verglichen, ständig versuchen JuristInnen, deren Sinn rechtsverbindlich zu entschlüsseln. Jura als Wissenschaft ist deswegen eine Verstehenslehre (Hermeneutik), bei der es um die Unterscheidung von richtigen und falschen, von rechtlich zulässigen und rechtlich unzulässigen Möglichkeiten des Verstehens geht. Das Charakteristische am juristischen Handwerk ist die sichere Unterscheidung zwischen Sachargumenten, auf die es im konkreten Fall ankommt, und solchen Gesichtspunkten, die vielleicht ganz interessant, aber für die Lösung des Falles unbrauchbar sind. Oft sind die maßgeblichen juristischen Argumente weder originell noch besonders schwierig in ihrer Struktur. Dabei ist – sprachlich verfremdet – viel „gesunder Menschenverstand" im Spiel. Wirklich schwierig und nur mit viel Übung zu erlernen ist das souveräne Unterscheidungsvermögen zwischen Argumenten, auf die es ankommt, und überflüssigem Beiwerk. Sie werden also vor allem das Auslegen und Verstehen von Recht durch methodisch geleitetes Argumentieren lernen. Es ist oft gar nicht so einfach, in einem Vertrag zu ermitteln, was sich die vertragschließenden Parteien eigentlich gedacht haben oder zumindest, was sie vernünftigerweise gemeint haben könnten. Vor allem dann, wenn etwas schiefgeht, ist die Einigkeit schnell dahin. Besonders problematisch ist die Auslegung von Testamenten, weil man den Verstorbenen nicht mehr befragen kann, was er der Nachwelt eigentlich sagen wollte.

Vorbildlich und über die Jahrzehnte hinweg von im Wesentlichen gleich bleibender Qualität sind Rechtssprache und Argumentationskunst der Bundesgerichte, vor allem des Bundesverfassungsgerichts. Es ist dem Verfassungsgericht im Wesentlichen geglückt, eine ziemlich zeitgeistunabhängige Sprache zu pflegen, in der Nüchternheit, Sachlichkeit und Klarheit den Stil bestimmen. Was das bedeutet, sollen Sie im nächsten Schritt selbst herausfinden, denn Sie haben den größten Lern- und Verstehenseffekt, wenn Sie selbst etwas tun. Machen Sie sich also die Mühe, die folgenden Kostproben einer der bekannteren Entscheidungen des Bundesverfassungsgerichts zu entschlüsseln, bevor Sie weiterlesen. Vorkenntnisse brauchen Sie dafür nicht. Unbedingt notwendig ist es aber, die zitierten Grundgesetzartikel auch nachzulesen. Mit einem flüchtigen Blick ins Gesetz ist es nicht getan.

> **Tipp**
>
> Übrigens bekommen Sie das Grundgesetz, ebenso wie auch eine Reihe anderer Gesetzessammlungen, kostenlos von der Bundeszentrale für politische Bildung (Adenauerallee 86, 53113 Bonn; www.bpb.de). Für eine kleine Unkostenbeteiligung finden Sie dort auch Bücher, die sich zur Einführung in Themen um Recht, Staat und Verfassung eignen (zum Beispiel den „Bürgerkommentar zum Grundgesetz"). Kostenlos können Sie zudem die wichtigsten Bundesgesetze online abrufen unter: http://bundesrecht.juris.de/index.html

Verstehensübung in vier Schritten:

Beantworten Sie folgende Fragen schriftlich!
(1) Was ist das Problem des Falles? Um welchen Lebenssachverhalt geht es?
(2) Was sind die tragenden Gedanken und Grundbegriffe, auf die das Gericht seine Argumentation stützt?
(3) In welcher Reihenfolge werden diese Grundbegriffe auf eine Argumentationskette aufgezogen? Zusatztipp: Machen Sie sich eine Skizze und verbildlichen Sie damit den Argumentationsablauf mit Pfeilen und anderen Zeichen. Für die eigene Verstehensarbeit ist die Kunstfertigkeit, sich selbst ein Bild zu machen und Wortstrukturen in zeichenhafte Strukturen zu zerlegen, von großer Bedeutung.[9]
(4) Fassen Sie die zentrale Aussage des Textes in kurzen Leitsätzen zusammen.

Fallbeispiel: Der unglückliche Erblasser

Der 1922 geborene Alfred Auerbach (A) hat vor sieben Jahren einen Schlaganfall erlitten und ist seitdem gelähmt. Er kann weder sprechen noch schreiben, aber hören und sich durch Zeichen verständigen. Er wird seit dieser Zeit von seinem Sohn gepflegt. Am 1.6.2014 gab A eine notarielle Erklärung über seinen letzten Willen bei dem Notar Norbert Nüchtern in Anwesenheit seines Sohnes ab. Ein weiterer Notar war

4. KAPITEL — Was die Juristin und den Juristen ausmacht

als Zeuge anwesend. Auch ein Arzt war anwesend. Alle Beteiligten waren der Meinung, dass A testierfähig sei und seinen Sohn als Alleinerben einsetzen wollte. Nach dem Tod des A erhebt seine Tochter T vor dem zuständigen Gericht Klage mit dem Antrag festzustellen, dass das Testament unwirksam ist und sie daher neben ihrem Bruder gesetzliche Erbin ist. Das zuständige Gericht ist der Auffassung, das Testament des A sei mit § 2232 BGB nicht vereinbar, zweifelt aber an der Verfassungsmäßigkeit der Norm und legt daher § 2232 dem Bundesverfassungsgericht zur Prüfung vor.

Das Bundesverfassungsgericht hat mit Beschluss vom 19. 1. 1999, Aktenzeichen 1 BvR 2161/94 entschieden, dass der Ausschluss von schreib- und sprechunfähigen Personen von der Testiermöglichkeit bei einem Notar (§ 2232 BGB) gegen die Erbrechtsgarantien des Artikel 14 Abs. 1 verstößt.

Zunächst stellt das Bundesverfassungsgericht fest, dass für die kleine Gruppe der Personen, die weder schreiben können noch sprechen können, keine Sonderregelung zur Testierfähigkeit vorgesehen ist.

Zur Begründung heißt es unter anderem:

Auszug aus den Entscheidungsgründen:

2. Nach Art. 14 Abs. 1 Satz 2 GG ist es dem Gesetzgeber überlassen, Inhalt und Schranken des Erbrechts zu bestimmen. Erst durch die gesetzliche Ausgestaltung wird das Erbrecht des Einzelnen klar umrissen und zu einem praktisch durchsetzbaren Recht. Die einfachrechtliche Ausgestaltung verschafft den notwendig abstrakten Grundprinzipien des Erbrechts konkrete Gestalt. Demzufolge ist es Sache des Gesetzgebers, das im Grundsatz der Testierfreiheit angelegte Selbstbestimmungsprinzip zu konkretisieren. Er muß festlegen, welche Anforderungen im einzelnen an die für eine eigenverantwortliche Testamentserrichtung erforderliche Einsichtsfähigkeit zu stellen sind und welches Maß an Handlungsfähigkeit für die Testamentserrichtung nötig ist.

Zur Konkretisierung des Prinzips der Testierfreiheit muß der Gesetzgeber Vorschriften über die zulässigen Testamentsformen und über die Anforderungen an die Testierfähigkeit erlassen. ... Er kann Personen, denen die erbrechtliche Selbstbestimmungsfähigkeit typischerweise fehlt, von der Testamentserrichtung ausschließen.

3. Der Gestaltungsspielraum des Gesetzgebers ist allerdings nicht unbeschränkt. Der Gesetzgeber muß bei der näheren Ausgestaltung des Erbrechts den grund-

legenden Gehalt der verfassungsrechtlichen Gewährleistung wahren... Ferner darf er von Elementen des Erbrechts, die Bestandteile der verfassungsrechtlichen Gewährleistung sind, nur in Verfolgung eines verfassungsrechtlich legitimen Zwecks und nur unter Wahrung des Grundsatzes der Verhältnismäßigkeit abweichen. Der Gesetzgeber darf das in der Testierfreiheit enthaltene Selbstbestimmungsprinzip zwar konkretisieren, nicht aber unverhältnismäßig beschränken. Allerdings steht ihm auch bei der Regelung von Beschränkungen ein Einschätzungs-, Wertungs- und Gestaltungsspielraum zu. ...

III. Gemessen an diesen Grundsätzen verstößt der generelle Ausschluß schreibunfähiger Stummer von jeder Testiermöglichkeit gegen Art. 14 Abs. 1 GG ...

Menschen, die in geistiger Hinsicht zu einer eigenverantwortlichen letztwilligen Verfügung in der Lage sind, dürfen nicht allein deswegen an der Testierung von Rechts wegen gehindert werden, weil sie aus körperlichen Gründen nur über eingeschränkte Verständigungsmöglichkeiten verfügen.

1. Der Ausschluß schreibunfähiger Stummer von jeder Testiermöglichkeit stellt eine unverhältnismäßige Beschränkung der von Art. 14 Abs. 1 GG gewährleisteten Erbrechtsgarantie dar. Die Anwendung des Formzwangs dient hier dazu, schreibunfähige Stumme schlechthin von der Testamentserrichtung auszuschließen. Die schreibunfähigen Stummen sollen nach dem Willen des Gesetzgebers kein Testament errichten können, weil eine zuverlässige Verständigung mit ihnen nicht möglich sei und weil ihnen das erforderliche Verständnis für die Testamentserrichtung fehle (Motive zu dem ersten Entwurfe eines Bürgerlichen Gesetzbuches für das Deutsche Reich, Amtliche Ausgabe, Berlin 1896, Band 5, S. 251, 276; ähnlich Mugdan, Die gesamten Materialien zum Bürgerlichen Gesetzbuch für das Deutsche Reich, Berlin 1899, Band 5, S. 146 f.). Die Anwendung der Formvorschriften auf schreibunfähige Stumme soll somit einerseits der Rechtssicherheit und andererseits dem Schutz nicht selbstbestimmungsfähiger Menschen dienen. Der Gesetzgeber verfolgt damit legitime Gemeinwohlziele.

Der Gesetzgeber konnte den Formzwang auch als ein geeignetes Mittel zur Erreichung dieser Gemeinwohlziele ansehen. Hingegen konnte er nicht davon ausgehen, daß das Formerfordernis bei schreibunfähigen Stummen in jedem Fall zur Erreichung der Gemeinwohlziele erforderlich ist. Der mit dem Formzwang bewirkte Testierausschluß stellt sich vielmehr nur in den Fällen als erforderlich dar, in denen sich die vom Gesetzgeber zugrundegelegte Sachverhaltsannahme als vertretbar erweist, daß eine hinreichend gesicherte Verständigung mit schreibunfähigen Stummen nicht möglich ist oder daß ihnen das für die Testamentserrichtung benötigte geistige Verständnis fehlt.

... Im vorliegenden Fall ist die Annahme des Gesetzgebers, daß es allen schreibunfähigen Stummen an der für die Testamentserrichtung erforderlichen Handlungs- und Einsichtsfähigkeit mangelt, unzutreffend. Wie das vorliegende Ver-

> fahren zeigt, gibt es durchaus schreib- und sprechunfähige Personen, die über die für eine Testamentserrichtung erforderliche intellektuelle und physische Selbstbestimmungsfähigkeit verfügen. Der Ausschluß der Testiermöglichkeit ist demzufolge hier nicht zum Schutz vor fremdbestimmten oder unverantwortlichen Rechtsgeschäften erforderlich. Bei selbstbestimmungsfähigen Personen sind als milderes Mittel ... Beurkundungsverfahren denkbar, die zu einer zuverlässigen Feststellung des letzten Willens führen. Durch die Heranziehung weiterer neutraler Personen kann in ausreichendem Maße kontrolliert werden, ob der beurkundende Notar die Testierfähigkeit des schreib- und sprechunfähigen Erblassers richtig einschätzt und seine Willenserklärungen zutreffend deutet. ...

§ 2232 BGB (Bürgerliches Gesetzbuch) lautete vor seiner Änderung:

> Zur Niederschrift eines Notars wird ein Testament errichtet, indem der Erblasser dem Notar seinen letzten Willen mündlich erklärt oder ihm eine Schrift mit der Erklärung übergibt, daß die Schrift seinen letzten Willen enthalte. Der Erblasser kann die Schrift offen oder verschlossen übergeben; sie braucht nicht von ihm geschrieben zu sein.

Artikel 14 des Grundgesetzes lautet:

> (1) Das Eigentum und das Erbrecht werden gewährleistet. Inhalt und Schranken werden durch die Gesetze bestimmt.
> (2) Eigentum verpflichtet. Sein Gebrauch soll zugleich dem Wohle der Allgemeinheit dienen.
> (3) Eine Enteignung ist nur zum Wohle der Allgemeinheit zulässig. Sie darf nur durch Gesetz oder auf Grund eines Gesetzes erfolgen, das Art und Ausmaß der Entschädigung regelt. Die Entschädigung ist unter gerechter Abwägung der Interessen der Allgemeinheit und der Beteiligten zu bestimmen. Wegen der Höhe der Entschädigung steht im Streitfalle der Rechtsweg vor den ordentlichen Gerichten offen.

Sicher haben Sie das Problem des unglücklichen Erblassers erkannt. Vergessen Sie bitte nicht die beiden nächsten Verstehensschritte. Wenn Sie die gegangen sind, wird Ihnen der vierte Schritt (Leitsätze) als Verdichtung der Schritte zwei und drei nicht schwer fallen. Bei den Leitsätzen kann man auf Kernsätze in der Entscheidung zurückgreifen.

4. Das Handwerkszeug

Leitsatzvorschlag:
1. Der Gesetzgeber darf die Voraussetzungen für den Erlass eines wirksamen Testamentes umschreiben und dabei die Testierunfähigkei für solche Menschen vorsehen, die einen wirksamen Willen nicht bilden können.
2. Es ist grundsätzlich zulässig, als Regelfall entweder die Schreibfähigkeit oder die Sprachfähigkeit als Voraussetzung für die Testierfähigkeit anzusehen.
3. Der völlige Ausschluss von schreib- und sprachunfähigen Personen von der Testiermöglichkeit verstößt aber insoweit gegen die Erbrechtsgarantie, als sie auch solche Menschen erfasst, die einen wirksamen Willen bilden können und dieser mit geeigneten Verfahren durch den Notar auch festgestellt werden kann.
Der offizielle Leitsatz des Gerichtes lautete:
Der generelle Ausschluß schreib- und sprechunfähiger Personen von der Testiermöglichkeit in den §§ 2232, 2233 BGB, 31 BeurkG verstößt gegen die Erbrechtsgarantie des Art 14 Abs 1 GG sowie gegen den allgemeinen Gleichheitssatz des Art 3 Abs 1 GG und das Benachteiligungsverbot für Behinderte in Art 3 Abs 3 Satz 2 GG.

Rechtsanwendung ist immer auch Rechtsauslegung. Nur selten passt der Wortlaut einer Vorschrift ganz genau auf einen Lebenssachverhalt, denn meistens sind Rechtsnormen abstrakt formuliert. Weil das Leben eine ziemlich komplizierte Angelegenheit ist, sind die Regelungen, die Menschen sich im Vorhinein ausdenken, um das Leben ein bisschen weniger chaotisch und wenigstens etwas berechenbarer zu machen, meistens abstrakt und daher für die Lösung konkreter Streitfragen immer noch ziemlich unvollkommen. Die Konkretisierung der vom Gesetzgeber oder von den Vertragsparteien gesetzten abstrakten Regel auf den Einzelfall ist die Hauptaufgabe der JuristInnen.

Verträge sind bei dem Versuch, die Zukunft etwas berechenbarer zu machen und menschliches Verhalten Spielregeln zu unterwerfen, das eine, gesetzliche Regelungen das andere. Das Gesetz erhebt den Anspruch, einen bestimmten Lebensbereich verbindlich zu ordnen. Alle dem Recht Unterworfenen haben sich entsprechend zu verhalten. Das bedeutet nun selbstverständlich nicht, dass das Leben sich in jeder Hinsicht dann auch tatsächlich normgerecht verhält. Ganze Rechtsbereiche „leben" von der Übertretung des Rechts, insbesondere das Strafrecht. Es gibt auch rechtliche Regelungen, die weitge-

4. KAPITEL Was die Juristin und den Juristen ausmacht

hend leer laufen, weil die Bürger ihnen massenhaft die Anerkennung entziehen. Ein einfaches Beispiel ist der geringe Rechtsgehorsam an Fußgängerampeln in Großstädten, die immer weniger Passanten sonderlich ernst zu nehmen scheinen. Trotzdem hat das Rechtsgebot, bei Rot zu stehen und bei Grün zu gehen rechtliche Konsequenzen. Wenn ich bei Rot über die Ampel gehe und verletzt werde, wird der Fall anders zu beurteilen sein, als wenn der gleiche Unfall sich bei Grün ereignet. Man kann diese juristische Grundeinsicht auch so ausdrücken: Das Gesetz sagt nicht, wie das Leben in jedem Fall ist, sondern wie es von Rechts wegen sein sollte. Daraus ergibt sich die Grundspannung, von der die Juristerei lebt: Der Ausschnitt des wirklich gelebten Lebens und die Welt der Rechtsnormen müssen zusammengebracht werden. In diesem Spannungsfeld bewegt sich die Handwerkskunst des juristischen Denkens. Die Zusammenschau von beiden Welten geschieht in der juristischen Arbeit in Anlehnung an eine berühmte Formel von Karl Engisch durch das Hin- und Herwandern des Blickes zwischen Wirklichkeit und Rechtsnorm. Dafür gibt es nun wiederum ein paar – handwerkliche – Spielregeln.

Ansatzpunkt ist die Welt der Rechtsnormen. Die Leitfrage des Juristen lautet dabei immer, ob sich der chaotische Fluss des Lebens normgerecht verhält und was zu geschehen hat, wenn dies nicht der Fall ist. Der Zugang zur Lebenswirklichkeit vollzieht sich auf diesem Weg immer in ziemlich abstrakter Form. Juristische Arbeitsbegriffe sind abstrakte Begriffe, die eine ganz bestimmte Lebenswirklichkeit einfangen und tradieren. Der Begriff der Willenserklärung stellt beispielsweise eine zentrale Verstehenskategorie im Allgemeinen Teil des Bürgerlichen Gesetzbuches dar, hinter dem vielfältige Bedeutungsschichten stecken, die Generationen von JuristInnen erarbeitet haben. Ziel dieser manchmal etwas mathematisch und akribisch wirkenden Bemühungen ist letztlich nichts anderes, als Klarheit darüber zu gewinnen, was wir heute unter dem Begriff verstehen können, welche Ausschnitte von Lebenswirklichkeit, die sich ja ständig wandelt, ihn ausfüllen und welche nicht. Rein handwerklich gesehen sind Juristen deswegen „Wortmetze". Damit wir dabei nicht in einer Fülle von Details ertrinken, ist das Bemühen der Juristerei in

4. Das Handwerkszeug

Wissenschaft und Rechtsprechung darauf gerichtet, die verschiedenen Gesichtspunkte zu systematisieren, zu Fallgruppen zusammenzufassen und in das juristische Ordnungsgebäude, das ständig wächst und sich verändert, einzufügen. Für diese gedanklichen Operationen braucht man schon eine gewisse Lust an der Abstraktion und an der Konstruktion. Aber nicht nur Denksport, Tüftelei und der Sinn für Ähnlichkeiten gehören dazu, sondern vor allem auch die Fähigkeit, Grundstrukturen zu erkennen und zu bilden. Nur derjenige, der das System begreift, hat eine Chance mit den Einzelheiten sicher umzugehen. Dieses „Strukturwissen" ist die Grundlage der juristischen Kreativität. Vielleicht braucht man ein bisschen kriminalistisches Gespür, um die Grundgedanken in einem hochkomplizierten Fall zu entschlüsseln. Sorgfalt, Geduld und Nüchternheit gehören dazu, das genaue Hinsehen auf die scheinbar unwichtigen Details. Auch geistige Disziplin und eine gewisse Strenge der Gedankenführung sind hier zu nennen. Eines der Hauptziele der juristischen Sozialisation durch das Studium ist das Erlernen dieses methodisch geleiteten Denkens.

Es gibt dabei so etwas wie das juristische Pathos der Sachlichkeit. Hochschlagende Gefühlswellen, die Eiligkeit des Ankommenwollens und eine zu frühe Verfestigung der eigenen Meinung sind eher hinderlich.

Wer sich allerdings nur im Zählen von Fliegenbeinen übt, der verliert schnell den Überblick. Detailgenauigkeit und das Erkennen der grundsätzlichen Strukturen gehören zum Handwerkszeug. Die Grundbegriffe als die Pfeiler, auf denen das ganze juristische Gedankengebäude ruht, müssen in den ersten Semestern fest verankert werden. Es ist wie beim Erlernen einer Fremdsprache: Wer am Anfang rumschludert und die Grundzüge nicht beherrscht, der hat hinterher kein Gerüst, in das er die neu gewonnenen Kenntnisse und Fertigkeiten einordnen kann.

Schließlich gehören zum Handwerkszeug vor allem auch die Lust an der Argumentation und die Lust am Widerspruch. Gute JuristInnen zeichnen sich durch eine hervorragende Streitkultur aus, denn sie haben es gelernt, auf die wechselseitigen Argumente auch einzugehen. Deswegen müssen immer auch alle Betroffenen zu Wort kommen, bevor man eine Entscheidung trifft. Verantwortlich dafür ist letztlich die im klassischen Gerichtsprozess herausgebildete Rhetorik. Der Richter hat zunächst beide Parteien möglichst unbefangen anzuhören, bevor er Recht spricht. Erst hinhören und hinsehen, dann urteilen.

Die Rechtsanwendung muss korrekt, „lege artis" gemacht sein. Ein Stück Distanz gegenüber der eigenen konstruierenden Vernunft und Argumentationskunst sollte man sich dabei bewahren. Hierfür gibt es eine schöne Faustregel: Machen Sie bei Ihrer Falllösung die Plausibilitätskontrolle. Eine Rechtsauffassung, die man seinem Freund oder seiner Freundin – Voraussetzung: keine JuristInnen – nicht plausibel machen kann, ist meistens falsch. Im Übrigen gibt es häufig mehr als nur eine richtige Lösung. Die JuristInnen sprechen dann von „vertretbar". Nicht jede Lösung ist handwerklich akzeptabel, schon gar nicht jede Begründung. Das Handwerkliche macht allerdings nur „die halbe Miete" aus. Hinzukommen muss die Liebe zur Sache.

5. Wie gut ist gut genug?

Wie gut muss man sein, um seinen Wunschberuf aus dem juristischen Berufsspektrum zu erreichen?

In aller Offenheit gesprochen: Mit zwei eben ausreichenden Examina sind Ihre Wahlmöglichkeiten deutlich eingeschränkter als mit zwei befriedigenden Examina. Das heißt nicht, dass Sie dann chancenlos sind, aber für den Start ins Berufsleben ist dies jedenfalls keine sonderlich gute Voraussetzung. So viel zum Trost: Nach wenigen Jahren schon wird Sie niemand mehr nach Ihren Examensnoten befragen. Die Bedeutung dieser Eintrittskarte in das Berufsleben nimmt in dem Maß ab, wie Sie fest in der Arbeitswelt integriert sind. Aber um hineinzukommen sind die Noten verhältnismäßig wichtig. Mit zwei Prädikatsexamina (i. d. R. ab voll befriedigend) steht Ihnen der juristische Berufshimmel offen. Genaue Notenangaben lassen sich allerdings kaum machen, da die Einstellungspraxis immer auch von den Gesetzen des Marktes bestimmt wird. Herrscht ein Überangebot an ausgebildeten JuristInnen, steigen die Anforderungen – und umgekehrt. Es sieht zurzeit so aus, dass wir in absehbarer Zeit weiter ein großes Angebot an fertigen JuristInnen haben werden. Andererseits dürfte auch die Nachfrage auf dem Arbeitsmarkt in den nächsten Jahren deutlich zunehmen. Geburtenstarke Jahrgänge treten von der Bühne des Arbeitslebens seit etwa 2012 ab. Zwar wird nicht jeder Platz nachbesetzt werden, dennoch wird der Bedarf an JuristInnen steigen. Soweit ersichtlich, sind die juristischen Berufsfelder auch noch einigermaßen „globalisierungsfest": Juristische Tätigkeiten auf der Grundlage des in Deutschland geltenden Rechts lassen sich nicht ohne Weiteres nach Indien oder China verlagern.

Auch in Zukunft werden dabei folgende Faustregeln gelten:

Am höchsten hängt – von den wissenschaftlichen Berufen und bei Spitzenkanzleien einmal abgesehen – die Latte bei den Richtern. Die Justiz dürfte in ihrem Einstellungsgebaren auch am wenigsten flexibel sein, d. h. i. d. R. zwei oder jedenfalls ein Prädikatsexamen, vorzugsweise im zweiten juristischen Staatsexamen. Kompensationsgeschäfte sind nicht möglich, d. h. es wird Ihnen wenig nützen, wenn Sie hervorragende Fremdsprachenkenntnisse besitzen, aber leider nur ein ausreichendes Examen eingefahren haben. Daraus folgt mit anderen Worten: Wer Richter werden will, muss sein Studium möglichst früh so in Angriff nehmen, dass er ordentliche Examina machen wird. Ein Stück weit jedenfalls lässt sich das planen, dazu später mehr.

Etwas flexibler handhabt die Verwaltung ihre Einstellungspolitik. Die Note ist hier zwar nicht unwichtig, aber sie ist nicht alles. Auch mit befriedigenden Ergebnissen haben Sie hier manchmal noch eine Chance, wenn Sie weitere Qualifikationen nachweisen können. Wer zum Beispiel gute Fremdsprachenkenntnisse besitzt, schon über Berufserfahrung und vor allem Erfahrung im beruflichen Umgang mit anderen Menschen verfügt, der wird sicher sorgfältig unter die Lupe genommen und auf seine Verwaltungstauglichkeit abgecheckt werden. Längst werden Einstellungsentscheidungen auch in der Verwaltung von so genannten „Assessment-Centern" abhängig gemacht, bei denen in Gruppengesprächen und lockeren Kommunikations-

4. KAPITEL   Was die Juristin und den Juristen ausmacht

spielen soziale, diskursive und argumentative Kompetenzen getestet werden. Es geht dabei i. d. R. nicht um Fachkenntnisse, sondern um Verhandlungsgeschick, Argumentationskunst, die Fähigkeit auf andere einzugehen, Teamgeist, Fairness und dergleichen mehr. Oft ist es auch hilfreich, wenn man sich vorher über die Behörde, zu der man will, informiert hat. Es gibt inzwischen einen unüberschaubar großen Markt von Assessment-Center-Knackern, die Ihnen angeblich sagen, wie Sie durchkommen. Gefragt wird oftmals nach dem eigenen Profil (Stärken/Schwächen), den eigenen Visionen, den Grund für die Bewerbung gerade auf diese Stelle und den Ideen, die man einbringen möchte. Oft dient die Lektüre solcher Werke mehr der eigenen Beruhigung, weil sie das angenehme Gefühl vermitteln, etwas getan zu haben. Ohnehin helfen sie kaum weiter, wenn die Bewerberauswahl nicht aufgrund objektivierter Testmaßstäbe erfolgt, sondern nach dem „demokratischen Zustimmungskriterium". Dabei haben alle Personalverantwortlichen des betreffenden Unternehmens oder der Behörde – und das kann eine große Zahl sein – eine Stimme. Nur dann, wenn alle zustimmen, wird der Bewerber genommen.

Die Fälle sind gar nicht so selten, in denen Bewerber mit hervorragenden Noten wegen offensichtlicher persönlicher Defizite zurückgewiesen werden: Wer sich schon im Auswahlgespräch als wenig teamfähig erweist, ist im Zweifel falsch am Platz. Jenseits der befriedigend-Schwelle sind aber auch hier die Kompensationsmöglichkeiten i. d. R. ausgeschlossen.

Bei Rechtsanwälten und in der Wirtschaft besteht zwar der Theorie nach mehr Spielraum. In der Praxis dürfte es jedoch zumindest in den „vornehmen" Unternehmen und Kanzleien so gehandhabt werden, dass man auf Qualität, die sich auch in den Noten niederschlagen muss, achtet. Zusatzqualifikationen dürften allerdings eine noch größere Rolle spielen als in der staatlichen Verwaltung. Natürlich hängt das im Einzelfall vom konkreten Job ab. Hilfreich ist es hier im Allgemeinen, wenn man sich in der Kanzlei oder in dem Betrieb im Rahmen des Referendariats oder eines Praktikums bewährt hat.

Für jeden, der später einmal eine interessante juristische Position bekommen möchte, gilt die Formel:

> **Wichtig:**
>
> Fachliche Qualifikation plus persönliches Profil erhöhen Ihre Chancen.

An beidem können Sie gezielt arbeiten. Vergessen Sie nicht, rechtzeitig auch Ihr individuelles Profil zu pflegen: Sie müssen immer auch mit Ihrer Persönlichkeit überzeugen. Achten Sie deswegen frühzeitig auch auf Ihre außerfachlichen Schlüsselqualifikationen (vgl. dazu unten, 11. Kapitel). Es ist ein weit verbreiteter Mythos, dass der persönliche Erfolg ein angepasstes Stromlinienformat verlangt; oft ist das Gegenteil der Fall. Kein Chef will den gesichts- und farblosen Langweiler einstellen, der sich durch nichts vom Prototyp des Durchschnittsjuristen abhebt. Schon gar nicht wird er das tun, wenn der Mann oder die Frau auch für spätere Führungspositionen in Betracht kommen soll.

Bei Ihrem Profil geht es um alles, was eine Brücke von Ihrem Studium zu Ihren persönlichen Interessen baut. Die juristischen Schwerpunktbereiche bieten eine hervorragende Möglichkeit, das eigene Profil zu schärfen, auch dazu unten mehr. Es müssen keineswegs die auf den ersten Blick nahe liegenden – vermeintlichen – Erfolgskombinationen sein, wie zum Beispiel die Spezialisierung auf das Wirtschaftsrecht. Auch ausgefallene Wege und Interessen können nützlich sein, wenn Sie es schaffen, irgendeinen Bezug zur Juristerei herzustellen. Und da es so ziemlich keinen Lebensbereich gibt, der nicht auch juristisch durchformt wäre, lässt sich zu fast jedem Interesse auch ein lockerer fachlicher Bezug herstellen. Das gilt selbst bei eher ungewöhnlichen Kombinationen mit Psychologie oder Archäologie. Sprachkenntnisse, Auslandserfahrung und selbstverständlich EDV-Wissen werden zunehmend zur Selbstverständlichkeit.

In diesem Zusammenhang soll auch mit einem anderen Mythos aufgeräumt werden – dem Mythos, dass kurze Studienzeiten per se für den beruflichen Erfolg ausschlaggebend sind. In dieser verkürzten Form ist der Satz nicht richtig. Natürlich macht es einen substantiellen Unterschied, ob Sie bis zum Studienabschluss 8 oder 14

Semester benötigt haben. Der Rückschluss von der – zu langen – Studiendauer auf Ihre Qualifikation wird aber nur dann gezogen werden, wenn Sie in einem länger dauernden Studium mit mittlerem Erfolg nichts gemacht haben, was diese Verlängerung auch tatsächlich rechtfertigt und Sie irgendwie aus der Masse des Durchschnittlichen heraushebt. Man kann es auch so sagen:

> **Wichtig:**
>
> Wer länger studiert, der trägt die Beweislast für den Grund.

Wer sein individuelles Profil durch ein Zweitstudium, den Erwerb intensiver Kenntnisse anderer Länder und Sprachen durch Arbeitsaufenthalte, durch starkes politisches oder soziales Engagement oder auch als Leistungssportler geschärft hat, der hat immer noch eine gute Chance, manchmal sogar eine bessere. Haben Sie also ruhig den Mut, originell zu sein. Das gilt übrigens gerade auch dann, wenn Sie noch keine sonderlich klaren Vorstellungen über Ihr berufliches Ziel entwickelt haben und Sie deswegen noch keine gezielte Profilierungsstrategie auf dieses Ziel hin aufbauen können. Im Übrigen werden hervorragende Examina immer die Freude des Personalchefs hervorrufen, auch wenn etwas mehr Zeit eingesetzt wurde. Den Freischuss sollte man daher nicht überbewerten: Etwas langsamer und gut ist besser als schnell und mittelmäßig. Immer müssen sie **nicht nur fachlich**, sondern **auch persönlich** überzeugen.

5. Kapitel

Studieren ohne Illusionen

1. Ein paar Fakten oder: Wie süß ist das Studierendenleben?

Die deutsche Hochschullandschaft ist überschaubar und nicht vergleichbar mit dem angloamerikanischen System: Dort sind es vor allem einige wenige Eliteuniversitäten, die mit idyllisch kleinen Studierendenzahlen und traumhaften Studienbedingungen einen völlig verzerrten Eindruck der jeweiligen Hochschullandschaft vermitteln. Harvard repräsentiert mit seinen rund 16.000 Studierenden und seinen rund 30 Nobelpreisträgern keineswegs die US-amerikanische Hochschullandschaft, ebenso wenig wie Oxford oder Cambridge die britische. Zum Vergleich: Die Universität München hat rund 46.000 Studierende, die Universität Saarbrücken 15.000, die Universität Hamburg 40.000 und die Humboldt-Universität zu Berlin 37.000. Die jedermann bekannten Hochschulen in den USA und in Großbritannien machen leicht vergessen, dass die ganz große Masse der Hochschulangebote qualitativ keineswegs auf überragendem Niveau liegt. Unser Hochschulsystem kennt diese Form der Spitzeneinrichtungen zwar nicht, dafür kann es in der Breite wahrscheinlich nach wie vor als ziemlich gut gelten. Für uns JuristInnen gesprochen: Es beeinflusst meine Berufschancen jedenfalls nicht grundlegend, ob ich meinen Studienabschluss in Heidelberg, Köln

5. KAPITEL — Studieren ohne Illusionen

oder Bayreuth mache. Natürlich ist es nicht egal, wo man studiert hat, aber die Unterschiede sind nicht so krass, dass bestimmte Hochschulen von vornherein praktisch keine Chance hätten, hervorragende Absolventen hervorzubringen. Ebenso wenig garantiert der Abschluss an einer bestimmten Universität automatisch die Berufskarriere. Auch hier gilt das Prinzip der Eintrittskarte. Für die meisten juristischen Berufe benötigt man ohnehin zwei. Die erste juristische Prüfung ist eine Eintrittskarte, bei der es unter Berufsperspektiven immer noch einigermaßen gleichgültig ist, wo ich sie erworben habe.Die Hochschulbildung an einer heutigen deutschen (Massen-)Universität hat freilich einen etwas anderen Akzent, als *Wilhelm von Humboldt* sich das zu Beginn des 19. Jahrhunderts vorgestellt hat. In unserer Zeit ist das Studium für die allermeisten nicht in erster Linie ein großartiges Bildungserlebnis, das die eigene Persönlichkeit bereichert und in dem der innere Kern reift. So traurig es vielleicht ist, wir müssen akzeptieren, dass Hochschulbildung in der Hauptsache eine sehr viel nüchternere Funktion hat, nämlich die Erlangung eines berufsbefähigenden Abschlusses.

Nicht jeder, der das Studium aufnimmt, beendet es auch. Die Abbrecherquoten sind hoch. Exakte Zahlen und Beweggründe sind nicht richtig bekannt. Einen Annäherungswert gewinnt man aber, wenn man die Anzahl der Studienanfänger mit denen der Absolventen vergleicht. Eine entsprechende Statistik bietet etwa die Bundesrechtsanwaltskammer an. Danach haben etwa 20.000 Menschen 2005 das Jurastudium angefangen und 9.000 mit der ersten Staatsprüfung abgeschlossen. Fünf Jahre früher (demnach ungefähr das Jahr, in dem diejenigen, die 2005 Examen gemacht haben, angefangen haben müssen), lag die Studienanfängerzahl bundesweit bei 18.000.[10] Man wird daher sagen können, dass vermutlich ein Drittel aller Studienanfänger vorzeitig das Studium ohne Abschluss abbricht. Dabei macht es einen gravierenden Unterschied, wann ein Studienabbruch erfolgt. Dabei ist es nicht unehrenhaft, wenn man erkennt, dass ein bestimmtes Studium den eigenen Interessen und Gaben nicht entspricht. Darauf gibt es nur eine persönlich befriedigende Antwort: Ein Studienabbruch oder -wechsel soll so früh wie möglich erfolgen.

Die Gründe für den Abbruch sind unterschiedlich. Da Jura auch ein Sammelbecken für diejenigen ist, die noch nicht richtig wissen, wie es mit ihrer Zukunft weitergehen soll, wird es auch von vielen erst einmal aufgenommen, um es auszuprobieren. Zweitens kommen einige mit der Eigenverantwortung, die das juristische Studium in besonderer Weise prägt und die höher ist als in vielen anderen Studiengängen, nicht richtig zurecht. Schließlich kommt nicht jeder mit der analytischen Enge der Juristerei gut zurecht. Dies ist nun wirklich keine Schande, die Speerspitze der Evolution sind die JuristInnen ohnehin nicht. Wenn Ihnen diese Art zu denken nicht liegt, suchen Sie Ihr Glück rechtzeitig an anderer Stelle. Wenn Sie nicht zufällig aus einer Familie kommen, in der Vater oder Mutter Anwalt, RichterIn oder, noch besser, JuraprofessorIn ist, wird es für Sie schwierig sein, eine Vorstellung von der Juristerei und vom Studium bereits vor Studienbeginn zu entwickeln. Was Sie von Praktikern erfahren können, ist ein Bild von der Vielfalt juristischer Praxis. Erzählungen über das süße Studierendenleben von Leuten, deren Studium 20 oder mehr Jahre zurückliegt, sind ohnehin meistens ziemlich wertlos. Mancher Veteran kommt dann ins Plaudern, aber die moderne Studienwirklichkeit hat damit i. d. R. wenig zu tun. Das Jurastudium von früher ist mit dem von heute kaum zu vergleichen. Die Universitäten haben die Lehre deutlich verbessert, gewähren ihren Studierenden aber nicht mehr ganz so viele Freiheiten wie früher. Dazu bilden die Schwerpunktbereiche einen Studienbereich, den es früher so nicht gab und der mit einem eigenen Abschluss beendet wird.

Insgesamt gesehen ist die Zahl der Studierenden und der Studienanfänger in Deutschland bis zum Jahr 2009 immer angestiegen, nimmt seitdem allerdings deutlich ab.

2. Wie gut ist die Qualität der Lehre?

Der didaktische Gehalt der Lehre an deutschen Hochschulen hat sich in den letzten Jahrzehnten deutlich verbessert. Der Inhalt der Lehre befand sich schon immer auf hohem Niveau, doch die Art

5. KAPITEL Studieren ohne Illusionen

und Weise der Vermittlung war nicht immer ideal, auch im Vergleich zu anderen Ländern. Das hat sich seitdem deutlich geändert. Bei der Auswahl des Lehrpersonals wird auf dieses Element deutlich mehr Wert gelegt und die Stimme der Studierenden wird hinsichtlich der Fragen der Didaktik deutlich ernster genommen. Allerdings nimmt nach wie vor die Forschung im Wertesystem der Universität die maßgebliche Bezugsgröße für die Berufskarriere als Hochschullehrender ein.[11] Das gilt nicht nur bei der Schwelle zur ersten Berufung, sondern auch bei späteren Berufungen. Immerhin kommt der Lehre inzwischen eine größere Bedeutung zu. Ungewöhnliches und erfolgreiches Engagement in der Lehre führen aber nicht auch zu besonderer Anerkennung im Kreise der wissenschaftlichen Gemeinschaft. Zwar ist hier in den letzten Jahren einiges in Bewegung gekommen, etwa durch große Qualitätsvergleiche von Universitäten in den Medien, durch studentische Vorlesungskritiken und Fragebogenaktionen sowie durch staatliche Programme zur Stärkung der Lehre. Inzwischen gibt es wohl kaum mehr eine Hochschule, die sich nicht intensiv mit der Situation der Lehre befasst. „Evaluation der Lehre" heißt das Zauberwort, mit dem der Stellenwert unter anderem verbessert werden soll. Dahinter verbergen sich zwei simple Überlegungen: erstens der Gedanke, dass man diejenigen, für die man den Unterricht hält, nach ihrer Meinung fragt. Wenn die Lehre zweitens bislang nicht in gleicher Weise anerkannt ist wie die Forschungstätigkeit eines Wissenschaftlers, die ja in Fachzeitschriften und Publikationen allgemein zugänglich und nachlesbar ist, dann muss man sie eben bekannt machen und aus der „Intimsphäre der Privatheit" herausholen.

Gute Lehre ist wichtig. Komplexe Systeme wie Rechtsordnungen sind nur verständlich, wenn Zusammenhänge, Gründe und Entwicklung dargestellt werden. Einzelheiten kann man nur dann verstehen und sich merken, wenn man sie innerhalb des Systemes einordnen kann. Dies ist nur in der Lehre mit einer lebenden Person und einer Interaktion zwischen Lehrenden und Studierenden möglich, daher kann man akademische Studienveranstaltungen auch nicht durch Kurse auf Videokassetten ersetzen. Der große Lehrende muss dabei keineswegs die aus der Forschung und durch seine Pub-

2. Wie gut ist die Qualität der Lehre?

likationen bekannte Größe seines Faches sein. Man erkennt ihn an seiner Gabe, das scheinbar Langweilige faszinierend zu gestalten, das Unbekannte und schwer Verständliche handhabbar zu machen, den toten Buchstaben des Gesetzes mit Leben zu füllen, und vor allem daran, dass man selbst spürt, wie das eigene Verständnis für die Dinge wächst. Dabei sind die Unterhaltungskünstler nicht immer die besten Lehrenden. Manchmal bleibt von einer als köstlich erlebten Veranstaltung am nächsten Tag nur ein flaues Gefühl, ähnlich wie nach dem Genuss von zu viel süßem Wein.

Die akademische Lehre hat bei JuristInnen noch eine ganz spezielle Problematik. Eine außeruniversitäre Institution blickt hier auf eine lange Tradition zurück: die Repetitorien. Sie bieten vor allem eine klar strukturierte, auch in zeitlicher Hinsicht programmierte Wegleitung zur Examensvorbereitung. Das Merkwürdige an ihnen ist, dass diese „Paukanstalten" nach wie vor wohl die meisten angehenden Juristinnen und Juristen auf einen angeblich wissenschaftlichen Studienabschluss vorbereiten. Ketzerische Zeitgenossen fragen, warum sie überhaupt an die Uni und nicht gleich zum Repetitor gehen sollen. Natürlich gibt es dabei große qualitative Unterschiede, wenngleich es Rankings, wie sie über die Hochschulen kursieren, für juristische Repetitorien leider noch nicht gibt. Wenn man aber die Wissenschaftlichkeit des Hochschulstudiums ernst nimmt, ist diese jahrhundertealte Übung zumindest verwunderlich. In Wahrheit ist es die Aufgabe der Universitäten, eine entsprechende Vorbereitung zu leisten. Dies ist auch die Antwort, die unserem ketzerischen Fragesteller zu geben wäre. Hinzu kommt, dass ein Repetitor einiges kostet. Es ist schwer zu verstehen, warum Generationen von JuristInnen sich mit dem offensichtlichen Versagen der Universitäten, das sich in der Tradition der Repetitorien widerspiegelt, bereitwillig abgefunden haben. Alle juristischen Fakultäten bieten inzwischen entsprechende Examensklausurenkurse, Examinatorien und Repetitorien an. Auch hier gibt es große Unterschiede. Es lohnt sich, genau hinzusehen. Im Ergebnis sollte man aber ein entspanntes Verhältnis zu den Repetitorien als Ergänzung zum Universitätsstudium haben. Die Frage des Besuchs eines Repetitoriums sollte nicht ideologisch, sondern pragmatisch von jedem selbst beantwortet werden.

3. Welche Uni ist die richtige für mich?

> Das System verhält sich nicht so,
> wie es von sich behauptet.
> Arthur Bloch

In diesem Abschnitt sollen Sie etwas über die Kriterien zur Wahl Ihrer Hochschule erfahren. Nach welchen Kriterien sollte man sich seine Hochschule aussuchen? Häufig wird nach der besten Universität gefragt. Auf diese Frage gibt es keine eindeutige Antwort.

Richtig dürfte zunächst sein, dass man überall in Deutschland gut Jura studieren kann. Dies beruht auf mehreren Gründen. Der wichtigste Grund ist, dass die Prüfungen für das Examen zu ihrem ganz überwiegenden Teil nicht von den Universitäten selbst, sondern von dem jeweiligen Land abgenommen wird. Dies hat zur Folge, dass die Prüfungen von sogenannten Landesjustizbehörden organisiert werden. Diese suchen die Prüfungsaufgaben und die Prüfer aus. Die Professoren an den Fakultäten werden von den Prüfungsämtern herangezogen und wirken mit, es kann aber durchaus sein, dass ein Kandidat in einer juristischen Prüfung nur von Richtern, Anwälten und Verwaltungsbeamten und nicht von einem einzigen Professor geprüft wird. Da die Prüfung inhaltlich und organisatorisch von einer Behörde organisiert wird, spielt die Frage, wo der Kandidat studiert hat, auch keine Rolle, sondern nur, ob er in der Lage ist, die gestellte Prüfungsaufgabe gut zu bewältigen oder nicht, und das hängt im Wesentlichen von seinem Fleiß in Eigenleistung ab. Weiter wechseln die Professoren an den Universitäten in Deutschland häufig. Kaum eine Fakultät ist personell innerhalb von fünf Jahren gleich geblieben. Wegen dieses regen Wechsels des Lehrpersonals und auch der Diskussion, herrscht ein lebhafter Austausch zwischen den Juristischen Fakultäten mit der Folge, dass die Niveauunterschiede relativ gering sind. Anders als in anderen Ländern gibt es hinsichtlich der Lehre keine echten Elite-Universitäten.

Entscheidend ist daher nicht, welche Universität das höchste Renommee, den besten Ruf hat, sondern welche Universität für Sie die

3. Welche Uni ist die richtige für mich?

beste ist. Wenn Sie beispielsweise WirtschaftsjuristIn werden wollen und Sie gehen an die Hochschule mit der besten deutschen Rechtsgeschichte, aber einer vielleicht nicht so starken Wirtschaftsjuristerei, wird Ihnen das wenig nützen. Wenn Sie aber noch keine fachliche Zielvorstellungen besitzen, ist es wichtiger, dass die juristische Fakultät ein breites Angebot bieten kann.

Es gibt mehrere Reihungen so genannter Rankings der juristischen Fakultäten, die seit rund 20 Jahren auf dem Markt kursieren. Unter dem Titel „Welche Uni ist die beste?" wurden Studierende, Lehrende und Vertreter der Politik und Wirtschaft nach ihrer Einschätzung der Qualität von akademischer Lehre befragt. Initiiert dürften diese Rankings vom *Spiegel* mit seinem ersten Ranking vom Winter 1989/90 worden sein. Bekannt wurden auch die beiden Befragungsaktionen, die der Ring Christlich Demokratischer Studenten (RCDS) unter der Bezeichnung „Mehr Ehre für die Lehre" und „Prüf den Prof" seit 1992 organisiert. Ein weiteres Ranking juristischer Fakultäten stammt aus dem ‚Manager Magazin', bei dem führende JuristInnen aus Wirtschaft und Justiz befragt wurden. Mittelweile haben die Rankings eine nicht zu unterschätzende hochschulpolitische Bedeutung erhalten. Ranglisten werden öffentlich kritisiert und intern ernst genommen. Schließlich haben sie auch dazu geführt, dass die Universitäten sich mehr Mühe mit den Studierenden geben, da diese einen erheblichen Einfluss auf die Evaluierungen besitzen, auf die sich die Rankings stützen und keine Fakultät bei den Rankings am Schluss auftauchen möchte.

> **Tipp**
>
> Das wohl bekannteste und innerhalb der Fakultäten am stärksten anerkannte Hochschulranking ist das sog. CHE-Ranking, das von der ZEIT und dem CHE (Centrum für Hochschulentwicklung, www.che.de) gemeinsam erhoben wird. Das aktuelle Ranking vom 5. Mai 2014 kann abgerufen werden unter http://ranking.zeit.de/che2014/de/.

Die Ergebnisse der Rankings sind unterschiedlich. Es macht daher nur eingeschränkt Sinn, sich an diesen Ranglisten zu orientieren Die einzelnen Indikatoren, auf die sich solche Gesamturteile letzt-

5. KAPITEL Studieren ohne Illusionen

lich stützen, bilden die Wirklichkeit nicht immer zutreffend ab. Weiter können die Befragten diese auch nicht immer zutreffend beurteilen. Die Beurteilung einzelner juristischer Fakultäten fällt tatsächlich sehr unterschiedlich aus, je nachdem welche Gruppe gefragt wird.

So fällt einem ins Auge, dass die Einschätzung der Fakultäten in der Lehre bei Professoren und in abgeschwächter Form auch bei Praktikern signifikant anders ausfällt als bei Studierenden – die Topplätze der einen Liste sind nicht selten Schlusslichter der anderen und umgekehrt. Die Einschätzung der Studierenden richtet sich danach, ob diese den Eindruck haben, in ihrem Fach in guter Weise ausgebildet zu werden. Die Einschätzung der Kollegen über eine Universität gründet sich demgegenüber auf deren Einschätzung, wie wissenschaftlich qualifiziert die Kollegen an der jeweiligen Universität sind. (Kriterien wie Produktivität und Bekanntheitsgrad als wissenschaftlicher Autor, die Häufigkeit des Zitiertwerdens, das Auftreten als Redner bei Tagungen, die Anzahl der wissenschaftlichen Schülerinnen und Schüler und nicht zuletzt auch, wie häufig und für wen ein Professor als Gutachter nachgefragt wird)

Fragt man Vertreter der Politik und der Wissenschaft, weisen diese demgegenüber häufig auf renommierte Traditionsuniversitäten hin.

Traditionsunis (wie etwa Freiburg, München, Tübingen, Heidelberg, Bonn, Köln, Göttingen und Hamburg) haben einen guten Ruf, der meist über mehrere Jahrzehnte erarbeitet wurde, sich von den jeweiligen Gegebenheiten verselbstständigt hat und unabhängig von dem wissenschaftlichen Renommee der aktuell dort lehrenden Kolleginnen und Kollegen bzw. der konkreten Studiensituation ist. Die Ausbildungsbedingungen für die Studierenden können sehr unterschiedlich sein. Gemeint sind damit die realen Bedingungen an einer Universität lernen zu können, d. h. einen Platz in der Bibliothek zu bekommen, die notwendigen Lehrveranstaltungen besuchen zu können, einen Termin bei einer Professorin oder einem Professor zu bekommen. So besitzen etwa die Fremdsprachenausbildungen der einzelnen Fakultäten deutlich unterschiedliche Niveaus, ebenso wie die EDV-Zusatzangebote. Die Arbeitsbedingungen variieren beträchtlich, einen einfachen Vergleichsmaßstab bilden die Öffnungszeiten der Bibliotheken und der Computerpools. Wem es auf gute Studienbedingungen ankommt, wie etwa Platz in der Bibliothek und Erreichbarkeit der Lehrenden, ist in Frankfurt (Oder) gut aufgehoben, wer dagegen an die Fakultät will, aus der die meisten Verfassungsrichter kommen, muss nach Freiburg gehen.

Grob lassen sich die folgenden praktischen **Anhaltspunkte für die eigene Studienplatzwahl** ableiten:

- Mittlere und kleine Hochschulen scheinen in der Lehre tendenziell besser zu liegen als ausgesprochene Mammuthochschulen. Vorteile der kleineren Form können sein: weniger Studierende, dadurch Überschaubarkeit, kürzere Wege, weniger überlaufene Bibliotheken, preisgünstigere Lebensverhältnisse und oft eine günstigere Wohnsituation, weniger Anonymität, besserer Kontakt zu den ProfessorInnen und gute Lernverhältnissse, dadurch auch schnelleres Studieren. Die vermeintlich großen Namen sind nicht immer die besten Orte für das eigene Studium.

- Wo im Schnitt schneller studiert wird, studiert man häufig auch besser. Selten zeichnet sich eine aus studentischer Sicht favorisierte Universität durch auffällig lange durchschnittliche Studienzeiten aus. Die Studienzeit hat offensichtlich doch auch etwas mit Qualität zu tun, mindestens aber mit Effektivität und gelungenem Umgang mit Zeit.

- Die Betreuungsquote ist ein Anhaltspunkt für die Intensität der Lehre. Diese Einsicht ist eigentlich banal, aber deswegen nicht unwichtig. Das Kriterium besagt zwar noch nichts über die Lehrqualitäten des Einzelnen, aber wo mehr Personal zur Verfügung steht, kann man einfach mehr Aufwand in der Lehre treiben.

- Der „Ruf", den „meine" Universität bei den Praktikern hat, kann von der Sicht der Studierenden stark abweichen.
Fakultäten an Metropolen (wie München, Hamburg, Köln) sind in der Regel für die Studierenden am Anfang unübersichtlich, bieten aber gerade im Bereich von Lehrbeauftragten und dem Einbezug von Praktikern in die Lehre und Ausbildung Chancen, die Fakultäten an kleineren Orten in der Regel nicht bieten können.

5. KAPITEL Studieren ohne Illusionen

- Massenuniversitäten können im Schwerpunktbereich wegen der höheren Anzahl des Lehrpersonals eine größere Anzahl von Wahlmöglichkeiten anbieten und besitzen daher eine größere Wahrscheinlichkeit, dass diejenigen, die wissen was sie später machen möchten, dort das Richtige für sich finden.

- Einige juristische Fakultäten besitzen örtliche Zulassungsbeschränkungen. Dies hat zur Folge, dass man gegebenenfalls nicht „seine Wunschuniversität" erhält. Dies ist nicht besonders schlimm, da schon der erwähnte allgemeine Grundsatz gilt, dass man überall in Deutschland Rechtswissenschaften gut studieren kann.

- Konzentriert man sich auf den Vergleich der „Großen" mit den „Kleinen" gilt: An Universitäten mit vielen Studierenden lehren mehr Hochschullehrende, daher sind dort auch eher die „Großen" ihres Faches anzutreffen, das Lehrangebot ist breiter und die Verbindung vor allem bei (Landes-)Hauptstädten zur Praxis ist i. d. R. enger, da die Unternehmen, die Ministerien und die Presse sowie Rundfunk sich eher an die „Großen" wenden. Wegen der vielen Studierenden wird an diesen Orten das Examen aber weitgehend von Praktikern abgenommen, die nicht an der Universität unterrichten, die also auch nicht genau wissen, was dort behandelt wird und was nicht. Die kleineren Universitäten bieten i. d. R. eine bessere Betreuung und die Dozentinnen und Dozenten haben einen größeren Einfluss auf die Staatsprüfung, vor allem dann, wenn es in dem jeweiligen Bundesland nur eine oder zwei Fakultäten gibt. Bei aller Unsicherheiten, mit denen die Rankings behaftet sind, geben sie doch zumindest den Eindruck wieder, den andere von den Fakultäten haben – zumindest der „Schein" wird abgebildet. Weiter vermitteln sie zumindest in der Tendenz einen Eindruck über die jeweiligen Stärken und Schwächen der einzelnen Fakultäten. Sehr viel mehr können die Ranglisten aber dann doch nicht leisten. Das Ergebnis ist vielleicht nicht gerade großartig, aber es beruhigt auch: Wo es keine klare Rangordnung innerhalb der eigenen Auswahl gibt, kann man beruhigt die eine oder andere Option wählen, ohne das Gefühl zu haben, einen Fehler zu machen.

3. Welche Uni ist die richtige für mich?

Abgesehen von den objektiven Unterschieden der Fakultäten hängt die Wahl der eigenen Universität auch in erheblichem Umfang von persönlichen Präferenzen ab. Manche Studienanfänger möchten gerne weit von zu Hause weg, andere möchten lieber in dem räumlichen Umfeld ihres bisherigen Wohnortes bleiben. Bei anderen bestimmen zentrale Hobbys, wie Segeln, halbprofessioneller Sport oder exzellente musische Begabungen den Ort an den sie möchten. Auch familiäre und private Gründe, wie etwa bestehende Partnerschaften oder erhoffte Partnerschaften sind oft Grund dafür, dass jemand an einen bestimmten Universitätsort möchte. Wenn die privaten Gründe für einen bestimmten Ort streiten, ist das kein Grund zur Sorge. Wichtig ist, dass man sich dort, wo man studiert wohlfühlt, und es gibt genug Beispiele, bei denen Absolventen von Fakultäten in Randbereichen exzellente berufliche Karrieren absolviert haben. Wenn man daher aus privaten Gründen einen Universitätsort gewählt hat, muss man sich um die objektiven Kriterien nicht mehr kümmern. Ein wichtiges Kriterium bilden dabei die finanziellen Rahmenbedingungen. Das Studienleben in Berlin ist z. B. billiger als in München. Wohnt man in Freiburg, ist der Studienort „Bonn" leichter zu erreichen als z. B. „Kiel". Es ist nicht falsch, aufgrund persönlicher Beziehungen einen bestimmten Ort vorzuziehen.

Auch die eigenen Prüfungsstärken können die Wahl beeinflussen. Die Prüfungen weichen von Land zu Lande etwas ab (z.B. eine oder zwei Klausuren im Strafrecht/ein Kurzvortrag im mündlichen Teil oder nicht/wie viele Klausuren in welchen Fächern). Diese Unterschiede können ebenfalls als Kriterium herangezogen werden. Für manche ist auch die Frage relevant, in welchem Bundesland die Examensergebnisse überdurchschnittlich gut bzw. schwach sind. Hier gibt es mitunter signifikante Unterschiede.[12]

Wenn Sie Ihre persönliche Wahl auf eine kleine Zahl von für Sie in Betracht kommenden Universitäten eingeschränkt haben, können Sie auch direkt an die Fakultäten schreiben und um Informationen (Studienpläne etc.) bitten, wenn das Internet nicht weiterhilft. Wenn irgend möglich sollten Sie sich die Mühe machen, Ihre zukünftige Hochschule zu besichtigen. Setzen Sie sich mal in einige Vorlesungen, besuchen Sie das juristische Seminar und die Universitätsbibliothek. Dieser Vorschlag gilt für Studienanfänger wie für Studienwechsler gleichermaßen.

Hat man die Fakultät, an der man gerne studieren möchte ausgewählt, muss man dort noch einen Studienplatz bekommen. Leider ist die Vergabe der Studienplätze an den Juristischen Fakultäten mittlerweile sehr unterschiedlich geworden. Es gibt zwei Differenzierungsmöglichkeiten. Es gibt Universitäten, die keine örtliche Zulassungsbeschränkung besitzen. Dann gibt es Universitäten, die eine örtliche Zulassungsbeschränkung besitzen und diese Gruppe teilt sich wieder in solche, bei denen man sich unmittelbar bei der Universität bewerben muss (örtlicher Numerus Clausus) und in solche, bei denen man sich über die zentrale Vergabe der Studienplätze (Hochschulstart) bewerben muss. Über die Vergabe des Studienplatzes entscheidet jeweils die Universität (bzw. Hochschulstart). Dies führt dazu, dass man leider nicht sicher sein kann, einen Studienplatz zu erhalten. Daher bewerben sich Interessenten üblicherweise für mehrere Universitäten gleichzeitig (Bewerbung bis zu fünf Universitäten sind durchaus zu empfehlen). Dies führt dazu, dass die Universitäten im ersten Durchlauf häufig Absagen von zugelassenen Bewerbern erhalten, weil diese doch einen Platz an ihrer Lieblingsuniversität erhalten, mit der Folge, dass dann im Nachrückverfahren viele Interessierte doch noch einen Platz erhalten. Hinzu kommt, dass die Fristen für die Bewerbung unterschiedlich sind, je nachdem, ob ein örtlicher Numerus Clausus eingeführt wird oder nicht. Wegen dieser praktischen Schwierigkeiten empfiehlt es sich dringend, sich bei den jeweiligen Universitäten, bei denen man gerne anfangen möchte, vorher zu erkundigen.

4. Welche Schwerpunktesetzung ist die richtige für mich?

Die Ausbildung an den juristischen Fakultäten in Deutschland unterscheidet sich im Bereich der Pflichtfächer nicht sehr deutlich, dagegen in dem Bereich, der darüber hinausgeht, umso mehr. Die Vorlesungen orientieren sich zum großen Teil am Prüfungsstoff der ersten juristischen Prüfung. Die Festlegung des Prüfungsstoffs wird durch den Landesgesetzgeber getroffen und weicht daher von Land zu Land in Randbereichen ab. Innerhalb eines Landes decken die Fakultäten den Pflichtteil des Prüfungsstoffes aber weitgehend vergleichbar ab.

Unterschiede bestehen in dem Angebot, das über den Pflichtteil hinausgeht. Jede Fakultät hat ein mehr oder weniger deutlich ausgeprägtes Profil. Das Profil der Fakultät kommt in zwei unterschiedlichen Formen zum Ausdruck. Zum einen wird es durch die Auswahl der Hochschullehrende und deren Forschungsinteresse geprägt. Eine Juristische Fakultät, die vier Rechtshistoriker und einen Völkerrechtler hat, wird andere Seminare, Zusatzvorlesungen, Kolloquien, Tagungen etc. anbieten als eine Fakultät, die einen Rechtsgeschichtler, aber vier Völker- und Europarechtler hat. Auch die Frage bestehender Kooperationen zu anderen Institutionen, wie Gerichten, Max-Planck-Instituten oder großen Rechtsanwaltskanzleien kann das Profil beeinflussen. Welches Profil eine Fakultät besitzt, ist nicht immer leicht festzustellen. Die Fakultäten werben zwar in aller Regel mit ihrem Profil, aber bei dieser Selbstdarstellung darf man nicht unbedingt jedes Wort ganz ernst nehmen. Außerdem ändern sich die Verhältnisse mitunter sehr rasch, wenn beispielsweise der wichtigste Dozent eines Schwerpunktsbereichs die Fakultät verlässt. Am besten wäre, wenn Sie sich die Zeit nehmen, um das angegebene Profil selbst kritisch zu überprüfen. Dies ist anhand der Vorlesungsverzeichnisse, die in aller Regel über das Internet zugänglich sind, gut möglich. Weiter lohnt sich ein kurzer Blick auf die von der Juristischen Fakultät veranstalteten Tagungen und ein kurzes Blättern durch die Homepages der Lehrstühle, die für die profilrelevanten Schwerpunktbereiche verantwortlich sind. In aller Regel kann man dann innerhalb einer Stunde gut feststellen, wie ernst es der jeweiligen Fakultät mit dem angepriesenen Profil ist. Hier lohnt sich die vergleichende Lektüre bei den von Ihnen favorisierten Hochschulen. Erinnern Sie sich an Ihr Motivationsprofil (s. o.) und studieren Sie die Vorlesungsverzeichnisse mit folgenden Fragerichtungen:

Tipps

Lektüre- und Auswertungshilfen für Vorlesungsverzeichnisse
- Wie breit ist das fachliche Lehrangebot? Hinweise finden Sie nicht nur bei den konkreten Veranstaltungen, sondern auch in der Beschreibung der Lehrstühle (Schwerpunktausrichtung).
- Werden besondere Einführungsveranstaltungen angeboten? (Tutorien, Arbeitsgemeinschaften etc.)
- Wie breit ist das Seminar- und Proseminarangebot? Finde ich dabei erkennbare Schwerpunkte, die mich interessieren?
- Welche Lehrbeauftragten, HonorarprofessorInnen etc. besitzt die Fakultät?
- Gibt es eine Kooperation zu einer anderen juristischen Institution?
- Welche Schwerpunktbereiche werden angeboten?
- Gibt es weitere studienbegleitende Spezialangebote? (z. B. Fremdsprachen für JuristInnen, Wirtschaftswissenschaften für JuristInnen, Kooperationen mit ausländischen Universitäten, Einführungskurse in juristische Datenbanken etc.)
- Wie ist die Examensvorbereitung seitens der Hochschule organisiert? (Kurse, Examinatorien, Repetitorien etc.)

Einen besonderen Gestaltungsraum besitzen die Fakultäten bei den Schwerpunktbereichen. Nach der Änderung des Deutschen Richtergesetzes aus dem Jahr 2002 wird ein Teil (30 %) des ersten Examens durch eine Universitätsprüfung gebildet, deren Inhalt von den Fakultäten bestimmt wird.[13] Die bestehenden Schwerpunktbereiche ähneln sich zum Teil sehr, aber das gilt nicht für alle. Da das für einen Schwerpunktbereich erforderliche Lehrangebot nicht von einer Professorin oder einem Professor allein bewältigt werden kann, müssen mehrere zusammen einen Bereich anbieten, wodurch eine gewisse Uniformität entsteht. Allerdings sind die Schwerpunktbereiche einem ständigen Wechsel unterworfen.

Tipp

Infos über die Schwerpunktbereiche der einzelnen Fakultäten finden Sie auf der Homepage des Beck-Verlages unter http://rsw.beck.de/rsw/upload/JuS/aktuelle_SP-Tabelle.pdf – die Tabelle ist als

> Anhang (Tabelle 4) abgedruckt. Ein Überblick findet sich auch in der Rubrik Studium und Referendariat der Legal Tribune online (http://www.lto.de/jura/).
> Allerdings ändern sich die Schwerpunkte ständig, sodass die einzige verlässliche Auskunft nur die jeweilige Fakultät ergeben kann.

Da die konkrete Festlegung in der Autonomie der Fakultäten liegt, kann man nähere Informationen auch nur von diesen erhalten. Wichtig ist dabei, dass man nicht nur auf den Namen und die Ausrichtung des Schwerpunktbereichs achtet, sondern auch darauf, wie viele Semesterwochenstunden ein Schwerpunktbereich erfordert und welche Art von Prüfungen erforderlich sind. Einige Universitäten kennen Klausuren als Schwerpunktbereichsprüfung, andere nicht.

Sofern man keinen ausgefallenen Schwerpunktbereich ergreifen will, sollten die Schwerpunktbereiche nicht alleiniges Motiv für die Wahl des richtigen Universitätsortes vorgeben. Es bleibt demnach bei dem für Deutschland wichtigen Grundsatz, dass man eigentlich an jeder Hochschule ordentlich ausgebildet wird und daher auch jede wählen kann.

5. Den Studienverlauf in die Hand nehmen

Man kann Jura auf recht unterschiedliche Weise studieren. Das „Trampelpfad-Studium" führt über ausgetretene Wege und im Durchschnitt nach rund acht oder mehr Semestern zu einem ebenso durchschnittlichen Erfolg. Wer so studiert und sich brav an die Studienordnung, den Repetitor-Besuch und eine lange Examensvorbereitungsphase hält, ohne sein Profil als Jurist oder Juristin in besonderer Weise zu schärfen, verschenkt eine Chance: die Chance zur aktiven Gestaltung des eigenen Studienverlaufs und damit zugleich die Chance zur Profilbildung. Es gibt eine ganze Reihe von Möglichkeiten, kleine und feine Pfade jenseits der breiten Wege zu gehen, die den Weg durchs Studium nicht nur auf das Ziel „Examen" hin ausrichten, sondern Ihnen nebenbei wichtige Qualifikationen vermitteln. Man kann es auch so sagen: Vier bis fünf Jahre sind zu viel, um sich nur auf die Falllösungen im Sinne des unbedingt Notwendigen zu konzentrieren. Auch in der Massenhochschule gilt es, diese unter Umständen ganz individuellen Wege zu finden, die Sie aus dem fachlichen Durchschnittsprofil hervorheben. Man muss natürlich suchen, Patentrezepte gibt es dafür nicht. Um die eigenen Wegstrecken allerdings richtig planen zu können, brauchen Sie zuerst eine grobe Vorstellung von den Etappen des Jurastudiums, denn jeder Studienabschnitt hat seinen eigenen Charakter.

Studienabschnitte

Sinnvollerweise lassen sich vier deutlich abgrenzbare Studienabschnitte unterscheiden, durch die jeder durch muss, wenn er es bis zum Examen schaffen will. Die betreffenden Fachsemesterzahlen lassen sich allerdings nur ungefähr bestimmen, da es dabei auf das individuelle Studientempo ankommt.

(1) Die Eingangsphase:

Am Anfang ist alles neu. Man muss erst einmal lernen, sich in der neuen Lebenswelt Uni zurechtzufinden. Diese Orientierungsphase dauert ungefähr ein bis zwei Semester. Besondere Kennzeichen: Ahnungslos-tastendes Umhertappen, vieles ist spannend bis verwirrend, aber auch interessant, schön und für viele gerade am Anfang faszinierend. Inhaltlich geht es bei diesem ersten, frischen Blick in die Kunst der Juristerei um die Einführung in die Rechtswissenschaften, in bürgerliches Recht und Strafrecht, manchmal auch schon in Staatsrecht, daneben meistens noch in Volkswirtschaftslehre für JuristenInnen. Wie alles miteinander zusammenhängt, was da inhaltlich auf einen einströmt, ist am Anfang kaum zu durchschauen. Erst allmählich wird das Verständnis für die Zusammenhänge und für die Methode des juristischen Arbeitens wachsen. Nehmen Sie es also ruhig als völlig normal hin, wenn Sie zunächst das Gefühl beschleicht, überhaupt keinen Durchblick zu haben Ein kontinuierliches Mit- und Nacharbeiten ist allerdings unverzichtbar, weil Sie sich sonst schnell verlaufen werden.

In dieser Phase bieten die Universitäten i. d. R. noch relativ viel Führung an, und das ist gut so. Es gibt ein festes Anfängerprogramm, Arbeitsgemeinschaften und manchmal auch Tutorien, die Fachschaften kümmern sich um Sie und alles geht irgendwie seinen Gang. Gestaltungsspielraum in Sachen Jura haben Sie in dieser Phase praktisch nicht. 36 Semesterwochenstunden sind in diesem Abschnitt keine Seltenheit. Es ist aber sehr gut möglich, parallel zum Studieneinstieg etwa einen Sprachkurs zu besuchen oder in das Studium Generale und Vorlesungen anderer Fakultäten hineinzuschauen. Nutzen Sie diese Chance – vielleicht dauert es bis zu Ihrer Rente, bis Sie wieder so offen für Neues sein können.

(2) Das Grundstudium:

Diese Phase, die ungefähr vom zweiten bis zum vierten Semester dauert, stellt die ersten Leistungsanforderungen an Sie. Die kleinen Scheine in den drei Hauptgebieten des Rechts (bürgerliches Recht, Strafrecht und öffentliches Recht) bzw. Prüfungen in den Grundkursen mitsamt den in manchen Ländern bestehenden Zwischenprüfungen sind angesagt. Sie müssen i. d. R. jeweils eine Hausarbeit und eine Klausur bestehen, um den Schein zu erhalten. Die Anwendung der Methoden wissenschaftlichen Arbeitens wird dabei trainiert. Richtig schwierig ist das, was in dieser Phase auf Sie zukommt, noch nicht. Insgesamt sind die Leistungsanforderungen hier noch recht locker. Natürlich heißt das nicht, dass man nicht mal durch eine Klausur durchfallen oder einen Schein erst im zweiten Anlauf schaffen darf. Wer allerdings bereits bei den kleinen Scheinen regelmäßig größere Schwierigkeiten hat und zwei oder drei Anläufe braucht, um das Ziel überhaupt zu erreichen, tut gut daran, seine Neigung für die Juristerei kritisch zu hinterfragen: Ein früher souveräner Abbruch ist besser als ein langes Leiden.

Während des Grundstudiums beginnt Ihr Gestaltungsspielraum bereits zu wachsen. Wann Sie die kleinen Scheine machen, ist Ihre Sache. Manche lassen sich dabei pro Schein jeweils ein Semester Zeit, andere sind schneller. Manche Universitäten bieten die kleinen Scheine bzw. die Zwischenprüfungen allerdings nur einmal im Jahr an. In dieser Phase bleibt noch relativ viel Zeit für Ihre sonstigen

Interessen. Fachlich lassen sich vor allem die Grundlagerkenntnisse in Rechts- und Verfassungsgeschichte, Rechtssoziologie oder Rechts- und Staatsphilosophie vertiefen, selbstverständlich auch außerjuristische Interessen. Mit anderen Spezialdisziplinen ist das etwas schwieriger. Wer beispielsweise Wirtschaftsrecht oder Europarecht vertiefen möchte, muss sich erst einmal im bürgerlichen Recht und im öffentlichen Recht gut auskennen.

(3) Das Hauptstudium:

Es dauert ungefähr vom vierten bis zum sechsten Semester und wird durch den Erwerb der großen Scheine geprägt. Das Studium bekommt zunehmend Routine- und Vertiefungscharakter. Fachlich rücken die „besonderen Teile" der drei großen Rechtsgebiete in den Vordergrund, dazu kommen Spezialdisziplinen wie Wirtschafts-, Europa- und Völkerrecht sowie die prozessuale Seite, insbesondere des Strafverfahrens und des Zivilprozesses. Die Materie wird jetzt ziemlich kompliziert, und auch das anfänglich vielleicht eher einfach wirkende Staatsrecht zeigt jetzt seine schwierigen Seiten. Das Tempo der Stoffvermittlung erhöht sich beträchtlich. In dieser Phase haben viele Studierende „ihren Einbruch". Man bekommt das Gefühl: „Das schaffe ich nie". Aufgrund der Stofffülle und des in den ersten Studienjahren erworbenen Hangs zum genauen und methodengerechten Vorgehen verliert man den Überblick, verwechselt ähnliche Fragestellungen, hat Lücken im Stoff der vorausgegangenen Semester, die sich plötzlich bemerkbar machen. Dieser Einbruch ist völlig normal und heilsam. Als Gegenmittel gibt es nur eins: weitermachen wie bisher und das Lerntempo möglichst erhöhen. Der Scheinerwerb gestaltet sich schwieriger, die Anforderungen steigen beträchtlich. Die Gefahr in dieser Phase, die Sie allerdings erst später so richtig zu spüren bekommen, liegt darin, dass viele konsequent auf den Scheinerwerb hinarbeiten – und just in dem Moment, wo Sie Ihr Ziel erreicht haben, das Fach fallen lassen und sich dem nächsten Schein zuwenden. So entsteht eine punktuelle Schwerpunkt-Arbeitstechnik ohne Kontinuität. Wer beispielsweise seinen kleinen öffentlichen Schein im dritten Semester macht und den großen Schein erst im sechsten, hat mit dieser Technik ein Jahr lang praktisch nichts im öffentlichen Recht getan. Man hat dann das

Gefühl, wieder bei null anzufangen, und das entspricht dann meistens auch der Realität. Auch wenn der Scheinerwerb zu dieser punktuellen Arbeitsweise verführt, ist sie alles andere als effektiv. Die Zusammenhänge werden so nicht transparent, was sich aber erst in der vierten Studienphase richtig bemerkbar macht.

(4) Schwerpunktbereichsstudium

In der Regel schiebt sich zwischen das Ende des Hauptstudiums und der eigentlichen Examensvorbereitung jetzt das Studium in den Schwerpunktbereichen; manchmal wird diese Phase auch auf die Phase nach der Prüfung im staatlichen Teil verschoben. Dieser Teil dient dazu, einen eigenen fachlichen Schwerpunkt zu setzen. Die Studienpläne laden Sie dazu förmlich ein, denn Sie müssen in der Regel auch einen Seminarschein machen. Im Seminar werden wissenschaftliche Arbeiten zu einem bestimmten Thema jeweils nur von einem Studierenden bearbeitet und vorgetragen. Hier können Sie wirklich akademische Luft schnuppern und riechen, wie das ist, wenn man wissenschaftlich an einem Thema arbeitet. Wem diese Arbeitsweise Spaß macht, der sollte sich nicht nur mit einem Seminarbesuch begnügen. Man kann auf diesem Weg manchmal auch die Anbindung an einen Lehrstuhl finden oder sich einen Gasthörerstatus erarbeiten. Der Seminarschein stellt die beste Chance dar, Kontakt zu einem Hochschullehrenden zu finden und damit aus dem Schicksal der Massenuni auszubrechen. Gar nicht so selten führt dieser Weg auch zur Möglichkeit einer späteren Promotion. In diesen Schwerpunktbereichen müssen mehrere studienbegleitende Prüfungen abgelegt werden, die in die Examensnoten einfließen. Die Ausgestaltung der Prüfungen hängt von den jeweiligen Regeln in den Ausbildungsgesetzen ab. In aller Regel hat der Studierende aber durch die Wahl der Prüfungsveranstaltungen auch in gewissem Maße die Möglichkeit, sich seinen Prüfer „auszusuchen". Man sollte daher schon von Beginn des Studiums an die Dozierenden immer auch unter dem Blickwinkel möglicher Schwerpunktprüfer betrachten. Die Prüfungen im Schwerpunktbereich unterscheiden sich von den Prüfungen im staatlichen Bereich nicht unerheblich. Sie werden von den Universitäten organisiert und durchgeführt. Oft gibt es an den Fakultäten nur ein Mitglied, das einen bestimmten Spezialbereich prüfen kann. Nicht selten bewegt sich der Prüfling dann im Forschungsschwerpunkt des Prüfers, sodass das Gefälle zwischen Prüfer und Prüfling besonders groß ist. Teilweise werden Lehrveranstaltungen gerade im Schwerpunktbereich durch Praktiker angeboten, die an den Universitäten nicht so präsent sind wie das hauptamtliche Lehrpersonal. Alles in allem sind die Prüfungen sehr viel stärker auf die einzelnen Betreuer der Schwerpunktbereiche bezogen. Die Anforderungen und die Bewertungen unterscheiden sich daher leider sowohl von Schwerpunkt zu Schwerpunkt innerhalb einer Fakultät als auch von Fakultät zu Fakultät. Hier gilt es nur, die Augen offen zu halten.

(5) Examensvorbereitung

Herzlichen Glückwunsch, wenn Sie hier angekommen sind. Sie haben also alle Scheine in der Tasche und können jetzt den höchsten Berg in Angriff nehmen – das Examen. Dauer dieser Phase: Rund drei Semester, frühestens ab dem sechsten Semester, je nach individuellem Tempo und nach Länge der Vorbereitungszeit, die man sich selbst gibt. Dieser Studienabschnitt stellt für viele eine echte Zäsur dar. Keine äußeren Orientierungspunkte und Erfolgserlebnisse mehr, die Scheine haben diese Funktion immerhin noch einigermaßen zuverlässig übernommen, stattdessen ein langer Weg und das Wissen um ein fernes, fernes Ziel. Jeder marschiert still vor sich hin. Furcht hat da jeder. Im Examen im Pflichtstoffbereich kann man nämlich, anders als im Schwerpunktbereich, mit der punktuellen Abschichtungsmethode nicht durchkommen, verlangt wird die Beherrschung des gesamten Stoffes. Für diese Durststrecke braucht man Energie, Ausdauer, Eigeninitiative und vor allem eine gute Strategie, dazu unten mehr. Hier nur zwei Anmerkungen: Die Phase der Examensvorbereitung ist nicht geeignet, andere Interessen sehr intensiv nebenbei zu verfolgen. Sie sollten sich in dieser Zeit ganz auf das Ziel konzentrieren. Zweitens lohnt es sich nicht, diese Phase in die Länge zu dehnen. Ein bis höchstens zwei Jahre sollten genug sein, sonst lernen Sie nur permanent gegen Ihr eigenes Vergessen an.

5. Den Studienverlauf in die Hand nehmen

Veranstaltungsformen

Das juristische Studium kennt der Sache nach fünf unterschiedliche Veranstaltungsformen, die Vorlesungen, die Übungen (und die hieraus entstanden Grundkurse), die Seminare, die Arbeitsgemeinschaften und Kolloquien bzw. sonstige Veranstaltungen. Bei der Vorlesung wird der Stoff von der lehrenden Person von vorne vermittelt. Der Teilnehmerkreis kann klein, aber auch riesengroß sein. Die Vorlesungen dauern in der Regel 90 Minuten. Die Gestaltung der Vorlesung, insbesondere inwieweit die Zuhörer und inwieweit optische oder akustische Hilfsmittel einbezogen werden, entscheidet der Lehrende. Der Sinn der Vorlesung besteht darin, den jeweiligen Stoff systematisch und zusammenhängend vorzutragen. Es geht um die systematische Darlegung des Stoffes. Es werden Verknüpfungen erstellt und die Basis gelegt, damit die Einzelheiten gemerkt werden können. Die Vorlesungen in den Rechtswissenschaften sind in der Regel relativ praxisorientiert, häufig werden einzelne Fälle miteinbezogen. Da der Zuhörer bei der Vorlesung in der Regel auf eine passive Rolle beschränkt ist, die Stofffülle in aller Regel sehr hoch ist und zudem die lehrende Person den Unterricht sehr bestimmt, kann der Besuch einer Vorlesung, insbesondere wenn er über 15 Wochen hinaus dauert, durchaus auch als Last empfunden werden. Niemand kontrolliert den Besuch einer Vorlesung, sodass viele Studierende im Laufe des Semesters bei den Vorlesungen wegbleiben. Da bewusst keine Teilnehmeranwesenheitslisten ausgeteilt werden, kann man durchaus auf den Besuch der Vorlesungen, die einem selbst nichts bringen, verzichten. Wichtig ist nur, dass man am Ende des Studiums bzw. für die studienbegleitenden Kontrollen den jeweiligen Stoff parat hat. Das Problem ist, dass man nicht immer sicher weiß, ob sich der Besuch einer Vorlesung lohnt. Dies merkt man leider oft erst später. Nicht jede Vorlesung, die quälend wirkt, ist unsinnig. Andererseits bildet ein lückenloser Besuch aller Vorlesungen noch keine Garantie, das Examen zu bestehen. Wenn der Hochschullehrende der Veranstaltung Ihnen etwas vermitteln kann und Sie wirklich etwas lernen – unbedingt hingehen.

In Übungen wird vor allem die Praxis der Fallbearbeitung trainiert – hier lernen Sie, wie man Fälle löst und Klausuren schreibt. In den Übungen werden auch die Scheine erworben, sodass man kaum um sie herum kommt. Meistens sind diese Veranstaltungen Pflichtveranstaltungen. Viele Universitäten haben gerade am Anfang des Studiums die Vorlesungen und die Übungen zusammengeführt zu der Veranstaltungsform des Grundkurses. Den Grundkurs bildet der Sache nach die Kombination mehrerer inhaltlich zusammenhängender Vorlesungen und Übungen zu einer einheitlichen Lehrveranstaltung.

In Arbeitsgemeinschaften, die in Bayern Propädeutische Übungen heißen, werden wie in den Übungen Fälle gelöst und das praktische Arbeiten eingeübt. Die Arbeitsgemeinschaften werden meist von Assistentinnen und Assistenten geleitet und haben sehr begrenzte Teilnehmerzahlen. Hier sollen die Studierenden das Erlernte selbst anwenden. Klausuren werden hier nicht geschrieben. Als Bestandteil der Ausbildung sind sie aber unverzichtbar.

Seminare schließlich bieten den eigentlichen Berührungspunkt von Studierenden mit der vornehmen Wissenschaft. Hier darf man auch einmal selbst ganz individuell ein Thema wissenschaftlich bearbeiten und vortragen, sich für komplexe Themen zu interessieren lernen und einfach einmal reinschmecken in die Forschungsarbeit.

Dann gibt es noch weitere Lehrveranstaltungen, die sich schwer einordnen lassen und ein Zwischending zwischen Vorlesung und Übung bzw. Arbeitsgemeinschaften bilden. Mitunter werden sie Kolloquien genannt. Auch die Sprachkurse lassen sich schwer einordnen. Diese sonstigen Lehrveranstaltungen werden in der Regel in kleineren Gruppen durchgeführt und sind häufig auf Mitarbeit angewiesen. Zu dieser Gruppe zählen etwa die Sprachkurse, die Durchführung von Übungen zur Rhetorik, zur Mediation oder zum Verhandeln sowie die Durchführung von Gerichtsverhandlungen oder von sonstigen praktischen Einheiten.

Studienbegleitende Prüfungen

Das Stichwort Prüfungen ist leicht abgehandelt: Bis auf die Scheine und die Zwischenprüfung gibt es gegenwärtig im Jurastudium keine Prüfungen vor dem Examen. Wenn Sie wissen möchten, welche zwingenden Voraussetzungen Sie im Laufe Ihres Studiums erworben haben müssen, um zur Prüfung, zum Examen zugelassen zu werden, blicken Sie bitte in die jeweilige Prüfungsordnung Ihres Bundeslandes. Dort steht als Zulassungsvoraussetzung für die Erste Juristische Prüfung die Liste der studienbegleitenden Leistungen, die Sie beibringen müssen. Für Bayern sind dies etwa: die große Übung im Zivilrecht, Strafrecht, Öffentlichen Recht, ein dreimonatiges Praktikum, ein Sprachenschein (§ 22 BayJAPO). Da die meisten Juristischen Fakultäten als Voraussetzung für die Teilnahme an Übungen wiederum das Bestehen der Zwischenprüfung verlangen, kommen über das Bestehen der großen Übungen hinaus weitere studienbegleitende Prüfungen hinzu, in der Regel die Klausuren in den kleinen Übungen oder in den Grundkursen. Häufig wird auch eine zusätzliche Hausarbeit in den kleinen Übungen verlangt. Wichtig ist, dass bei diesen studienbegleitenden Prüfungen es nur darauf ankommt, die Prüfungen zu bestehen. Die Noten dieser Prüfungen gehen nicht in die Note des staatlichen Teils der Juristischen Prüfung ein.

Die großen Scheine bilden eine echte Prüfung und sind so etwas wie ein Vorgeschmack auf die erste juristische Prüfung. Die Klausuren in den Übungen unterscheiden sich von den Klausuren in den Examina dadurch, dass sie in der Regel zweistündig und nicht fünfstündig sind und zudem der Stoff, aus dem die Fälle gestellt werden, deutlich eingegrenzter ist als am Ende.

Anders ist dies bei den Schwerpunktbereichen. Hier gehen die studienbegleitenden Prüfungen i. d. R. in die Note der Schwerpunktbereichsprüfung ein. Eine Seminararbeit ist bei den Schwerpunktbereichsprüfungen immer notwendig. Vom Landesrecht und von den Satzungen der Juristischen Fakultäten hängt es ab, ob über die Seminararbeit hinaus noch ein mündlicher Seminarvortrag erforderlich wird, eine Klausur im Schwerpunktbereich hinzukommt und eine mündliche Prüfung erforderlich ist. Häufig ist, dass die Juristischen Fakultäten neben der Seminararbeit entweder eine Klausur oder eine mündliche Prüfung vorsehen. Hier bleibt leider nur, sich an der jeweiligen Juristischen Fakultät zu erkundigen.

Es klingt vielleicht etwas oberlehrerhaft, wenn jetzt der Appell folgt, sich beim Scheinerwerb nicht selbst zu betrügen. Viele tun es jedenfalls, indem sie bei den Klausuren irgendwelche Seilschaften gründen und ausgetüftelte Tricks einsetzen, um den Schein irgendwie totzuschlagen. Es ist vielleicht ganz lustig, die Aufsicht führenden Assistenten zu überlisten, aber einen Gefallen tut man sich damit kaum. Sie sollten sich lieber auf die Kontinuität Ihrer eigenen Arbeit und Ihr eigenes Urteilsvermögen verlassen, spätestens in der Examensvorbereitung klappen die kleinen Tricks ohnehin nicht mehr.

Das Gleiche gilt für die Anfertigung von Hausarbeiten. Wer sich an die „herrschende Seminarmeinung" klammert, lernt es nicht, sein eigenes juristisches Urteilsvermögen zu entwickeln. Das aber ist der Sinn der Scheine – die Einübung in das juristische Denken und das selbstständige Entscheiden von Fällen. Im Übrigen ist die herrschende Seminarmeinung keineswegs immer richtig. Diskutieren ja, aber selbst entscheiden. Auf Hinweise zum Aufbau von Prüfungsarbeiten wird hier bewusst verzichtet – Sie finden diese in vielen herkömmlichen Einführungsbüchern.

Examensvorbereitung

Bei der Examensvorbereitung gibt es keine Leistungskontrollen, abgesehen vom Klausurenkurs. Die Klausurenkurse leisten keinesfalls eine echte Kontrolle Ihres Leistungsstandes. Wenn Sie nicht gerade regelmäßig bei drei Punkten oder schlechter liegen, sollten Sie die Ergebnisse keinesfalls überschätzen. Die Korrekturassistenten haben meistens selbst noch nicht das Urteilsvermögen, um eine gute, aber unkonventionell gelöste Arbeit zu erkennen und zu würdigen. Die Professorinnen und Professoren, die im Examen prüfen, korrigieren die Übungsklausuren aufgrund ihrer Arbeitsbelastung nicht selbst.

Für Ihr „Feedback" müssen Sie in dieser Phase also selbst sorgen. Der übliche Weg besteht im Gang zum Repetitor, der Sie mit häppchengerecht aufbereiteter Kost an das Examen heranführt. Das schafft jedenfalls eine gewisse Sicherheit, und viele Repetitorien sind ausgesprochen professionell in ihrem Leistungsangebot. Es gibt berühmte Stars unter den Repetitoren, die jeden Professor in pädagogischer Hinsicht mit links an die Wand spielen. Leider gibt es noch kein Ranking über Repetitorien, sodass hier nur ein paar allgemeine Leitlinien genannt werden können. Es ist bestimmt nicht verkehrt, zu einem Repetitor zu gehen. Ganz Eilige beginnen damit schon, wenn sie ihre großen Scheine noch nicht alle in der Tasche haben. Es soll sogar Studierende geben, die die Uni so gut wie nie von innen gesehen und nur beim Rep gelernt haben. Unter Umständen kommt man so auch zum Ziel, nur: Wählen Sie auch Ihren Repetitor mit Bedacht aus. Wo nur die Fallbearbeitung im Vordergrund steht, ohne dass die systematischen Zusammenhänge und die Strukturen vermittelt werden, zahlen Sie Ihr Geld umsonst. Fallwissen allein bringt Sie nicht weiter, sondern verlängert Ihre Ausbildung nur unnötig.

Es geht aber auch ohne kommerziellen Rep. Viele Unis bieten inzwischen selbst ganz ordentliche Repetitorien an. Das Hauptmanko liegt dabei allerdings im Mangel an Kontinuität. In der vorlesungsfreien Zeit tut sich in aller Regel nichts, denn es gibt für einen Hochschullehrenden überhaupt keinen Anreiz, sich außerhalb der Vorlesungszeit zusätzlich für seine Studierenden zu engagieren. Da die akademische Freiheit der Hochschullehrenden durch den Gesetzgeber immer mehr eingeschränkt wird und die Universitäten sparen müssen, ist ein stärkerer Einsatz in der Lehre ohne Entlastung an anderer Stelle kaum realisierbar. Zwar rufen die Bildungspolitiker seit Jahren nach zusätzlichen Anreizen, aber bislang ziemlich vergeblich. Die Hochschulpolitik ist ein träger Tanker.

Bewährt hat sich der Zusammenschluss zu privaten Arbeitsgemeinschaften, die den Stoff gemeinsam erarbeiten und trainieren. Eine präzise Zeitplanung, die Lerninhalte und Lernschritte festlegt, versteht sich dabei von selbst, dazu im fünften Kapitel mehr.

Erste juristische Prüfung

Der Vorbereitung schließt sich das – zweigeteilte – Examen an. Der größere Teil ist der sogenannte staatliche Teil. Der staatliche Teil der ersten juristischen Prüfung wird durch die entsprechenden Landesgesetze bestimmt. Hier gibt es kleinere Unterschiede. Die Unterschiede bestehen zum einen in der Anzahl der Klausuren. Die meisten Länder kennen sechs Klausuren, Sachsen kennt fünf Klausuren und Brandenburg und Berlin sieben Klausuren. Ein weiterer Unterschied besteht darin, ob in der mündlichen Prüfung ein Aktenvortrag verlangt wird (so in Berlin, Brandenburg, Sachsen, Sachsen-Anhalt sowie Hamburg).

> **Tipp**
>
> S. die Übersicht, die vom Bundesjustizamt erstellt wird:
> https://www.bundesjustizamt.de/DE/SharedDocs/Publikationen/Justizstatistik/Juristenausbildung_2012.pdf?__blob=publication File&v=3)

Er findet außerhalb der Universität statt. Die Prüfungsaufgaben werden oft von Praktikern (RichterInnen, StaatsanwältInnen, AnwältInnen und VerwaltungsjuristInnen) gestellt und korrigiert. Es kann sein, dass an dem gesamten staatlichen Prüfungsteil kein Hochschullehrender der Universität beteiligt ist, an der der Prüfling studiert hat. Der staatliche Teil hat einen schriftlichen und einen mündlichen Abschnitt. Der schriftliche Teil besteht in allen Ländern aus Klausuren, früher gab es in einigen zusätzlich eine Hausarbeit, die aber abgeschafft wurde. Bei den Klausuren geht es fast immer um die Lösung eines fiktiven Falles aus der Sicht des Richters. Auf diese Fallsituation wurden sie im Studium gründlich vorbereitet. Die Probleme sind meist bekannten Gerichtsentscheidungen entnommen. Die Bewertung ihrer Klausuren hängt auch davon ab, wie sehr diese sich von den Klausuren der anderen Prüflinge unterscheidet. Generell lässt sich sagen, dass Folgendes entscheidend ist: genaue Zitierung der Rechtsnormen, Wiedergabe der Definitionen der einzelnen Gesetzesbestandteile, genaue Zuordnung des Sachverhaltes unter die einzelnen Tatbestandsmerkmale und präzise Argumentation. Aufgrund der Examensvorbereitung wissen die Kandidaten ziemlich genau, was auf sie zukommt. Die Belastung ist an der Grenze des Zumutbaren, die Durchfallquote mit 25 bis 33 % zu hoch.

> **Tipp**
>
> Alle Länder kennen mittlerweile den sogenannten Freischuss. Einen Überblick geben amtliche Statistiken, die das Bundesamt für Justiz auf seiner Homepage veröffentlicht unter der Kette: Themen ▫ Bürgerdienste ▫ Justizstatistik ▫ Juristenausbildung. Die aktuellste Statistik für das Jahr 2013 ist abrufbar unter: https://www.bundesjustizamt.de/DE/SharedDocs/Publikationen/Justizstatistik/Juristenausbildung_2013.pdf?__blob=publicationFile&v=2

Gemeint ist damit die Möglichkeit einmal versuchsweise am Examen teilzunehmen. Wenn es gut geht, wird der Versuch als Ernstfall gewertet, wobei Sie bei Lust und Laune noch einen zweiten Versuch mit der Chance zur Verbesserung haben. Ging der Schuss daneben, dann buchen Sie das Ganze als interessante Erfahrung ab – gewertet wird der Versuch nicht. Das heißt, Sie können beim nächsten Mal ganz normal antreten, und geht auch dieser Schuss daneben, bleibt Ihnen immer noch der einmal zulässige Wiederholungslauf. Alles in allem ein komfortables Angebot an die Studierenden, mit dem man vor allem die Prüfungsfurcht ganz gut in den Griff bekommen kann. Die Erfahrungen mit der Freischussregelung sind gut. Die Sache hat nur einen Haken: Sie müssen sich spätestens nach dem achten Semester für den Freischuss anmelden, später ist die Chance verspielt. Von Bundesland zu Bundesland sind die Meldefristen im Einzelnen unterschiedlich geregelt. Wer den Versuch mitmachen möchte, muss sich rechtzeitig – etwa ab dem sechsten Semester – darauf vorbereiten. Nehmen Sie dieses Kalkül also frühzeitig in Ihre Überlegungen zu Ihrem Studienverlauf auf.

Die Erfahrungen mit dem Freischuss zeigen auch, dass die Noten bei langer Studienzeit nicht besser ausfallen als bei kurzer. Es ist auch nicht so, dass ein langes Studium automatisch für eine fun-

5. KAPITEL Studieren ohne Illusionen

diertere Basis spricht. Das kritische Denkvermögen und die fachliche Qualität stehen kaum in einem zwingenden Zusammenhang mit der Studiendauer. Richtig ist allerdings, dass die geistige Substanz für das eigene Urteilsvermögen wachsen muss. Das ist zwar auch eine Frage der Zeit, vor allem aber eine Frage der eigenen geistigen Offenheit, der Studienintensität und der individuellen Schwerpunktsetzung bei den Inhalten, mit denen man sich befasst. Allerdings ist es unwahrscheinlich, dass ein rein technokratischer Studienansatz, der sich nur auf das Allernötigste beschränkt, zu einem ausgereiften Urteilsvermögen führt. Häufig sind es „Inputs" ganz anderer Art, die auf den ersten Blick mit Jura vielleicht gar nicht viel zu tun haben, durch die auch das juristische Denk- und Urteilsvermögen wächst. Qualität verlangt schon die Bereitschaft für ein paar Extrarunden. Dazu mehr im letzten Kapitel. Und dass es ohne Fleiß – Pardon für das altmodische Wort – nicht geht, versteht sich von selbst.

Vom staatlichen Teil zu trennen ist der universitäre Teil, die Schwerpunktprüfungen. Diese finden i. d. R. vor- oder nach dem staatlichen Teil statt. Die ganze Prüfung ist hier nicht so anonym. Prüfer und Prüflinge kennen sich i. d. R. vorher. Die Organisation liegt bei den Universitäten. Die Durchfallquote ist viel geringer, die Noten sind unterschiedlich und im Schnitt drei Punkte besser als im staatlichen Teil. Auch wenn man mit der Universitätsnote sein Notenbild insgesamt verbessern kann, sollten Sie den staatlichen Teil der Prüfung keinesfalls unterschätzen: Viele juristische Arbeitgeber (Anwaltskanzleien) achten besonders auf den staatlichen Teil und weniger auf die universitäre Schwerpunktprüfung.

Nach dem ersten juristischen Examen folgt in der Regel die sogenannte Referendarzeit, in der Sie verschiedene Stationen (Zivilgericht, Strafgericht, Staatsanwaltschaft, Anwaltsberuf und Verwaltungsstation) durchlaufen, stark in die Praxis eingebunden werden und zusätzlich am Gericht in Form von Arbeitsgemeinschaften von Richterinnen und Richtern im Prozessrecht unterrichtet werden. Anschließend findet das sogenannte zweite Staatsexamen statt, das ähnlich strukturiert ist wie das erste, mit dem Unterschied dass nun auch das Prozessrecht abgefragt wird und die Perspektive der Falllösung nicht mehr die Erstellung eines Rechtsgutachtens ist, sondern die Erstellung eines Urteils. Das Referendariat bleibt hier weitgehend ausgeblendet, weil Sie in dieser Phase der Ausbildung schon so erfahren sind, dass Sie keinen Ratschlag von außen mehr benötigen werden.

Man kann nach dem Ersten Juristischen Examen auch ohne Referendariat direkt mit dem Arbeiten beginnen. Das Zweite Staatsexamen und somit das Referendariat ist nur für die Berufe notwendig, die die Befähigung zum Richteramt voraussetzen, das sind insbesondere der Richterberuf, der Anwaltsberuf und der höhere allgemeine Verwaltungsdienst (als Regel). In der Wirtschaft kann man auch Stellen ohne Zweites Examen bekommen. Zu empfehlen ist es allerdings nicht, auf die Ablegung des Zweitens Examens zu verzichten. Deutlich ratsamer ist es dagegen, zu überlegen, ob man zwischen dem Ersten und dem Zweiten Staatsexamen eine weitere Ausbildungsphase einschiebt. Viele Studierende gehen in dieser Zeit ins Ausland und erwerben einen Master. Weiter besteht bei einem ordentlichen Ergebnis die Möglichkeit zur Promotion, die Fakultäten regeln die einzelnen Voraussetzungen hierfür i. d. R. selbst. Durch geschickte Themenwahl kann man hier den Einstieg in das spätere Berufsleben unter Umständen elegant vorprogrammieren. Natürlich bietet eine Promotion keine Karrieregarantie. Genauso wenig trifft es zu, dass Toppositionen nur von promovierten JuristInnen besetzt sind. Tatsache ist aber, dass der Anteil der promovierten JuristInnen in Toppositionen bei Staat und Wirtschaft weit überproportional zu ihrem Anteil in der Juristenschaft überhaupt ist. In der Wirtschaft, besonders bei Verbänden und in renommierten Anwaltskanzleien, wird der Doktortitel häufig immer noch als selbstverständlich vorausgesetzt.

Individuelle Schwerpunktsetzung

Auf viele Möglichkeiten der individuellen Schwerpunktsetzung wurde schon hingewiesen. Ihrer Phantasie sind dabei kaum Grenzen gesetzt, das Stichwort Zweitstudium ist in diesem Zusammenhang schon gefallen. Finden Sie Ihre ganz persönliche Brücke, wie

5. KAPITEL — Studieren ohne Illusionen

der Jurist und Kunsthistoriker, der – wen wundert's? – beim Denkmalschutz gelandet ist. Neben der Option Schwerpunktbereich sei noch einmal daran erinnert, dass einige juristische Fakultäten spezielle Studienschwerpunkte anbieten, z. B. Wirtschaftswissenschaftliche Zusatzausbildung für JuristInnen (Bayreuth), Fremdsprachen für JuristInnen (Passau), Schwerpunkt Frankreich (Saarbrücken) oder Schwerpunkt Polen (Frankfurt/Oder). Auch die Existenz der Max-Planck-Institute ist hier zu nennen. MPIs gibt es für JuristInnen in Hamburg (Zivilrecht, mit internationaler Ausrichtung), Frankfurt (Rechtsgeschichte), Heidelberg (Völkerrecht), Freiburg (Strafrecht und Strafprozessrecht mit internationaler Ausrichtung), München (Sozialrecht und Wettbewerbsrecht). An den MPIs wird ausschließlich Forschungsarbeit betrieben, und es ist für wissenschaftlich Interessierte schon ein Erlebnis, wenn man als studentische Hilfskraft einen Einblick in diese Arbeit gewinnen kann. Dafür braucht man allerdings gute Noten und ein bisschen Glück.

Ein Aspekt der individuellen Schwerpunktbildung ist bislang noch vernachlässigt worden: das **juristische Auslandsstudium**. Dazu kann man eigentlich nur eines sagen: Wenn möglich, unbedingt machen – wo, das spielt fast keine Rolle. Es muss nicht immer Genf oder Lausanne sein. Der eigentliche Vorteil liegt dabei ohnehin nicht unbedingt in der juristisch-fachlichen Zusatzqualifikation, sondern im sozialen und kommunikativen Kompetenzzuwachs, den ein solcher Aufenthalt mit sich bringt. Der Vorteil, sich in einer fremden Sprache und einer fremden Lebenswelt sicher bewegen zu können, kann überhaupt nicht überschätzt werden. Mancher Studienkollege mit sehr mittelmäßigen Examina hat wegen seiner guten Kenntnisse anderer Länder und Sprachen und wegen der dabei gewonnenen sozialen Kompetenzen einen hervorragenden Job gefunden.

Es gibt verschiedene Wege, eine Hochschule seiner Wahl im Ausland zu finden. Natürlich müssen Sie zunächst die betreffende Fremdsprache einigermaßen gut beherrschen. In der Regel erwarten die Universitäten ein Sprachniveau auf der Stufe von mindestens B2. Wenn Sie sich nicht direkt und auf eigene Faust an eine bestimmte Hochschule im Ausland wenden wollen, sollten Sie zunächst einmal bei Ihrer Fakultät nachfragen. Viele Fakultäten haben Partnerschaften zu europäischen Hochschulen aufgebaut und vermitteln den Austausch von Studierenden. Die zentrale Adresse für Auslandsstudien ist der Deutsche Akademische Austauschdienst (DAAD), der Auslandsstipendien auch für Juristen vergibt.

> **Tipp**
>
> Sie können die ausführlichen Stipendienprogramme anfordern bei Deutscher Akademischer Austauschdienst, www.daad.de
> Daneben ist noch das ERASMUS-Programm der Europäischen Union zu nennen (European Action Scheme for the Mobility of University Students), in dem so genannte „Mobilitätsstipendien" innerhalb der EU vergeben werden. ERASMUS wird im Rahmen des Programms SOKRATES weitergeführt. Informationen erhalten Sie ebenfalls beim DAAD und an Ihrer Hochschule (Akademische Auslandsämter oder Studienberatung).
> Stipendien speziell für das Studium in den USA vergibt auch die Fulbright-Kommission, www.fulbright.de

Ein oder zwei Semester können Sie sich im Ausland übrigens gönnen, ohne dass dies auf die Freischussregelung angerechnet wird. Allerdings muss es sich dabei um juristische Fachsemester handeln. Einzelheiten müssen Sie in der Prüfungsordnung Ihres jeweiligen Landes nachlesen. Als kleine Lösung gibt es so genannte Sommerkurse in London, Den Haag und Leiden. Die Sommerkurse sind eine gute Möglichkeit, um einmal reinzuschmecken und zu prüfen, ob man selbst ein Jahr lang im Ausland studieren möchte; in der Regel kosten sie allerdings nicht gerade wenig. Durch die Schwerpunktbereiche ist das Studium allerdings sehr dicht geworden. Viele Studierende legen daher inzwischen die „Auslandsphase" auf die Zeit nach dem Examen. Unsinnig ist dies nicht, weil dadurch das Inlandstudium nicht zerrissen wird und man zudem einen zusätzlichen akademischen Titel im Ausland erwerben kann. Viele ausländische Universitäten bieten spezielle „Master-Studiengänge" für i. d. R. examinierte JuristInnen aus anderen Ländern an (mitunter kann man den Master auch während seines Studiums erwerben). Bei vielen Anwaltskanzleien zählt der so genannte LL.M. von einer angesehenen amerikanischen Universität so viel wie eine Promotion. Diese Studiengänge dauern i. d. R. ein Jahr.

Schwieriger zu beantworten ist heute dagegen die Frage, was ein Studienortwechsel innerhalb Deutschlands bringt. Die Vorteile und die Nachteile dürften sich in der Waage halten. Ein Studienortwechsel innerhalb Deutschlands erweitert den fachlichen Horizont ungemein und bereichert sich selbst. Man sieht zwei unterschiedliche Möglichkeiten, Rechtswissenschaften zu unterrichten und zu vermitteln und man besitzt Vergleichsmöglichkeiten. Andererseits entstehen durch einen Studienortwechsel erhebliche Reibungen. Der Studienverlauf ist in Deutschland nicht so vereinheitlicht, als dass es nicht zu erheblichen Verwerfungen käme. Man sollte daher die Frage des Hochschulwechsels von seinen eigenen Prioritäten abhängig machen, man kann ihn gut wahrnehmen, aber man muss nicht. Ein guter Zeitpunkt für den Wechsel ist nach Ende des Grundstudiums. In der Examensvorbereitung dürfte ein Wechsel dagegen kaum sinnvoll sein.

Finanzierung

Ohne Knete kein Geist, aber wie rankommen? Das Jurastudium gehört an sich zu den preiswerten Studiengängen. Die Lehrbücher und Kommentare sind zwar nicht gerade billig, aber vergleichsweise noch erschwinglich. Kaufen Sie nicht wahllos drauflos, sondern nehmen Sie sich bei der Auswahl Ihrer Handbibliothek ruhig Zeit – manche teure Buchanschaffung hat sich im Nachhinein als überflüssig und unbrauchbar herausgestellt. Aber auch das Wohnen und was man sonst noch so braucht ist nicht umsonst. Wenn Sie nicht gerade vermögend sind und das Problem sich Ihnen deswegen nicht stellt, kommen für die Finanzierung fünf verschiedene Quellen in Betracht:

- Finanzierung durch die Eltern
- BAföG
- Stipendium
- Jobben
- Kreditaufnahme

Zu (1) Zur Finanzierung durch die Eltern gibt es hier nichts zu sagen. Wenn das so klappt, ist es ein guter Weg für Sie. Bieten Ihre Eltern Ihnen die Finanzierung des Studiums an, sollten Sie das Angebot annehmen und die gewonnene Zeit in das Studium stecken.

Zu (2) Ihr Anspruch auf BAföG hängt von Ihren bzw. von den Vermögensverhältnissen Ihrer Eltern ab und davon, wo Sie wohnen. Hier müssen Sie sich erkundigen, ob Sie in den Kreis der Anspruchsberechtigten fallen oder nicht. Die Berechnungsgrundlage ist ziemlich kompliziert und knüpft im Wesentlichen an das Steuerrecht an. BAföG für das Erststudium wird zur Hälfte als Zuschuss und zur Hälfte als zinsloses Darlehen geleistet. Die Förderungshöchstdauer beträgt für Juristen neun Semester inklusive Examen.

> **Tipp**
>
> Nähere Informationen finden Sie unter www.BMBF.de. Auskünfte erteilen im Übrigen alle Ämter für Ausbildungsförderung und i. d. R. auch die Studentenwerke.

Zu (3) Stipendien setzen einen deutlich überdurchschnittlichen Leistungsstand plus i. d. R. ein besonderes gesellschaftliches oder politisches Engagement voraus. Es versteht sich von selbst, dass ein Stipendiat in die „Förderidee" der betreffenden Stiftung hineinpassen muss. Es gibt reine Begabtenstiftungen (z. B. die Studienstiftung des Deutschen Volkes), daneben konfessionelle, politische und verbandsgebundene Stiftungen sowie eine Reihe kleinerer Einrichtungen, die aber praktisch vernachlässigt werden können. Die Vorlesungsverzeichnisse und Webseiten enthalten fast alle eine Übersicht über die wichtigsten Stiftungen, bei denen man sich um die Vergabe eines Stipendiums bewerben kann. Ein Stipendium ist nicht nur wegen des unmittelbaren finanziellen Vorteils gut, sondern auch wegen der stiftungseigenen Seminarangebote. Dabei lernt man Studierende aus dem ganzen Bundesgebiet und aus allen Fachbereichen kennen; eine feine Sache, um auch einmal über den Tellerrand des eigenen Umfeldes und des eigenen Faches zu blicken. Die wichtigsten Stiftungen sind:

5. KAPITEL   Studieren ohne Illusionen

- Cusanuswerk, Bischöfliche Studienförderung
- Friedrich-Naumann-Stiftung
- Evangelisches Studienwerk e. V., Haus Villigst
- Konrad-Adenauer-Stiftung e. V.
- Friedrich-Ebert-Stiftung e. V.
- Hans-Böckler-Stiftung
- Studienstiftung des deutschen Volkes e. V.
- Hanns-Seidel-Stiftung e. V.
- Stiftungsverband Regenbogen e. V.
- Stiftung der Deutschen Wirtschaft für Qualifizierung und Kooperation

Tipp

Weiterführende Info (Internetadressen etc.) finden Sie unter www.Begabte.de.

Zu (4) Mit dem Jobben ist das so eine Sache. Die Energie, die Sie in die Geldbeschaffung reinstecken, fehlt Ihnen natürlich beim Studium. Das kann Ihre Studiendauer empfindlich in die Länge ziehen. In einer längerfristigen Gesamtrechnung ist das nicht unbedingt ökonomisch: Länger studieren bedeutet Verdienstausfall im Beruf, schneller zum Ziel zu kommen bedeutet früher mit dem erlernten Beruf eigenes Geld zu verdienen. Als Rechtsreferendar kommt man mit den Bezügen immerhin schon ganz gut über die Runden. Im Übrigen kommt es natürlich darauf an, welchen Job Sie haben. Eine Stelle als studentische Hilfskraft an einem Lehrstuhl, wo Sie auch vom Fach etwas mitbekommen, ist sicher anders zu beurteilen als ein Kneipenjob, der Sie bis morgens um drei in die Pflicht nimmt.

Zu (5) Eine Alternative stellt die Finanzierung des Studiums durch einen Bankkredit dar. Der Gedanke wird hierzulande zunächst viele befremden. In den USA ist dies ein gängiger Weg. Natürlich müssen Sie Ihre Bank erst einmal von Ihrer Kreditwürdigkeit überzeugen. Vor allem in der Phase der Examensvorbereitung sollten Sie den Rücken frei haben. Machen Sie einmal eine Gesamtrechnung auf, was wirtschaftlicher ist – ein zügiges, konzentriertes Studium oder eine gemächliche Gangart mit Jobbing. Nehmen Sie dabei auch Ihre „Lifestyle"-Ansprüche mit in die Rechnung auf und überlegen Sie, ob und gegebenenfalls wo Sie Konzessionen machen können und wollen. Und noch etwas: Jeder Arbeitgeber wird es nicht nur respektieren, wenn Sie Ihr Studium mit einem Kredit finanziert haben, sondern er wird Ihnen Ihre Zielstrebigkeit und Ihre Risikobereitschaft als Plus anrechnen. Auf diesem Weg können Sie auch mit der Finanzierung Ihres Studiums ihr persönliches Profil positiv schärfen.

6. Kapitel

Arbeitstechniken

1. Der Grundsatz des aktiven Lernens

*Wird Wissen wiedergekäut,
so ernährt es nur Ochsen.
Ernst Bloch*

Der Grundsatz des aktiven Lernens ist einfach. Er besagt: Am meisten und am schnellsten lernen Sie, wenn Sie etwas selber machen!

Vieles in der Lehre ist nicht ideal. Aus der Einsicht in die manchmal wenig erfreulichen Studienverhältnisse könnte man nun die fatalistische Schlussfolgerung ziehen, dass man selbst ja ohnehin nichts ändern kann und dass man deswegen vor allem auch von jeglicher Eigenverantwortung für diese unerfreuliche Situation entlastet ist. Man kann es sich auch noch ein bisschen einfacher machen und zusätzliche Feindbildpflege betreiben, indem man die Schuld an der Misere allein bei ProfessorInnen oder Hochschulpolitikern sucht.

An dieser Stelle ist ein deutliches Wort nötig. Als wichtiges Grundprinzip des Selbstlernens wurde oben die Aufrichtigkeit gegen sich selbst genannt. Dazu gehört auch, dass man die Einsicht an sich heranlässt, dass es nicht nur an den unzureichenden Strukturen oder am vermeintlichen Desinteresse und am mangelnden Engagement von Hochschullehrenden liegt, wenn der Zustand des Studiums so ist, wie er nun einmal ist. Wenn die Lehre keine Einbahnstraße sein soll, muss man redlicherweise auch vom Publikum sprechen, mithin von den Studierenden. Das Gegenbild auf der Seite der Lehrenden ist leider auch nicht immer nur positiv. Spricht man mit AssistentInnen, Hochschullehrenden und Dozierenden, dann hört man, dass viele von ihrer Klientel enttäuscht sind. Unterhaltungs- und Konsumentenmentalität werden beklagt, der Vorwurf von Lethargie und mangelndem Engagement erklingt auch hier. „Die wollen am liebsten die Talkshow mit billiger Unterhaltung." Manchmal sind die Kommunikationswege zwischen Lehrenden und Lernenden in beiden Richtungen ziemlich verstopft. Aber auch die Studierenden untereinander haben oft Schwierigkeiten, sich zu gemeinsamen Zwecken zusammenzufinden und ihr Studienschicksal aktiv in die Hand zu nehmen. Eine junge und engagierte Assistentin, die ein Proseminar leitete, erzählt dazu die folgende Geschichte:

> Die Referate für das Seminar mussten immer eine Woche vor der Veranstaltung auslagen, so dass jeder Zeit genug hatte, das Referat zu kopieren und zu lesen. Das langweilige und oft schlecht vorgetragene mündliche Referat, bei dem viele ihre Arbeit nur abgelesen haben, sollte wegfallen. Jeder Vortragende erhielt fünf Minuten für die Kerngedanken, im Übrigen bin ich davon ausgegangen, dass jeder sich vorbereitet und das Referat gelesen hat, um mehr Zeit für die Diskussion zu haben. Das ging am Anfang ganz gut, aber nach ein paar Veranstaltungen merkte ich, dass die Leute zwar immer noch alle kamen, aber kaum einer sich wirklich vorbereitet hatte. Ich habe dann versucht, mit den Leuten darüber zu reden. Keine Reaktion. Schweigen. Daraufhin habe ich die Veranstaltung für beendet erklärt. Jetzt gab es plötzlich sehr heftige Reaktionen. Das ginge doch nicht, und die Stunde solle nachgeholt werden. Nachdem wir uns eine Zeit lang vergeblich bemüht hatten, einen für alle passenden Nachholtermin zu finden, schlug ein Teilnehmer vor, man wolle in Zukunft die Verteilung der Referate besser organisieren. Mit einer Kommilitonin nahm er das Geldsammeln und Kopieren in die Hand, von da an lief es.

Die kleine Geschichte schildert kein Einzelschicksal, sondern es entspricht eher der Regelerfahrung von Lehrenden, dass Studierende unvorbereitet sind. Sie entbehrt wiederum jedes Sensationswertes und ist vielleicht gerade deswegen symptomatisch für die Schwierigkeiten, einen Kommunikationsprozess auch unter Studierenden in

Gang zu setzen und einen Akt sinnvoller Selbstorganisation auszulösen. Stattdessen war es den meisten Teilnehmern an der Lehrveranstaltung unserer Assistentin offensichtlich einigermaßen egal, ob sie gut oder schlecht oder überhaupt nicht auf das Seminar vorbereitet waren. Können Sie das verstehen?

Mit dem Grundsatz des aktiven Lernens hat eine solche Haltung jedenfalls gar nichts zu tun. Intensität, Qualität und Urteilskraft können so kaum entstehen oder wachsen. Wer so arbeitet, bleibt zwangsläufig ohne eigene Unterscheidungskriterien für Wichtiges und weniger Wichtiges. Er wird überflutet von einem für ihn unverdaulichen Wissensbrei und sitzt schließlich nur noch die Zeit ab. Es gelingt ihm nicht, das Wesentliche zu erkennen und verfügbar zu machen.

Neben der aktiven Haltung, die man sich nicht anlesen kann und für die man sich schon entscheiden muss, gibt es natürlich eine Reihe von Lerntechniken und Methoden, die dieser Haltung entsprechen und bei denen sich das Erlebnis des Selbermachens einstellt. Diese Techniken muss man sich selber aneignen, denn die didaktische Unterstützung des Lernprozesses durch Schule und Hochschule ist leider nach wie vor völlig unzureichend. Es gibt keine Kurse, in denen man das effektive Lernen und Studieren lernen könnte. Im Folgenden werden Ihnen drei Ansatzpunkte für die Selbstorganisation beim eigenen Lernprozess angeboten: erstens die Kunst der Selbstmotivation und Profilbildung, zweitens der Umgang mit Zeit und drittens einige Grundregeln des Selbststudiums.

2. Selbstmotivation und Profilbildung

Denn nichts ist für den Menschen etwas wert,
das er nicht mit Leidenschaft tun kann.
Max Weber

Etwas mit Leidenschaft zu tun, heißt durchaus nicht unbedingt, es immer auch mit Vergnügen zu tun. In der digitalen Gesellschaft ist die Einsicht nicht ganz leicht zu vermitteln, dass Leidenschaft und

Unterhaltungs- oder Erlebniswert nicht identisch sein müssen. Auch wenn man sich nicht gleich „zu Tode amüsiert" (*Neil Postman*), hat die „Erlebnisgesellschaft" (*Gerhard Schulze*) ihren Preis, den auch Studierende in ihrer Lebenswelt zu entrichten haben. Wer an ein hohes Maß Unterhaltungskonsum gewöhnt ist, wird es schwer haben, sich selbst aus eigener Kraft zu motivieren. An der Hochschule dürfen Sie aber die Motivation von außen kaum erwarten. Es scheint, als würden die Kräfte zur Binnensteuerung in der permanenten Erlebnisüberflutung nicht zu-, sondern abnehmen. Es gibt so etwas wie eine weit verbreitete Sucht nach dem Erlebniswert, die wissenschaftlicher Bemühung und eigenem Lernen nicht gerade zuträglich ist. Die Anwesenheit in einer 90-minütigen Vorlesung ist nicht zu vergleichen mit einer spannenden Kommunikation über WhatsApp und über den jüngsten Klatsch. Diese gesamtgesellschaftliche Rahmenbedingung mag man bedauern, ändern lässt sie sich jedenfalls nicht, und schon gar nicht mit einem Buch. Immerhin, Sie können ein gesundes Misstrauen gegen allzu glatte Unterhaltungskünstler und Erlebnisangebote entwickeln. Die gute Show bringt die Zeit vielleicht angenehm herum, ob sie Sie auch weiterbringt, sollten Sie selbst entscheiden. Mancher ist recht unzufrieden mit sich selbst oder auch dem Gegenstand seines Bemühens, aber mit Leidenschaft bei der Sache.

Ob zufrieden oder unzufrieden, sich motivieren und an Ihrem Profil arbeiten müssen Sie selbst. Das liebe Ich will gepflegt werden, nicht nur um der Außenwahrnehmung willen. Es geht nicht um die publikumswirksame Gestaltung Ihrer eigenen „Öffentlichkeitsarbeit", sondern darum, sich den Gegenstand des Studiums Ihrer Wahl zueigen zu machen. Ohne so etwas wie **geistige Zueignung** werden Sie mit der Juristerei auf Dauer nichts anfangen können. Geistige Zueignung ist kein Vermögensdelikt aus dem Strafgesetzbuch, sondern die Kunstfertigkeit, den Gegenstand, von dem man noch nichts oder nur wenig versteht, zur eigenen Sache werden zu lassen.

Wer entspricht schon dem Idealbild des feuereifrigen Superhirns, das begierig auf jeden neuen Paragraphen juristische Fachkenntnisse in sich hineinsaugt? Der Studienalltag wird häufig auch bei gutem

2. Selbstmotivation und Profilbildung

Willen durch eine ordentliche Portion Langeweile geprägt. Jura „mit Biss" zu studieren, ist nicht immer einfach. Wohl kaum ein Student der Rechte wird ohne Frust bis zu den juristischen Prüfungen kommen. Häufig stirbt die Lust an der Wissenschaft im zähen Alltag lustlosen Paukens an der schier uferlos erscheinenden Stofffülle. Hinzu kommt die Furcht, es am Ende nicht zu schaffen. Ratgeber und Wissensvermittler in den unterschiedlichsten Formen und mit den verschiedensten Mitteln bieten in der Stunde der Not diverse Hilfsmittel an. Der Ausbildungsmarkt ist bis zur Unübersichtlichkeit überschwemmt mit optimalen Lernsystemen, ideal aufeinander abgestimmten Baukästen, sich ergänzenden didaktischen Finessen. Repetitorien gibt es an jeder Ecke, Karteikarten werden vorgefertigt und bunt geliefert, Rechtsprechungsdateien preisen sich als sichere Wege zum erfolgreichen Studium an, Schema-Sammlungen empfehlen sich als das gebündelte Wissen, mit dem man sicher alle Hürden nehmen könne. Methodenbegeisterte können reichlich Geld für solcherlei Rat ausgeben und sich damit vielleicht auch ein gutes Gefühl vermitteln. Immerhin zeugen kostspielige Investitionen von einer gewissen Aktivität, was ungemein beruhigend wirken kann, an der hohen Durchfallquote ändern sie allerdings nichts. Finanzielle Investitionen sollte man jedoch nicht mit der **Kunst der Selbstmotivation** verwechseln. Gelungene Selbstmotivation schafft Intensität, nicht notwendigerweise auch volle Bücherregale. Und noch etwas: Auch bei größter Kunstfertigkeit wird es Ihnen nicht immer gelingen, Unlusterlebnisse, Frust, Zweifel und manchmal auch Langeweile völlig auszuschalten. Ein Studium ohne solche Erfahrungen gibt es nicht und es wäre ein verhängnisvoller Fehler, die Erwartung zu pflegen, es könne ein solches geben. Ein gewisses Maß an Abhärtung gegen Frustrationen werden Sie lernen müssen – in der sich immer mehr perfektionierenden Erlebnisgesellschaft ein manchmal schmerzhafter Prozess. Ein paar Hilfsmittel gibt es immerhin auch dabei.

Die Kunst der Selbstmotivation ist zum größten Teil die **Kunst der Selbstaktivierung:** vom bloß passiven Empfänger zum aktiv Lernenden. Der bloße innere Entschluss, sich für die Delikatessen des Immobiliarsachenrechts zu interessieren, reicht für den dauerhaften und konsequenten Einstieg kaum aus. Das gute Wollen allein macht es eben nicht. Ebenso wenig helfen Ihnen allein innere Disziplinappelle, Selbstermahnungen oder Entschlüsse. Wohlgemerkt, ohne ein gewisses Maß an Selbstdisziplin und Verzicht kommt keiner durch das Jurastudium. Überschätzen darf man die Disziplin nicht. Sie ist Conditio sine qua non, aber noch kein Königsweg. Leichter geht es, wenn Sie sich selbst in das, was Sie da tun, nämlich LERNEN, aktiv einzubringen verstehen. Der Lerneffekt, aber auch der Speichereffekt (die Behaltenswirkung) ist dabei nachweislich am größten. Als konkrete Handlungsmaxime folgt daraus der Grundsatz des Einmischens: Mischen Sie sich ein, wo immer Sie nur können.

Wo können Sie sich überall einmischen und eine aktive Rolle übernehmen? Die Chancen dafür sind auch an der Massenuniversität größer, als vielen auf den ersten Blick bewusst ist.

Fangen wir mit der Möglichkeit, sich Rat zu holen, an. Kennen Sie sämtliche Beratungsangebote Ihrer Hochschule?

> **Aufgabe:** Stellen Sie einmal mit Hilfe der Webseiten eine Liste zusammen, wer Ihnen welche Beratungshilfen anbietet. Sie werden überrascht sein, wie weit das Spektrum reicht – von der allgemeinen Studienberatung über Sprechstunden bei Hochschullehrenden, Beratungsangeboten für Stipendien und Auslandsaufenthalte, psychologische Beratungseinrichtungen, Bibliotheks- und Seminareinweisungen bis hin zum Studentenwerk, den Fachschaften und studentischen Vereinigungen, deren Hilfen vielfältig sind (Skripten, Studienplatztausch, Wohnraumsuche usw.).

Erwähnt seien auch besondere Studienangebote im Studium Generale, Diskussionsveranstaltungen und Vortragsreihen, aber auch im Bereich Sport/Freizeit. Die Vielzahl der Angebote ist hier oft regelrecht überwältigend. Saugen Sie Honig!

Vor allem aber: Beteiligen Sie sich bei Lehrveranstaltungen. Überlassen Sie die Rolle des Aktiven nicht den Nickern in der ersten Reihe, sondern ergreifen Sie in Vorlesungen, Seminaren und Übungen das Wort. Stellen Sie Fragen und bereiten Sie sich auf die nächste Veranstaltung vor. Trainieren Sie dabei systematisch Sprechhemmungen

2. Selbstmotivation und Profilbildung

und Unsicherheiten zu überwinden. Auch für Jura gilt der Satz: Die Kombination von aktivem und passivem Lernen oder vom theoretischen Wissen und deren Anwendung ist die Grundlage des Erfolges. Sie dürfen sich nicht darauf beschränken nur zuzuhören, Sie müssen auch reden. Nutzen Sie die Möglichkeit, Ihr Wissen anzuwenden. Schaffen Sie sich eigene Möglichkeiten, indem Sie sich mit Mitstudierenden treffen, Fälle lösen und Themen repetieren. Sie werden überrascht sein, wie schwer es fällt, Stoff, den Sie passiv beherrschen, aktiv anzuwenden. Diese Hinweise klingen zugegebenermaßen ausgesprochen banal. Merkwürdigerweise bleibt aber die Zahl derjenigen, die es schaffen sich zu aktivieren, immer erstaunlich gering.

Auch auf ein unangenehmes Gegenerlebnis zur Langeweile kann man stoßen. Oft wächst ein psychischer Druck durch das Erlebnis, eine vereinzelte Nummer im permanenten Wettlauf um irgendwelche kaum mehr erkennbaren Ziele zu sein. Anonymität und Massenuniversität sind zwei Seiten der gleichen Medaille. Es ist schon sehr schwierig, sich in der Massenuniversität als einzigartig und besonders, geschweige denn als großartig zu empfinden. Wer da nicht mit einem sehr ausgeprägten Selbstbewusstsein ausgestattet ist, kann sich rasch in psychischen Grauzonen wiederfinden. Dieser Effekt verschärft sich auch in Prüfungszeiten: Der Mitmensch wird von vielen nur noch als Schranke der eigenen Freiheit erlebt und als Bedrohung empfunden. Die einen macht das aggressiv, andere eher depressiv. Dagegen hilft nur, das eigene Profil so früh wie möglich zu schärfen. Das Schlüsselwort dafür heißt auch hier: fachnahe Spezialinteressen entwickeln.

Es ist eine alte Erfahrung: Wer sich frühzeitig einen besonderen Schwerpunkt in seinem Studium sucht, der wird es leichter haben, sich auch für als weniger interessant empfundene, aber leider prüfungsrelevante Bereiche zu erwärmen. Suchen Sie sich einen Schwerpunkt, der zu Ihren Interessen passt, und vertiefen Sie hier Ihre Kenntnisse. Machen Sie aus Ihrem Spezialinteresse eine geistige Spielwiese, der Sie sich jeden Tag eine Stunde widmen können. Bilden Sie Ihre eigene Interessennische! Die juristischen Fachgebiete sind fast so weit wie das Leben selbst, und auch exotische Felder gibt es allemal. Mancher Fan von Film und Rundfunk ist auf diesem Weg zum Spezialisten für Medienrecht geworden. Wer sich mehr für Menschen interessiert, kann in der Kriminologie und in der Rechtspsychologie Schwerpunkte setzen. Rechtsgeschichte, Rechtsphilosophie oder Rechtssoziologie gehören zu den Grundlagenfächern. Wer ein besonderes Interessengebiet pflegt, wird bald die Erfahrung machen, dass von hier auch in andere Fachgebiete Brücken des Verstehens wachsen.

Sie können Ihr Spezialinteresse auch auf einen bestimmten Hochschullehrenden zuschneiden, dessen Art zu lehren Sie besonders anspricht. Wer das eigene Vorverständnis über Umwege ausweitet, für den kann das Lernen sogar zum Bildungserlebnis werden Allemal gilt: Erst durch die Kür wird Jura richtig schön.

Weitere Möglichkeiten, aktiv zu werden, bieten Stellen für Hilfskräfte, Mentoren und Tutoren. Wer sich erfolgreich um eine solche Stelle bemüht, kann die Anonymität der Hochschule leichter überwinden. Aber auch ohne die Herausbildung von Spezialinteresse können Sie gut durch das Studium kommen, wenn Sie in „Frustzeiten" ruhig bleiben und einfach weitermachen. Das Gefühl, einer unter vielen zu sein, auf den es nicht ankommt, verfliegt in Sekundenschnelle, sobald Sie in die Praxis kommen. Denken Sie immer daran, dass die Ausbildung nur einen sehr kurzen Abschnitt Ihres Lebens bildet, von dem Sie in der Folgezeit zehren werden. Je mehr Sie aus der Studienzeit mitnehmen, umso leichter werden Sie es künftig haben. Wer ein Jurastudium ohne große Auffälligkeiten mit durchschnittlichem oder auch unterdurchschnittlichem Ergebnis absolviert, auch ohne besondere Schwerpunktsetzungen, Abgrenzungskriterien oder Zusatzqualifikation, hat eine beachtliche Leistung vollbracht, auf die er sein Leben lang stolz sein kann, daher gilt in schwierigen Augenblicken: Konzentration und durchhalten. Schließlich: Stellen Sie Ansprüche an Ihre Lehrenden und haben Sie dabei auch Mut zur Kritik! Es ist ein oft verbreiteter Irrglaube, dass Kritik an einer Lehrveranstaltung dem eigenen Fortkommen in der Universität schaden soll. Nach der Erfahrung der Autoren ist diese Sorge unbegründet. Zwar sind ProfessorInnen besonders sensible Wesen, und nicht jeder reagiert begeistert über kritische Anmerkun-

2. Selbstmotivation und Profilbildung

gen seiner Studierenden. Schließlich gibt es überall ein paar schwarze Schafe, über die entsprechende Horrorgeschichten kursieren. Machen Sie es einfach wie auch sonst im Leben: Amüsieren Sie sich, aber vergessen Sie nicht, dass die Herde überwiegend aus „Normalschafen" besteht. Viele reagieren denn auch ganz positiv auf kritische Anregungen. Neben der Frage der Persönlichkeit ist es wohl eher eine Frage der Form und des Stils, in die man eigene Kritik kleidet, als eine des Inhalts. Jede Kritik muss allerdings zwei Grundbedingungen erfüllen, um gehört zu werden. Erstens sollte klar sein, wie der Verbesserungsvorschlag realisiert werden kann – nicht jeder Hochschullehrender hat genug freie Ressourcen, um wesentliche Neuerungen gleich umzusetzen. Zweitens sollte derjenige, der die Kritik äußert, den Status quo kennen, d. h. er sollte die Veranstaltung besuchen und die bestehenden Angebote nutzen.

Weitere Gestaltungsmöglichkeiten eröffnet die gründliche Befassung mit der Studienordnung. Nicht immer ist es sinnvoll, sich sklavisch daran zu halten. Spielräume sollte man in jedem Fall ausnutzen. Das gilt vor allem für den Besuch von Seminaren, von Proseminaren und Kolloquien. Nehmen Sie möglichst früh an solchen Veranstaltungen teil und nutzen Sie sie im Sinne Ihrer eigenen Profilbildung. Strukturieren Sie Ihr Studium als eigenen Weg! Wenn Sie feststellen, dass ein bestimmtes Spezialinteresse Ihnen bei näherem Hinsehen doch nicht liegt, wechseln Sie rechtzeitig das Gebiet. Gerade in den Anfangs- und mittleren Semestern sollten Sie sich eine Spielermentalität gönnen – probieren Sie einfach aus, was Ihnen Spaß macht.

Ein Rat noch am Ende: Lassen Sie sich nicht deprimieren. Die Noten im Studium sind sehr viel schlechter als in der Schule. Regelmäßig besteht man mit einer Vier (4–6 Punkte), manchmal mit einer Drei (7–9 Punkte). Sollte dies passieren, lassen Sie nicht den Kopf hängen, glauben Sie an sich selbst; wenn Sie es nicht tun, macht es keiner. Erinnern Sie sich an den Kernsatz: Jura kann jeder, Jura ist keine Mathematik, Juristerei ist die Wissenschaft des Lebens und jeder, der lebt, hat die Anlage ein Experte zu werden.

3. Der gut gepflegte Zeithaushalt

> *Es ist überhaupt die üble Gewohnheit der Deutschen,
> niemals fertig werden zu können.*
> Hegel

Arbeitspläne sind immer auch Zeitpläne. Zeitpläne sind Hilfsmittel zur Strukturierung des Lernens. Das Thema Zeitplanung ist faszinierend und alles andere als eine Spielerei, wenn man sich näher damit beschäftigt. In diesem Abschnitt sollen Sie Grundzüge der planvollen Zeitverwendung lernen. Wer sich für das Thema interessiert und mehr darüber erfahren möchte, der sei etwa auf die Bücher von *Lothar J. Seiwert* hingewiesen (z. B. ‚Das 1 · 1 des Zeit-Management').

Zeit ist bekanntlich ein knappes und zugleich höchstpersönliches Gut, das unwiederbringlich verrinnt. Die Zeit, die Ihnen zur Erreichung bestimmter Ziele zur Verfügung steht, ist immer begrenzt. Es liegt an Ihnen, sich in der zur Verfügung stehenden Zeit bewusst Ziele zu setzen und den Zeithorizont, in dem Sie dieses Ziel erreichen wollen, entsprechend daraufhin einzustellen. Je dichter gedrängter die Ziele, desto schwieriger wird es, sie in der begrenzten Zeit zu erreichen. Das Problem, das es dabei praktisch zu lösen gilt, lautet: Wie können Sie trotz großer Anforderungen Herr Ihrer eigenen Zeit bleiben?

Man kann sich dieser Schwierigkeit natürlich dadurch entziehen, dass man auf die bewusste Zielsetzung und den planvollen Umgang mit Zeit von vornherein verzichtet. Aber auch damit hält man den Lauf der Zeit nicht an. Ob Sie dann da ankommen, wo Sie ankommen wollen, ist eine ganz andere Frage. Nicht jedes Ziel, das ich mir setze, kann ich auch erreichen. Wenn ich mir allerdings keine Ziele setze, ist es jedenfalls sehr unwahrscheinlich, dass ich auch da ankomme, wo ich ankommen will. Ein Schlüssel für autonomes Lernen liegt im effektiven Umgang mit der eigenen Zeit.

Der Umgang mit Zeit gehört nicht nur zu den sensiblen Punkten eines gelungenen Studiums, sondern es geht eigentlich um eine Art

3. Der gut gepflegte Zeithaushalt

Grundgerüst, das man aber auch beim Studium der Rechte benötigt. Intensität, Urteilsvermögen und Qualität bündeln sich geradezu in der Fähigkeit, in einer beschränkten Zeit möglichst effektiv zu sein. Die Institution Hochschule verlangt Ihnen diese Fähigkeit nur selten ab, etwa in der Stresssituation einer Klausur. Viele Hochschullehrende sind selbst kein Vorbild in der Kunst, in einem vorgegebenen Zeitrahmen auch tatsächlich fertig zu werden. Tiefsinn lässt sich auf den ersten Blick nicht immer von der Unfähigkeit unterscheiden, mit der eigenen Zeit zu haushalten. Dabei wird Ihnen diese Fähigkeit in nahezu allen praktischen Berufen abverlangt werden, in den traditionellen Justizberufen ebenso wie in den wirtschaftsnahen Verwendungen für JuristInnen oder im Staatsdienst.

Den planvollen, gezielten Umgang mit Zeit muss man wollen. Werden Sie fertig! Kommen Sie zum Ziel! Entwickeln Sie den **Willen zum Ankommen**. Zeit ist und bleibt eines unserer kostbarsten Güter – man kann jede beliebige Zeiteinheit des eigenen Lebens in der Tat nur einmal ausfüllen.

Bewusste und planvolle Zeitnutzung ist zielabhängig. Es sei unterstellt, dass Sie das Fernziel der ersten juristischen Prüfung im Auge haben und tatsächlich ankommen wollen. Dieses Ziel ist mehr oder weniger weit weg und ziemlich abstrakt. Die konkrete praktische Schwierigkeit, vor der jeder Student steht, besteht in folgender Aufgabe: Wie schaffe ich es, die kleinen Unter- und Tagesziele sinnvoll und effizient auf das Hauptziel des Examens auszurichten? Große Ziele wie eine juristische Prüfung machen Angst, wenn es nicht gelingt, sie in kleine, erreichbare Tagesziele zu zerlegen.

Natürlich gibt es auch Zeitfallen, in denen die Zeit wie in großen schwarzen Löchern verschluckt wird. Kennen Sie das bedrückende Erlebnis, sich am Ende eines Tages, einer Woche, eines Monats, eines Semesters zu fragen, was Sie nun eigentlich aus Ihrer Zeit gemacht haben, und Ihnen nichts Rechtes einfällt? Untersuchen Sie einmal Ihren Tagesablauf. Meist sind es immer wieder dieselben neuralgischen Punkte, an denen wir unsere Zeit vergeuden. Zum Beispiel das Absitzen von Zeit in einer Vorlesung, die uns auch mit größter Mühe überhaupt nichts bringt, aber das angenehme Gefühl verleiht, etwas getan zu haben. Diese Sitzscheinmentalität bringt natürlich niemanden weiter, genauso wenig wie das zweifelhafte Erfolgserlebnis einer formalistischen Lektüre („Wieder 50 Seiten im Lehrbuch gepackt"). Es kommt nicht darauf an, wie viel Sie gelesen oder gehört haben, sondern darauf, was Sie verstanden haben und anwenden können. Das sind zwei ganz verschiedene Dinge. Der wichtigste Grundsatz des effektiven Umgangs mit Zeit heißt darum: Nicht handlungsorientiert, **zielorientiert denken**.

Um die eigene Zieldefinition und Zielerarbeitung auch subjektiv befriedigend zu erleben, sollten die jeweiligen Ziele unbedingt positiv formuliert werden. Das Ziel „Unklarheit vermeiden" ist zwar sinnvoll und lobenswert, aber für die eigene Befriedigung problematisch: Wenn die Tagesbilanz darin besteht, etwas mit Erfolg vermieden zu haben, will rechte Freude nur schwerlich aufkommen. Der zweite Mangel des genannten Beispiels besteht darin, dass die Erreichung eines so abstrakt formulierten Zieles am Ende schwer nachprüfbar ist. Ziele sollten deshalb so konkret wie möglich formuliert werden. Daraus folgt der zweite Grundsatz: Ziele **positiv** und so **konkret** wie möglich **definieren**!

Ziel- oder ergebnisorientiertes Denken und Handeln lässt sich mit der Beachtung von ein paar Prinzipien verhältnismäßig leicht erlernen. Die Grundsätze können hier nur kurz geschildert werden, praktisch erproben müssen Sie sie ohnehin selbst. Dieser Weg ermöglicht Ihnen auch eine systematische Rückkopplung über Ihren eigenen Tagesablauf und die bewusste Einplanung von Zielen einschließlich der weiter reichenden Fernziele. Ein bewusster Zeithaushalt strukturiert Ihren Tagesablauf, die schwarzen Zeitlöcher lassen sich damit kontrollieren und beseitigen. Außerdem verschaffen Sie sich auf diese Weise selbst Erfolgserlebnisse. Das ist außerordentlich wichtig in der Durststrecke eines jahrelangen Studiums, denn Erfolgserlebnisse werden Sie an der Universität nur sehr sparsam finden können. Versuchen Sie es einfach, basteln Sie sich Ihr eigenes System zurecht. Dritte Grundvoraussetzung: Die Infrastruktur muss stimmen. Ihr wichtigstes Hilfsmittel. Das **Zeithaushaltsbuch**.

Im Handel gibt es inzwischen eine Fülle solcher Bücher (Zeitplaner), die nicht mit einem kleinen Kalender verwechselt werden dürfen. Man kann sich ein solches Buch auch selbst gestalten, etwa ein

3. Der gut gepflegte Zeithaushalt

Ringbuch mit dem Vorteil verschiebbarer Seiten. Die folgenden Prinzipien sind methodische Hilfsmittel bei der Selbstorganisation , die sich bewährt haben und die Sie bei der Pflege Ihres eigenen Zeithaushaltes in Betracht ziehen sollten.

Erstes Prinzip: Ein Blatt pro Planungsabschnitt. Eckpunkt Ihres Zeithaushaltes ist die Tagesplanung: jeder Tag ein Blatt. Daneben können Sie weiterliegende Ziele in Wochen-, Monats-, Vierteljahres-, Semester-, Jahres- und Mehrjahresplanungen eintragen. Die Wochen-, Monats-, Semester- und Jahresplanung wird wiederum auf eigenen Seiten eingetragen. Arbeiten Sie sich vom zeitlichen Fernhorizont (Jahres-, Mehrjahresplanung) zum Nahziel vor und bringen Sie die dazu erforderlichen Teilschritte in Ihrer Semester-, Monats- und schließlich Tagesplanung unter.

Zweites Prinzip: Schriftlichkeit der Planung. Arbeiten Sie grundsätzlich schriftlich. Am Anfang werden Sie dafür vielleicht 20 Minuten oder auch etwas länger benötigen. Nach kurzer Erprobungsphase werden Sie so viel Routine entwickeln, dass Sie ohne Mühe mit 5 bis 10 Minuten täglich hinkommen können. Wichtig ist die Regelmäßigkeit der täglichen Übung.

Drittes Prinzip: Zielklarheit bei Kurz-, Mittel- und Langfristzielen. Verschaffen Sie sich Klarheit, in welchen Zeiträumen Sie Ihre Ziele erreichen wollen. Stellen Sie Ihre Zeithorizonte ein. Die zeitlichen Fernhorizonte werden in die Nahhorizonte und schließlich die entsprechende Tagesplanung in kleine Zwischenziele übersetzt. Dafür müssen Sie Ihre Ziele strukturieren und in Zwischenschritte zerlegen.

Viertes Prinzip: Prioritätenbildung. Gewichten Sie Ihre Tagesziele von sehr wichtig, über wichtig bis weniger wichtig. Bei der Tagesplanung gehört das Wichtigste an den Anfang. Dafür können Sie ein eigenes Abkürzungssystem entwickeln. Manche wählen dafür Zahlen („1 – 2 – 3-Methode"), andere Buchstaben („A – B – C").

Fünftes Prinzip: Planung für den nächsten Tag. Machen Sie Ihren Tagesplan am besten am Tag vorher, wenn Sie Ihren Arbeitstag beenden. Auf diese Weise setzen Sie eine Zäsur zwischen Arbeit und Freizeit. Außerdem strukturieren Sie bereits den nächsten Tag vor. Ihr Unbewusstes hat so die Gelegenheit, sich auf den nächsten Tag einzustellen.

Sechstes Prinzip: Zeitschätzung. Schätzen Sie für jede geplante Aufgabe möglichst genau die zu ihrer Erledigung voraussichtlich erforderliche Zeiteinheit und legen Sie sie im Tagesablauf auf bestimmte Uhrzeiten fest.

6. KAPITEL — Arbeitstechniken

Siebtes Prinzip: Zeitreserven bilden. Ein Zeithaushalt wird zur Falle, wenn keine Luft darin steckt. Irgendetwas kommt immer dazwischen und oft genug gehen die Dinge schief. Lothar J. Seiwert empfiehlt deswegen, von vornherein 40 % bis 50 % Reservezeiten einzuplanen. Da Studierende ihren Tagesablauf i. d. R. störungsfreier planen können als Manager, dürfte ein Anteil von 30 % Reservezeit ausreichen. Solche Zeitreserven sind nötig, denn es ist schlicht unmöglich, das individuelle Lernen auf Minuten genau vorzuprogrammieren. Hinzu kommen die unvermeidlichen Formschwankungen. Wer kennt das nicht – mal läuft das Lernen hervorragend, dann wieder haben Sie ein Brett vor dem Kopf und verstehen überhaupt nichts. Dagegen hilft nur, einerseits die eigene Frustrationstoleranz zu trainieren und andererseits im Zeitplan Luft zu lassen, um solche Schwierigkeiten handhaben zu können.

Achtes Prinzip: Aufgabenkatalog für Routinetätigkeiten. Bilden Sie Ihre eigene Standardcheckliste mit regelmäßig wiederkehrenden Aufgaben (Lektüre, Klausurentraining, „Vokabeln" lernen, Einkäufe, Telefonate etc.) und legen Sie sich ein eigenes Abkürzungssystem an. Mit solchen Checklisten vergisst man weniger leicht alltägliche Arbeiten, die man auch irgendwie in seinem Tagesablauf unterbringen will oder muss.

Neuntes Prinzip: Ankommen. Zielorientiertes Denken braucht Fristsetzung. Sie erleichtert das Ankommen. Setzen Sie sich für jede Aufgabe einen Endtermin, bis wann Sie Ihr Ziel erreichen wollen, und vermerken Sie dies in Ihrer Tagesplanung. Sie können bei längerfristigen Aufgaben entsprechende Warnungen in der Wochen- oder Monatsplanung vormerken.

Zehntes Prinzip: Nur eine Sache auf einmal erledigen. Lassen Sie keine halb angefangenen Sachen liegen. Schließen Sie erst eine Aufgabe ganz ab, bevor Sie mit der nächsten beginnen. Ineffektiv ist es, mehrere Dinge gleichzeitig zu bearbeiten und immer mit neuen Dingen zu beginnen. Die Kunst, sich in eine Sache bis zum Ende zu vertiefen, hat viel mit Qualität zu tun.

Elftes Prinzip: Ablenkungen und Störungen in der verplanten Zeit ausschalten. Es klingt etwas garstig, aber für einen gut gepflegten Zeithaushalt ist es unumgänglich, dass Sie während Ihrer privaten Arbeitszeit Ablenkungen und Störungen nach Möglichkeit kontrollieren. Eine Menge Störungen lassen sich ausschalten, wenn man es will. Soziale Kontakte sollten Sie nach Ihrer Arbeitszeit pflegen. Dazu gehört es auch, den eigenen spontanen Impulsen in der Arbeitszeit nicht nachzugeben („… nur mal eben telefonieren …"). Die Möglichkeiten sind hier unabsehbar und jeder hat sein eigenes Reservoir an lieb gewonnener Ablen-

3. Der gut gepflegte Zeithaushalt

kungsarten. Wenn Sie effektiv Ihre Ziele erreichen wollen, verschieben Sie die Befolgung von spontanen Impulsen auf Ihre Freizeit.
Zwölftes Prinzip: Vorbereitung. Behalten Sie die Planung für die nächsten Wochen im Blick und ergreifen Sie die richtige Vorbereitung, die notwendig ist, um die geplanten Ereignisse auch verwirklichen zu können. Haben Sie beispielsweise schon das Lehrbuch gekauft oder bestellt für das Gebiet, mit dem Sie nächste Woche anfangen möchten, oder haben Sie sich schon um den Praktikumsplatz beworben für das Praktikum in der vorlesungsfreien Zeit? Manche Dinge brauchen eine lange Vorlaufzeit, auch wenn die erforderliche Handlung nur in einer Anmeldung besteht.
Dreizehntes Prinzip: Nachkontrolle. Haben Sie Ihre Tagesziele heute erreicht? Entscheiden Sie und arbeiten Sie Ihren Tagesplan für den abgelaufenen Arbeitstag ab: Ziel erreicht – abhaken; Ziel nicht mehr wichtig – streichen; Ziel nicht erledigt, aber immer noch wichtig – auf einen der nächsten Tage übertragen. Manche geben ihrem Tag auch eine Gesamtbewertung. Wenn Sie Ihre Tagesziele erreicht haben, haben Sie guten Gewissens frei. Erledigt ist erledigt.

Diese Liste können Sie beliebig um Grundsätze, die Sie für sich entdecken und die Ihnen wichtig sind, erweitern. Entwickeln Sie eigene Merkposten und Kriterien für Qualität, für geistige Abenteuer in Ihrem Fach, für private Experimente oder was Ihnen sonst wichtig und wertvoll ist. Probieren Sie es einfach aus.

Ein effizienter Zeithaushalt bedeutet, die eigene Kraft zu bündeln und auf den Punkt zu konzentrieren. Es ist schwer vorstellbar, dass Sie in solcher Weise gebündelte Energie für das Lernen länger als sechs bis maximal acht Stunden (netto) pro Tag aufbringen können. Jenseits dessen sind wahrscheinlich auch Sie – jedenfalls über längere Zeiträume gesehen – nicht mehr wirklich aufnahmefähig. Vergessen Sie auch nicht, in Ihrem Tagesablauf ausreichend Pausen einzuplanen. Physiologisch sinnvoll ist es, alle 45 bis 50 Minuten eine zehnminütige Pause einzulegen. Trainieren Sie sich dabei einen persönlichen Zeit- und Tagesrhythmus an, der Ihrer persönlichen Leistungskurve entspricht. Genießen Sie dabei die studentische Freiheit, keine festen Arbeitszeiten zu haben. Wenn Sie Morgenmuffel und Nachtarbeiter sind, kann Ihr Tagesablauf anders aussehen als bei einem Frühaufsteher und Morgendenker.

Ein vorsorglicher Hinweis gegen einen möglichen Einwand sei an dieser Stelle angebracht. Manche werden die Idee eines bewussten Zeithaushaltes als spontaneitätsfeindliche Leistungsideologie kritisieren und die dahinter steckende Effektivitätsgläubigkeit ablehnen. In Wahrheit verschließt ein bewusst geordneter Zeithaushalt nicht Zeitspielräume, sondern eröffnet zusätzliche Freiräume für andere Ziele, die Sie sich selbstverständlich auch spontan setzen können. Sie können aber auch Ziele aller Art in Ihren Zeithaushalt mit einplanen und dafür bestimmte Zeiten reservieren. Im Ergebnis werden Sie die angenehme Erfahrung machen, mit einem gut gepflegten Zeithaushalt nicht weniger, sondern mehr freie Zeit zur Verfügung zu haben.

4. Grundregeln des Selbststudiums

Studieren heißt oft auch, einsam vor sich hin zu arbeiten. Wilhelm von Humboldt hat die Idee der Universität geradezu mit den Leitbegriffen „Einsamkeit und Freiheit" beschrieben. Dabei entspricht der Individualität der Menschen ihre ganz persönliche Art zu lernen.[14] Der Glaube an eine objektiv vorgegebene Methode, die man für das persönliche Fortkommen nur zu beherrschen habe, ist schlicht falsch. Dieser Irrglaube verstellt nur den Weg für die Aufgabe, die darin besteht herauszufinden, welcher Lerntyp man selbst ist. Erfolgreiches Lernen hängt zuallererst davon ab, dass man sein eigenes Lernverhalten wahrnimmt und sich darauf einrichtet. Nur demjenigen, der eine klare Vorstellung von den Bedingungen hat, unter denen er gut bzw. schlecht arbeiten kann, wird das Verständnis für und die Freude an der Sache, das Lernen mit Biss also, gelingen. Beispielsweise fördert Musik von *J. S. Bach* bei einigen die Konzentration, andere werden schon vom kratzenden Geräusch ihres eigenen Füllfederhalters aus der inneren Ruhe gebracht. Die optimale Lernverfassung liegt – individuell verschieden – irgendwo zwischen den Polen totaler Routine und wilder Spontaneität. Beides allein führt zu nichts, es sei denn zu ermüdender Langeweile auf der einen, Orientierungslosigkeit auf der anderen Seite. Routine braucht Abwechslung, Spontaneität Konstanz. Bei aller Individualität gibt es

4. Grundregeln des Selbststudiums

auch beim Selbststudium einige Regeln, denen mehr oder weniger jeder Lernprozess unterliegt.

(1) Verständnis lässt sich nicht erzwingen:

Mit Gewalt erschließen sich geistige Zusammenhänge kaum. Vor allem die erste Phase des Lernens, das Erschließen eines unbekannten Textes, muss deswegen stressfrei erfolgen. Stressfaktor Nr. 1 ist Zeitdruck. Verstehen und Begreifen unter innerem Druck sind schwerlich möglich.

Was man sich selbst dagegen abverlangen kann, ist eine gewisse Arbeitsdisziplin: dass man etwa einen Arbeitsplan macht, bestimmte Arbeitsstunden einhält und sich einen festen Arbeitsrhythmus antrainiert. Der Abschnitt oben über den gut gepflegten Zeithaushalt gibt dazu einige Anregungen.

Wenn es partout nicht geht, kann man eine Pause einlegen oder einen anderen Zugang versuchen. Das krampfhafte Festhalten an einer Lernmethode führt nicht immer weiter. Beispielsweise lässt sich das Lehrbuch wechseln – auf fast allen Rechtsgebieten gibt es eine genügend große Auswahl. Der Experimentierfreude sind keine Grenzen gesetzt. Noch ein Wort zum Arbeitsplan. Solche Pläne sind gut, bleiben aber nicht selten Manifestationen guter Vorsätze, die die Realität weit hinter sich lassen. Diese Kluft tut sich unvermeidlich bei übervollem Arbeitspensum auf. Will man nicht in unnötigen Stress geraten, ist es sehr wichtig, genügend unverplante Reservezeiten frei zu halten. Ein inhaltlich falscher, aber auch ein zeitlich falsch strukturierter Arbeitsplan kann zur Selbstüberforderung führen. In diesem Fall müssen die Zwischenziele in der Zeitplanung und die Arbeitsmethoden überdacht werden.

(2) Das Verstehen nimmt einem niemand ab:

Die schönsten Lehrbücher, gekaufte Karteikarten oder ganze Bibliotheken nützen nichts, wenn man sie sich nicht zu eigen machen kann. Verstehenstätigkeit ist ein produktiver Arbeitsvorgang, der sich durch keinen Umweg umgehen lässt. Bei allem technischen Fortschritt im digitalen Zeitalter müssen Texte einstweilen immer noch im traditionellen Selbstleseverfahren erarbeitet werden. Ein Zuviel an geistiger Infrastruktur – beispielsweise der Gebrauch von mehreren Büchern und Skripten gleichzeitig – kann dabei hinderlich wirken und vom Erarbeiten nur abhalten. Auch stupides Auswendiglernen genügt nicht. Vokabelarbeit ist zwar für Juristen eine lästige Pflicht. Im Vordergrund stehen jedoch die Problemzusammenhänge, die man durch Auswendiglernen allein nicht zu durchschauen lernt. Auch beim Selbststudium kommt es darauf an, selbst etwas zu tun. Das ist nicht nur persönlich befriedigender, sondern es garantiert auch den größten Lernerfolg. Die Behaltensquote liegt bei bis zu 90 %. Aktivität wird freigesetzt, wo der fremde Text zum Dialogpartner wird, zum Beispiel dadurch, dass man sich vor der Lektüre Fragen an ihn zurechtlegt, wobei später zu prüfen ist, ob die Fragen den Text wirklich erfassen. Auch der noch so fleißige Besuch eines Repetitors oder noch so eifriges Kopieren können nur Hilfsmittel zum Zweck sein, in die Materie einzudringen. Das Verständnis ist dann gelungen, wenn man den Stoff in die eigene Sprache „übersetzen" kann *(F. Haft)*.

(3) Von der Schwierigkeit, das richtige Buch zu finden:

Für Ihr Selbststudium brauchen Sie ein gescheites Buch oder Skript. Fachliteratur ist häufig spröde, zumal für den Anfänger. Lehrbücher machen nicht immer eine Ausnahme, allemal gilt auch hier ein guter Ratschlag:

> Wenn die Literatur oder viele Bücher zu kennen unsere Absicht ist, so muss man viel lesen. Allein um viel Nutzen vom Lesen zu haben, muss man wenig und gut lesen. Wer viel liest, behält wenig. Die große Menge Bücher, die alle Messe herauskommt, ist ein großer Verderb. Der Geschmack, viel und obenhin zu lesen, wird allgemein. Manches Buch, welches viel Revolution anrichten könnte, wird nicht verstanden oder nicht gelesen. (Kant)

4. Grundregeln des Selbststudiums

Die Auswahl des für Sie richtigen Lehrbuchs ist ein ganz entscheidender Schritt zur Aneignung eines Stoffes. Sie müssen anbeißen, und was nützt Ihnen das hochgelobte, vom Professor empfohlene Lehrbuch, wenn Sie es langweilig, unverständlich, nichts sagend oder zu schwer finden? Nichts! Ein falsch gekauftes Buch kann sogar regelrecht gefährlich sein, wenn es anklagend im Buchregal steht und Sie nicht nur Ihr Geld dafür vertan haben, sondern womöglich auch noch Ihre Zeit mit seiner Lektüre. Hinterher wundern Sie sich dann, dass Sie eigentlich nichts gelernt haben und trotz so viel Fleißes durch die Klausur gefallen sind. Einfach ärgerlich! Halten Sie sich auch hier lieber an Altmeister *Johann W. Goethe:*

> Lehrbücher sollen anlockend sein; das werden sie nur, wenn sie die heiterste und die zugänglichste Seite der Wissenschaft darbieten.

Das Trainieren des Urteilsvermögens fängt schon bei der Auswahl geeigneter Studienliteratur an. Bei der Fülle von Lehrbüchern, Skripten und Kommentaren allein zu einem Stoffgebiet ist es nicht einfach, sich ein eigenes Urteil zu bilden. Da hilft nur der sorgfältige Vergleich, am besten im Hinblick auf ein bestimmtes Sachproblem. Es lohnt sich, hierauf einige Mühe zu verwenden. Die Ausbildung des Urteilsvermögens braucht Zeit. Deswegen ist es sinnlos, sich zu früh auf ein bestimmtes Lehrbuch festzulegen. Erst genau hinsehen, dann kaufen. Der Vergleich schärft Ihren Blick.

Gerade für Anfänger hat sich der Griff zu dem zwar bekannten, aber sehr komplexen Standardlehrbuch nicht immer bewährt. Ein knapper und klarer Grundriss, mit dem man sich möglichst schnell einen Überblick über die gesamte Materie verschaffen kann, ist oft sehr viel hilfreicher. Die Grundbegriffe müssen Ihnen erst einmal klar werden. Von da aus können Sie sich dann auch an Details und komplizierte Zusammenhänge heranmachen. Bewährt hat sich auch eine Mischung aus fallorientiertem und systematischem Lernen. Mit Fallsammlungen allein lernen die wenigsten systematische Zusammenhänge, mit systematischen Lehrbüchern ohne Fallbezug allein keine Falllösung. Eine Warnung sei schließlich auch vor den ganz dicken, enzyklopädischen Werken angebracht. Als Lernbücher sind sie meistens weniger gut geeignet, weil zu umfangreich. Außerdem droht hier oft die Gefahr, vor lauter Bäumen den Wald nicht mehr zu erkennen. Nach einer gewissen Zeit der Suche und des Experimentierens sollten Sie sich mit sich selbst auf das Prinzip der klugen Beschränkung verständigen: Es hat keinen Sinn, aus zehn verschiedenen Büchern und Skripten zugleich zu lernen. Wenn Sie Ihre Handbibliothek in Ruhe und ohne Überstürzung aufbauen, haben Sie ein hervorragendes Lerninstrument in der Hand – und können dabei viel Geld sparen.

(4) Vorbereiten ist wichtiger als Nachbereiten:

Es gibt Länder mit einer Hochschultradition, bei der es zur Teilnahme an Lehrveranstaltungen ganz selbstverständlich dazugehört, dass alle Studierenden bestimmte Texte vorher gelesen haben. Wer dazu nicht bereit ist, hat in der betreffenden Veranstaltung nichts verloren.

Anders an deutschen Hochschulen . Es ist bei uns nicht oder jedenfalls nur selten üblich, sich auf Lehrveranstaltungen gezielt vorzubereiten. Wo das erwartet wird, können Dozent oder Dozentin oft denkwürdige Erlebnisse sammeln. Nicht wenige Studierende empfinden diese Erwartung offenbar als Zumutung und als empfindlichen Eingriff in ihre persönliche Freiheit. Meistens wird diese Art der Vorbereitung deshalb gar nicht erwartet. Es scheint, dass nicht sehr viele Dozierende und Hochschullehrende den Mut aufbringen, bei Vorlesung, Übung oder Seminar tatsächlich etwas von ihren Studierenden zu verlangen. (Das heißt übrigens noch lange nicht, dass deswegen die Klausuren und Prüfungsarbeiten auch einfach gestellt werden, eher gilt das Gegenteil.) Dementsprechend fallen die Veranstaltungen auch meistens aus – man denkt nicht mit, sondern hinterher. Später folgt dann die Nachbereitungsphase, oft genug folgt sie auch überhaupt nicht.

Mit dem Grundsatz aktiven Studierens hat das alles nichts zu tun. Gut und effektiv lernen kann nur, wer schon eine gewisse Vorstellung – ein Vorverständnis – von der Sache hat. Wer diese simple Wahrheit akzeptiert, kann leicht eine Strategie für den gewinnbringenden Besuch von Vorlesungen, Übungen, Seminaren und Arbeitsgemeinschaften entwickeln. Legen Sie sich vorher eine Orientierung über das Thema zu, das in der nächsten Veranstaltung besprochen wird. Bitten Sie den Professor oder den Dozenten um die Angabe des entsprechenden Themas und um eine Literaturangabe, mit deren Hilfe man sich einlesen kann – mit einer Flut von 20 Gerichtsentscheidungen und zehn Fachaufsätzen ist Ihnen nicht gedient. Sie werden merken, dass Sie auf diese Weise von jeder Lehrveranstaltung profitieren. Legen Sie sich bereits vorher Fragen zurecht, wenn Sie bei der Vorbereitung etwas nicht verstehen. Wenn Ihre Fragen sich nicht auflösen, stellen Sie sie! Und noch ein Vorteil: Die Nachbereitung wird Ihnen leicht fallen, Sie werden dafür nur noch wenig Zeit aufbringen müssen.

(5) Die innere Grundhaltung:

Für das erfolgreiche Verstehen der Sache ist die Grundhaltung zur Materie von erheblicher Bedeutung. Eine gute Lernhaltung wird von Sympathie für die Sache bestimmt. Das ist keine Frage der Intelligenz, sondern setzt die Fertigkeit voraus, sich trotz unvermeidlicher Enttäuschungen, Lustlosigkeiten und Frustrationen nicht entmutigen zu lassen. Der Elan des Studienanfängers ist manchmal schnell aufgezehrt. Wer Techniken entwickelt, mit persönlichen Enttäuschungen fertig zu werden, findet sehr viel leichter zu jener Grundhaltung. Patentrezepte gibt es hierfür am allerwenigsten. Die Bereitschaft zur Selbstkorrektur dürfte allerdings unverzichtbar sein. Noch einmal: Dazu gehört auch die Kunst, sich für weniger interessante Dinge zu erwärmen.

Schädlich ist dagegen alles, was die Neugier, den Grundantrieb des Lernens und die Urtugend der Wissenschaft abtötet. Nur mit der Kraft der Neugier, die gepflegt sein will, wird man Hartnäckigkeit in der Sache und die nötige Ausdauer für Durststrecken aufbringen können. Stumpfsinniges Pauken ist deshalb so gefährlich, weil es die Motivation und den Spaß an der Sache so schnell aufzehrt. Man baut dann leicht eine Arbeitshaltung auf, aus der heraus man kostbare Energien im Kampf gegen sich selbst und die eigene Lustlosigkeit vergeudet. Ermüdungs- und Verhärtungserscheinungen sind

6. KAPITEL Arbeitstechniken

der Preis. Neugier dagegen macht offen, und ohne Offenheit lassen sich Fragen nicht wirklich stellen.

(6) Die Kunst des Fragens:

Jeder Text lässt sich als Antwort auf eine Frage begreifen, die man freilich nicht immer sofort erkennt. Die zugrunde liegende, unausgesprochene Frage zu rekonstruieren ist eine gute Einstiegsmöglichkeit in schwierige Texte. Auch sonst ist richtiges Fragen eine Kunst. Eine gute Frage zu stellen bedeutet, die Antwort schon halb gefunden zu haben. Das ist kein Zufall, denn jedes Fragen ist selbst schon ein Akt der Interpretation, weil Fragen nie ganz richtungslos erfolgt. Je präziser eine Frage lautet, desto einfacher fällt eine klare Antwort.

Man kann Fragen sehr bewusst oder auch unbewusst stellen. Jeder fragt anders. Je nach seinem Vorverständnis tritt er in ein Gespräch mit dem Text ein und zielt damit in eine bestimmte Richtung. Dabei lassen sich grundsätzlich unterschiedliche Arten des Fragens aufschlüsseln. Eine wichtige Voraussetzung für effiziente Verstehensarbeit ist die Beherrschung der Technik des Fragens. Sie lässt sich trainieren. Im Selbststudium ist diese Technik praktisch bei der Ausarbeitung von Fragekatalogen oder Karteikarten umsetzbar. Ihr Wert besteht gerade darin, dass man die Frage, das Problem selbst formuliert und die Antwort aus dem Text zieht. Vorgefertigte Karteikarten mögen zwar professioneller sein. Der Lernwert eines fremd erstellten Denkbausteins verhält sich allerdings analog zum Wert eines Fertigmenüs. Wer seine Karteikarten selbst erarbeitet, dem dürfte die zweite Lernphase, das Aneignen auf Dauer, sehr viel leichter fallen als demjenigen, der von fremd erstellten, womöglich sehr kostspieligen Karten lernt. Diese Lernform bleibt nur zu oft ein Auswendiglernen von Halbverstandenem. Der Gewinn eines selbstangefertigten Denkbausteins liegt gerade in der Durchdringung und Strukturierung, was bei fremderstellten Karten verloren geht. Das Gleiche gilt auch für vorgefertigte Fragebücher zu Standardlehrbüchern. Als Hilfe sind sie zwar nicht schlecht, aber ein selbst gefertigter Fragenkatalog erleichtert das Verstehen. Wer diese Chance verschenkt, spart nur auf den ersten Blick Zeit.

Drei Grundrichtungen des Fragens lassen sich unterscheiden.

Erstens: das unbefangene, rein auf das Verstehen des Textes gerichtete Fragen. Es setzt sorgfältiges Lesen und eine gewisse Sympathie für die Sache voraus, sonst kommt man nicht in den Text hinein. Typisch sind die „Was ist damit gemeint?"-Fragen. Antworten darauf sollten knapp und klar zusammenzufassen sein. Wenn man nicht weiterkommt und keine rechte Antwort findet, lohnt sich der Versuch, die Frage neu zu formulieren, gegebenenfalls aus einer Frage zwei oder mehr Unterfragen zu machen. Diese Technik ist nicht nur effektiv, sondern sie ist auch wissenschaftlich. Jeder Autor hat Anspruch auf die Fairness, dass man sich um ihn bzw. das, was er zu sagen hat, bemüht. Das kann freilich nicht in jedem Fall gelingen, was nicht immer am eigenen Verstehenshorizont liegen muss. Es gibt Autoren, die nur wenige verstehen, andere, die keiner versteht – auch wenn das kaum jemand zugeben mag. Solche Autoren schreiben schlicht unverständlich.

Zweitens: die Phase der kritischen Reflexion. Sie setzt das Bemühen um Verstehen voraus. Konstruktive, ergänzende Kritik fragt nach Verbesserungsmöglichkeiten des Textes bzw. seiner Aussage. Sie müht sich um Vervollkommnung.

Eine **dritte Grundrichtung** des Fragens ist die andere Form der Kritik. Sie legt die Akzente auf Fehler, Irrtümer, falsche Ansätze und ist bemüht, diese nachzuweisen. Wer vorzeitig auf die kritische Reflexionsebene umschaltet, verfehlt leicht den Sinn von Texten, mit denen der Jurist ständig zu tun hat. Wer kritische Fragen ganz ausblendet, lässt sein Urteilsvermögen verkümmern und damit auch seine argumentativen Fähigkeiten. Jura ist eben mehr als die bloße Reproduktion von Wissen und erst recht mehr als die Wiedergabe von zusammenhanglosem Fallwissen.

(7) Aufbauendes Lernen:

Wer als Anfänger vor einem neuen Stoffgebiet steht, braucht erst einmal eine Grundorientierung, mit der sich das Neue strukturieren lässt. Diese Grundorientierung lässt sich nicht mit der anspruchs-

6. KAPITEL Arbeitstechniken

vollsten und wissenschaftlichsten Abhandlung gewinnen, die überdies Spezialprobleme detailliert erörtert. Als Faustregel gilt: Beginnen Sie mit einem einfachen Lehrbuch. Erst die Grundzüge, dann die Details. Der eher induktiv veranlagte Lerntyp zieht dabei Fallsammlungen vor, der deduktive greift zuerst zu einem die Systematik darstellenden Lehrbuch. Die meisten brauchen beides – Fallmaterial und Systematik. Lehrbücher und Skripten arbeiten mittlerweile häufig mit einer Kombination von beidem.

Grundbegriffe sollen gründlich geklärt und festgeklopft werden. Schwierige Probleme lassen sich zunächst zurückstellen – man kann nicht alles sofort und jederzeit verstehen. Wer den Einstieg „von unten" nicht wählt, sondern beim Spezialproblem beginnt, dem droht die völlige Orientierungslosigkeit im eigenen Wissensbre.. Auch in Klausuren hat ein zuverlässiges Grundgerüst eine wichtige Entlastungsfunktion. Beherrscht man die Grundzüge sicher, sollte sich auch juristisches Neuland leichter erschließen lassen. Die Lösung unbekannter Probleme erfolgt zum wesentlichen Teil über die Herstellung von Analogien zu ähnlich gelagerten Problemen. Das Erkennen von Ähnlichkeiten ist immer ein kreativer Vorgang, bei dem Unterschiedliches so miteinander vernetzt wird, dass die maßgebenden Gemeinsamkeiten sichtbar werden. Ein fester Bestand an Grundbegriffen und verfügbarem Problemwissen ist Voraussetzung für das Auffinden von Ähnlichkeiten.

Aber auch komplizierte Texte und schwierige Probleme müssen möglichst handhabbar in die eigene Sprache übertragen werden. Mit schlichtem Auswendiglernen ist es am wenigsten getan. Nur übersetzt in das eigene Denken lässt sich das Grundsätzliche mit dem schwierigen Detail verknüpfen und es besteht die Chance, das durchdachte Problem im Ernstfall rekonstruieren zu können. Im Studium kommt eine ganze Reihe von Einzelfragen auf Sie zu, die man sich niemals merken kann, es sei denn man kann sie den übergeordneten Gesichtspunkten richtig zuordnen. Das kritische Hinterfragen kann das Merken dabei auch erleichtern. Hat man verstanden, dass die Gerichte bei einer besonderen Sachlage eine ungerechtfertigte Ausnahme machen, kann man sich dies leichter merken, weil man weiß, dass es sich um einen Systembruch handelt.

Einfachheit lässt sich durch die vorrangige Orientierung am Normalfall und dessen Rechtsstruktur schaffen.

(8) Die handwerkliche Seite des Lernens:

Handwerk erlernt man nur durch Übung. Konsequente und konstante Arbeit gehört dazu. Sonst ergeht es dem Lernenden leicht wie dem Ruderer gegen den Strom in dem bekannten Vergleich: Stillstand bedeutet zurückzutreiben. Angesprochen ist damit vor allem die zweite Lernphase, die Aneignung des einmal Verstandenen. Sicherheit erlangt nur, wer sich das Angeeignete auch merken und damit operieren kann. Damit das Langzeitgedächtnis, auf das man in einem Examen einfach angewiesen ist, das Erlernte aufnimmt, ist Wiederholung in kurzen, später längeren zeitlichen Abständen unbedingt erforderlich. Das beginnt beim Lesen mit optischen Markierungen – aber nicht wahllos im Fünf-Farben-Stil. Alle modernen Technologien und raffinierten Textverarbeitungssysteme entlasten weder von der Anstrengung des Lesens noch von der des Verstehens.

Geübt werden soll der Blick fürs Wesentliche. Trainieren lässt er sich durch die Anfertigung überlegter, knapper Exzerpte, etwa auf Karteikarten in kleinem Format. Exzerpte sind altmodisch und mühsam, aber sie lohnen sich. Zur Strukturierungsarbeit sind sie unverzichtbar. Arbeiten Sie dabei nach der Maggi-Würfel-Methode: Verdichten einer Brühe aufs Wesentliche, um den Würfel in einer Klausur dann mühelos wieder zu einem Süppchen aufkochen zu lassen.

Karteikarten eignen sich für Übersichten, Definitionen und vor allem für durchdachte Probleme und Zusammenhänge. Bei Büchern kann man Fragen, auf die der Text die Antwort gibt, in Katalogen notieren und daneben einfach die Seite oder Randnummer des Buches angeben. Solche Fragenkataloge sind ausgezeichnete Hilfen für eine schnelle Wiederholung. Dem einen hilft dabei lautes Repetieren im Auf- und Abgehen, der andere muss sich die Zusammenhänge mit geschlossenen Augen klarmachen. Das kann nur jeder für sich herausfinden.

Stures Pauken nützt jedenfalls nichts. Den Widerwillen gegen die Arbeit sollte man nicht groß werden lassen. Es lernt sich besser und man behält leichter auf positiv gestimmter Grundlage. Ein fester täglicher Zeitanteil für Wiederholungsarbeit dient auch der Vertiefung des Verständnisses. Denn mit wachsendem Wissen werden bei der Wiederholung auch Zusammenhänge klar, die man bisher noch gar nicht wahrgenommen hat. Wiederholungsarbeit ist also keineswegs ein stumpfsinniges Geschäft, für das sie fälschlicherweise oft gehalten wird. Ohne sie vergisst man schneller, und es droht leicht die bedrückende Einsicht, dass alles mit allem in einem formlosen Wissensbrei irgendwie zusammenhängt. Dieser Mangel an Exaktheit wird in der Klausur in aller Regel schnell zum Verhängnis. Schließlich trainiert gute Wiederholungsarbeit das Urteilsvermögen, denn reflektierte Wiederholungsarbeit ist nichts anderes als der erneute Vollzug der Unterscheidung zwischen wichtig und unwichtig.

Manche Notiz wird sich bei diesem Arbeitsgang noch einmal verdichten lassen, manches wird als überflüssig erkannt und einfach wegfallen. Auch hier besteht der Mut zum Wesentlichen mindestens zu 50 % aus dem Mut zum Papierkorb. Vor allem die Grundbegriffe müssen regelmäßig aufgearbeitet werden, weniger das Spezial- und Detailwissen.

(9) Teamwork: Teamwork kann produktiv sein.

Die gemeinsame Vorbereitung auf eine Prüfung in Arbeitsgemeinschaften ist eine gute Hilfe, wobei die Gruppe nicht zu groß sein sollte. Besonders wichtig ist eine stabile und gut eingespielte Arbeitsgemeinschaft in der Vorbereitungsphase auf die erste juristische Prüfung. Absolute Zahlen kann es auch hier kaum geben. Als Faustregel gilt aber: Mehr als vier sind nicht mehr produktiv. Die vielfältigen Abstimmungsprozesse untereinander (was, wann, wo, wie lernen?) fressen Zeit und Energie, schließlich wachsen die gruppendynamischen Prozesse mit der Zahl der Teilnehmer. Die wechselseitige Kontrolle des Erlernten ist wegen der Reibungsverluste dann kaum mehr möglich.

Halbverstandenes lässt sich gemeinsam oft sehr gut klären. Ausgezeichnet kann man gemeinsam wiederholen, etwa durch gegenseitiges Befragen. Besonders fruchtbar wird die gemeinsame Arbeit sein,

4. Grundregeln des Selbststudiums

wenn jeweils einer für das vorher klar festgelegte Thema der Sitzung die geistige Verantwortung übernimmt. Das heißt konkret: besonders gute Vorbereitung von Fragen und Fällen, Ausarbeitung einer Ziellinie für den zu bewältigenden Stoff, die anderen in der Sitzung bis zu dieser Linie führen. Gemeinschaftliche Arbeit bietet schließlich die Möglichkeit, mit dem Problem überfüllter Seminare wenigstens etwas besser fertig zu werden. Wenn einer für die anderen mitkopiert, ist das eine ganz beachtliche Entlastung.

Auch die Universitäten bieten Arbeitsgemeinschaften an, meistens in der Anfangsphase des Studiums. In einigen Bundesländern sind die Anfänger-AGs Pflicht, in anderen ist ihr Besuch freiwillig. Diese AGs sind eine gute Lern- und Orientierungshilfe. Oft geben sich die Assistenten viel Mühe und man kann etwas lernen, nicht nur in der Sache, sondern auch in Bezug auf das juristische Sprechen, das in überfüllten Seminaren und Vorlesungen natürlich viel zu kurz kommt. Umso unverständlicher ist es, dass viele von dem Angebot keinen Gebrauch machen, zumal wenn AGs nicht zu studentischen Kernarbeitszeiten angeboten werden, sondern beispielsweise von 18–20 Uhr oder freitags von 16–18 Uhr. Es ist ein Fehler, die wenigen vorhandenen Möglichkeiten nicht zu nutzen.

Bei allem unbestrittenen Nutzen gemeinsamer Arbeit ist auch hier vor einigen Illusionen zu warnen. Zum einen setzen einige Hochschullehrende Programme ein, die überprüfen, in welchem Ausmaß Übereinstimmungen zwischen den Arbeiten bestehen, mit der Folge, dass bei zu enger Zusammenarbeit die eigene Arbeit nicht mehr als eigene Leistung anerkannt wird. Weiter ist Teamwork allein für die eigentliche Verstehensphase ungeeignet. Verstehensarbeit bleibt immer auch ein einsames Geschäft. Ein Zuviel an gemeinsamer Arbeit kann zum Selbstbetrug führen, wenn die Geborgenheit in der Gemeinschaft und ein angenehmer Diskussionsstil die Klärungs- und Kontrollfunktion der AG in den Hintergrund drängen. Man kann sich so das gute Gefühl verschaffen, aktiv zu sein, und damit das Bedürfnis nach einer sicheren Lernmethode befriedigen, ohne wirklich voranzukommen. Einen Ausweg bietet die erwähnte wechselnde geistige Verantwortung für das, was jeweils bei einer Sitzung herauskommen soll.

Besonders nachdrücklich ist noch einmal vor einem Zuviel an gemeinsamer Arbeit bei Hausarbeiten zu warnen. Die Orientierung an der herrschenden Seminarmeinung kann nicht nur falsch sein. Vor allem besteht die Gefahr, dass man selbst nicht fähig wird, Wesentliches von Unwesentlichem zu unterscheiden, wenn man nur die herrschende Seminarmeinung nachvollzieht. Die Sicherheit der großen Zahl ist für juristisches Lernen trügerisch. Selbst wenn die eigene Arbeit schlecht beurteilt wird, ist das keine Katastrophe für den, der aus seinen Fehlern lernen will. Wird man aus den Korrekturanmerkungen und der Besprechung nicht schlau, steht der Weg zum Übungsleiter offen. Die meisten, die diesen Weg gehen, werden über die Auskunftsbereitschaft angenehm überrascht sein.

(10) Zur Erinnerung:

Intensität, Qualität und Urteilskraft. Ziel des juristischen Lernens ist es unter anderem, sich ein eigenes und sachlich gut fundiertes Urteilsvermögen zu erarbeiten. Schließlich ist es bei aller Breite juristischer Tätigkeitsfelder immer auch die berufliche Aufgabe des Juristen, eigenverantwortliche Entscheidungen zu treffen. Urteilsvermögen ist kein Selbstzweck, sondern Voraussetzung für die Unterscheidung von Wesentlichem und Unwesentlichem, von mittelmäßiger, schlechter und guter Arbeit – mit anderen Worten der Maßstab für juristische Qualität. Qualität ist mehr als reines Sachwissen. Eine Arbeit, die richtig gelöst ist und alle Probleme erörtert, kann trotzdem nur mit 6 oder 7 Punkten bewertet werden, wenn die Qualität nicht stimmt. Kriterien für Qualität sind etwa Aufbau, Stringenz der Argumentation, Präzision der Sprache, genaues Zitieren der Rechtsvorschriften, richtige Gewichtung, keine Überflüssigkeiten, Klarheit der Gedankenführung, sichtbare Anwendung der Methodenregeln, Sachlichkeit usw. Qualität überzeugt ganz von selbst, ohne dass es weiterer Erklärungen bedarf.

Urteilsvermögen kann man sich nicht abstrakt per Beschluss aneignen. Es muss an allgemeinen Problemen des Selbststudiums und konkreten juristischen Sachfragen geschult werden und wachsen. Urteilsvermögen braucht Selbstvertrauen. Das größte Hindernis für

4. Grundregeln des Selbststudiums

die Bildung eines selbstständigen Urteils ist die Furcht. Stofffülle, die Flut der Ausbildungsliteratur, Unübersichtlichkeit, überfüllte Hörsäle und Seminare, manchmal auch die persönliche Gemütslage, Schein- und Examensdruck tragen dazu bei. Diese Furcht kann sich bis zur Angst steigern, die lähmt, mut- und kraftlos macht. Wo die Angst regiert, wird das Urteilsvermögen korrumpiert. Patentrezepte gegen sie gibt es nicht. Nur fachlich begründetes Selbstvertrauen kann Furcht überwinden. Selbstvertrauen muss wachsen.

Selbstüberforderung fördert notwendig Furcht, da man sich nur als Versager erlebt. Erreichbare Erfolgserlebnisse in kürzeren Abständen sind darum wichtig. Sie hängen von den Zielen ab, die man sich selbst setzt. Wer immer nur das ganz große Ziel Examen vor Augen hat, den holt die Furcht vor der Kraftlosigkeit immer wieder ein – vergleichbar mit dem Bergsteiger, dessen Blick stets auf den unerreichbar fern erscheinenden Gipfel gerichtet ist. Um vorwärts zu kommen, muss er seine unmittelbare Umgebung genau fixieren und sorgfältig Schritt für Schritt tun.

Furcht steckt an. Paniker, die sich nicht helfen lassen, sollte man meiden, ebenso großmäulige Alleswisser, die ihr bescheidenes Ego auf fremde Kosten sanieren müssen. Für einige ist es offenbar ungemein tröstlich, andere als unterlegen zu erleben, indem sie sie permanent mit der vermeintlichen Fülle des eigenen Wissens konfrontieren und dabei Triumphgefühle einfahren.

Furcht besiegt man nur durch Training, indem man sich gut rüstet gefürchteten Situationen ausliefert, etwa über das erforderliche Mindestmaß hinaus Klausuren schreibt. Furcht lässt sich kaum per innerer Beschlussfassung beseitigen. Es kann lediglich um den sinnvollen Umgang mit der eigenen Furcht gehen, um sie für das eigene Lernen fruchtbar zu machen. Eine Arbeitsstrategie, die kritische Situationen ganz gezielt umgehen möchte, potenziert sie dagegen nur.

Man kann es mit dem Training aber auch übertreiben. Studienprobleme dürfen nicht die Persönlichkeit zerstören und Besitz von einem ergreifen. Es ist ein sicheres Warnzeichen, wenn das Abstandnehmen von der Arbeit am Abend über längere Zeiträume hinweg nicht mehr gelingt (Mühlsteine im Kopf). Aktive Entlastungen wie

Sport, Musik, autogenes Training etc. sind vielen eine nützliche Hilfe, um Abstand von der Sache nehmen zu können.

Eine Minimum-Mentalität fördert die Furcht vor Prüfungssituationen kaum weniger als die Selbstüberforderung. Wer sich bei den kleinen Scheinen überall mit schwach ausreichenden Leistungen zufrieden gibt und seine Bemühungen für den Rest des Semesters einstellt, der wird später sehr schnell ins Schwitzen geraten. Mangels zuverlässiger Grundbegriffe ist er rasch hilflos.

Schließlich: Haben Sie den Mut, auch mal einen Fehler zu machen.

7. Kapitel

Aus Fehlern lernen

1. Qualitätskontrolle

Die bundesdeutsche Universitätslandschaft ist nicht fehlerfreundlich. Fehler im eigenen Lernprozess und Falschverstandenes werden oft nicht rechtzeitig erkannt und zu spät korrigiert. Die Hilfestellungen und Trainingsmöglichkeiten, die die Universität bietet, reichen kaum aus. Eine Ursache liegt darin, dass richtiges Lernen einfach vorausgesetzt wird. Auch um die eigene Qualitätskontrolle muss jeder Studierende sich selbst kümmern. Eines der schwierigsten Probleme des Selbststudiums besteht darin, dass man sich unvermeidlich auch Falsches aneignet. Falsches muss korrigiert werden. Die Universität kann das nicht leisten. Die Scheine bewirken keine effiziente Kontrolle, da der Stoff thematisch auf eine Auswahl beschränkt bleibt und nicht flächendeckend ist. Ohne eine ausreichende **Rückkopplung** verläuft aber jeder Lernprozess mehr oder weniger ungesteuert. Fortuna behält das letzte Wort. Wer das erst in der Prüfungsklausur wahrhaben will, wacht unter Umständen ziemlich unsanft aus dem Dornröschenschlaf selbstprojizierter Qualitätsgläubigkeit auf.

Von der Abstraktion ins Konkrete: Wer kennt nicht das Erlebnis, nach einer vermeintlich optimalen Vorbereitung und einem guten Gefühl eine Klausur mit miserablem Ergebnis geschrieben zu ha-

7. KAPITEL — Aus Fehlern lernen

ben – trotz einer Klausurenbesprechung, die das Gefühl, im Wesentlichen richtig zu liegen, noch bestärkt hat. In solchen Fällen ist meistens etwas Grundsätzliches falsch gelaufen. Ohne Rückkopplung werden auch grundsätzliche Fehler nicht rechtzeitig eliminiert. Falsche Einsichten haben so die Chance sich festzufressen – und kommen im ungünstigsten Fall just im Examen zu unerfreulicher Geltung.

Bei der Idee der Fehlerlehre geht es aber nicht nur um Qualitätskontrolle, sondern auch um die Optimierung des Selbstlernprozesses. Wir lernen in unserem Leben eine Menge durch Pannen. Die Optimierung des Lernens durch Pannen beruht auf der einfachen Prämisse, dass die Einsicht ins Negative den Weg zur richtigen Lösung eines Problems oft besser und nachhaltiger ebnet als lediglich lehrbuchmäßig aufgesogenes und unverdautes Wissen. Auf die Verarbeitung kommt es an, und dafür sind erkannte und korrigierte Irrtümer gute Orientierungspunkte. Denn das bewusste Lernen an eigenen Fehlern ist besonders gut geeignet, die Strukturen des juristischen Denkens transparent zu machen: Durch das Hin- und Herwandern des Blicks zwischen falsch und richtig wird die Systematik oft erst wirklich fassbar. Diese Vorgehensweise ist nicht nur für das Erkennen von Detailstrukturen hilfreich, sondern sie weitet auch den Blick für typische Fehlerstrukturen.

Zunächst wird freilich jedes bewusste Lernen aus und an Fehlern etwas Willkürliches und Unsystematisches haben: Fehler werden erst einmal gesammelt, so wie sie einem eben unterlaufen.

Sind einige Fehler beisammen, kann man an die Auswertung gehen. Es werden sich rasch bestimmte Fehlergruppen ausmachen lassen, die man nach Art eines Kataloges gruppieren kann, so wie das auch bei den unten – zur Anregung, nicht zum Nachmachen – vorgestellten Fehlern versucht wird. Allein dadurch wird der gewaltigen Tücke der Fehler schon einiges an Kraft genommen, denn auch das Falsche folgt eigenen Gesetzlichkeiten. Die Welt der Fehler ist keineswegs strukturlos und chaotisch. Das bewusst fehlerorientierte Arbeiten gibt also weder den Anspruch auf Richtigkeit noch den auf Systematik auf. Im Gegenteil – es macht sich Ausrutscher als Fingerzeige auf korrekturbedürftige Stellen im eigenen Denkgebäude nutzbar und will so das Erarbeiten richtigen Wissens erleichtern. Eigene Fehler sind ganz konkrete und höchstpersönliche Hinweise auf neuralgische Punkte, also ein Angebot an die eigene Lernfähigkeit und eine Chance, die Sie bewusst ergreifen können, wenn Sie wollen.

Da jeder Fehler sich auch als ein falsch gelöstes Problem begreifen lässt, ist er eine Aufforderung, das zugrunde liegende Problem erst einmal klar beim Namen zu nennen, was oft am schwierigsten ist und nicht selten kriminalistisches Gespür voraussetzt. Das anschließende Durchdenken des Problems sieht dagegen häufig einfacher aus. Dieses Verfahren ist anfänglich mühsam und tastend, aber es lohnt sich, denn für gute Arbeit zählen letztlich nur die durchdachten Probleme, nicht unbedingt die Menge der gelesenen Literatur. Für dieses Verfahren spricht nicht zuletzt die wachsende Stofffülle, die zunächst nur Schrecken einjagen kann: Wo soll man anfangen, wie alles behalten? Die Auswahl und Konzentration auf einige Schwerpunkte sind unbedingt notwendig. Die Reformulierung und das anschließende Durchdenken des Problems, auf das der Fehler hinweist, helfen bei der Schwerpunktorientierung. Dabei geht es auch um ein elementares Verstehensproblem. Vom begriffenen Problem ist der Weg zur Lösung oft nicht weit, denn das Begreifen eines Problems erzeugt Überschaubarkeit – und damit eine wichtige Voraussetzung seiner Lösung.

Für dauerhaftes Wissen, wie man es für Prüfungen braucht, lassen sich drei Arbeitsphasen unterscheiden:

- Das **Durchdringen** eines fremden Stoffes: die eigentliche Verstehensphase.
- Das **dauerhaft Aneignen** des Verstandenen: die Wiederholungs- und Vertiefungsphase, zu der auch die Strukturierung und die kreative Erweiterung des Stoffes gehört.
- Die **schöpferische Wiedergabe** des Erlernten: die Anwendungsphase.

Das Konzept des bewussten Lernens aus eigenen Fehlern basiert tatsächlich auf nichts anderem als einer mit System betriebenen Selbstkritik – und damit einer bewusst eingeschalteten Rückkopplungsebene. Der Blick richtet sich dann zwangsläufig auf Fehlerquellen, wobei die Fähigkeit zur Selbstkritik schon früher einsetzen sollte, nämlich mit der Frage, ob man für das Studium der Juristerei überhaupt hinreichend motiviert ist (siehe dazu den Motivationstest im Anhang S. 213 ff.). Bei Bejahung dieser Frage besteht die Kunst darin, trotz eigener Fehlleistungen die Freude an der Sache zu erhalten und sich nicht verunsichern zu lassen. Da produktives Lernen stets auch über Irrtümer und Fehler erfolgt, gilt es, diese als nützliche Orientierungspunkte zu nutzen – und nicht als persönliches Versagen zu begreifen. Dafür braucht man so etwas wie den **Mut zum Fehler**.

Jeder macht Fehler. Bekanntlich ist es menschlich zu irren, so menschlich, dass schon ein Menschenrecht auf Irrtum propagiert worden ist (*Bernd Guggenberger*). Trotzdem bleiben Fehler unangenehm. Mut zum Fehler bedeutet einmal, dass man mit der Unvermeidlichkeit des Fehlermachens rechnet, auch wenn die mangelnde Vollkommenheit manchmal schmerzen mag. Wer sein Wissen grundsätzlich als vorläufig und also verbesserungsfähig begreift, wird mit diesem psychologischen Problem leichter zurechtkommen können. Zum anderen bedeutet der Mut zum Fehler, seine Missgriffe ernst zu nehmen – und das heißt vor allem, bereitwillig aus ihnen zu lernen. Ein bewusstes Lernen aus Fehlern trainiert die zuverlässige Unterscheidung von Wichtigem und weniger Wichtigem, von Richtigem und Falschem durch die Schärfung des eigenen Urteilsvermögens.

Das bewusste Lernen aus eigenen Fehlern hat zwei Seiten. Ohne weiteres einsichtig ist die **objektive Seite**, der Fehler selbst. Es gibt typische Fehler in der Sache. Einige davon werden unten beispielhaft vorgestellt. Wer seine eigenen Fehler als Chance begreift, wird nicht vor ihnen ausweichen. Er wird sie vielmehr regelrecht sammeln, um sie erfolgreich zu vermeiden. Er kann Fehlern in eigenen Hausarbeiten, Klausuren, Arbeitsgemeinschaften und Gesprächen mit Kommilitonen nachspüren und sie notieren. Freilich ist an dieser Stelle eine Warnung auszusprechen: Fehler ohne das Bemühen um die richtige Lösung führen in die Wüste. Immer muss die richtige Lösung mitnotiert werden. Andernfalls ist diese Technik gefährlich und hat nur Verwirrungseffekte zur Folge. Es kann dann leicht passieren, dass man unter dem Zeitdruck einer Klausur richtig und falsch durcheinander wirft.

Eine zweite, oft unterschätzte Seite beim Fehlermachen ergibt sich aus der schlichten Tatsache, dass es sehr unterschiedliche Typen von Studierenden gibt, die alle wiederum ihre eigenen, typischen Fehlerdispositionen entwickeln. Es geht um das **Subjekt des Fehlers**, mithin denjenigen, der ihn macht: um Sie und Ihre Persönlichkeit also. Oft reicht es nicht, nur den Fehler in der Sache zu begreifen. Das gilt vor allem dann, wenn sich bestimmte Fehlerformen hartnäckig wiederholen. Es gibt charakteristische Persönlichkeitsbilder, die aufgrund ihrer Struktur zu bestimmten Fehlern tendieren. Zur Fehlerlehre gehört deswegen eine kleine Lerntypologie, die hier am Anfang stehen soll. Erkennen Sie sich oder Teile davon wieder? Bleibt noch anzumerken, dass der nächste Abschnitt in das große Kapitel von Scherz und Ernst in der Jurisprudenz gehört.

2. Psychologie zum Anfassen: Lerntypen

Ihre Persönlichkeit ist immer dabei. Gänzlich neutrale Aussagen gibt es nicht. Immer ist unser Vorverständnis im Spiel, nicht nur bei Wertungsfragen, sondern auch dann, wenn es um die Beschreibung von bloßen Tatsachen und Rechtsfragen geht. Das Vorverständnis setzt sich aus einer Fülle verschiedenartigster – mehr oder weniger bewusster – Vorurteile und Assoziationsfelder zusammen. Dem Vorurteil kommt hier nicht die sonst übliche negative Bedeutung zu, sondern es ist als Voraussetzung für das Verständnis einer fremden Sache zu verstehen. Das kann jeder leicht erfahren, wenn er sich mit einer ihm völlig unbekannten Materie beschäftigt: Zunächst wird man gar nichts begreifen. Erst wenn es gelingt, eine Brücke von einem eigenen Vorurteil/Vorwissen zur neuen Materie zu finden, setzt der Erschließungsprozess ein und es gelingt, sich über Verstehensbrücken in ein fremdes Land voranzuarbeiten. Solche Brücken werden durch Ähnlichkeiten, die man plötzlich erfasst, gebaut.

7. KAPITEL   Aus Fehlern lernen

Diese allgemeine hermeneutische Grundlage gilt auch im Negativen. Ganz und gar neutrale Fehler gibt es nicht, weil immer auch die Person mit ihrem individuellen Vorverständnis beteiligt ist. Ein Vorverständnis kann zwar nicht eigentlich falsch sein, es kann jedoch falsche Aussagen und unrichtige Urteile aufnehmen und sich zu einer bestimmten dauerhaften Fehldisposition in der Praxis verdichten. So kommt es zur Wiederholung der immer gleichen Fehler. Die Bereitschaft zur Selbstkorrektur zielt deswegen immer auch auf die Aufdeckung eigener falscher Vorurteile, ein Stück Selbstaufklärung also, was eine reichliche Portion Aufrichtigkeit im Umgang mit sich selbst voraussetzt. Wer sich etwas vormacht, ist zur ewigen Wiederkehr seiner Fehler verurteilt. Als Hilfestellung mit durchaus ironischem Unterton ist die kleine Lerntypologie gedacht. In reiner Form wird kaum einer der vorgestellten Typen so vorzufinden sein. Überschneidungen in der gelebten Wirklichkeit sind deswegen unvermeidlich. Auch hier gilt, dass die Erkenntnis einer Schwäche schon die halbe Lösung ist. Einen verbindlichen positiven Idealtypus kann es freilich wegen der individuell verschiedenen Lernweisen nicht geben. Darum zeigt die Lerntypologie vor allem charakteristische Schwachpunkte auf.

Manche werden einwenden: „Was soll das? Wir wollen wissen, wie gutes Lernen funktioniert, und uns nicht von Negativbildern ablenken lassen." Wer so argumentiert, übersieht, dass es den schnellen und einfachen Weg zu guter geistiger Arbeit, etwa im Stil populärer Lebenshilfe- und Ratgeber-Bücher mit verheißungsvollen Titeln wie ‚Die Kunst, ein Lebenskünstler zu sein', ‚Jeder kann glücklicher leben' oder ‚Schön und schlau in nur 10 Minuten täglich', nicht gibt. Weil die ganze Person mitspielt, geht es tatsächlich um mehr als ein paar Regeln technischer Klugheit. Die Auseinandersetzung mit sich selbst kann Ihnen niemand abnehmen.

Zwei Probleme gilt es noch aus dem Weg zu räumen. Erstens hat die idealtypische Methode einen Haken. Weil es die geschilderten Typen so kaum gibt, wird der Leser Zuordnungsprobleme haben und sich selbst wahrscheinlich an mehreren Stellen wiedererkennen. Jedem Typus sind deswegen einige Kontrollfragen angeschlossen, die die eigene Zuordnung erleichtern sollen. Bestimmte Typen schließen sich gegenseitig aus. Man kann eben nicht alle Fehler zur gleichen Zeit machen. Ein weiterer Weg besteht darin, andere zu befragen, die einen gut genug kennen. Selbsteinschätzung und Fremdeinschätzung klaffen manchmal auseinander, und nicht immer ist der eigene Blick ungetrübt.

Am Ende sollte dann in jedem Fall zumindest eine Tendenz der eigenen Schwächen herauskommen.

Das zweite Problem liegt in der impertinenten Resistenz von Fehlern begründet. Zumal im subjektiven Bereich neigen sie zum schamlosen Frontenwechsel. Fehler können nämlich auch falsch korrigiert werden. So verursacht eine übersteuerte Korrektur neue Fehler. Beispielsweise erkennt der „Großflächige" seine Schwäche. Im überzogenen Bestreben, es besser zu machen, wird er im ungünstigen Fall zum orientierungslosen Pedanten. Ziel der Selbstkorrektur ist die Fehlerminimierung durch das Finden einer Gleichgewichtslage zwischen entgegengesetzten Fehlertypen, nicht der Wechsel von einem Extrem ins andere. Nicht zuletzt: Ein erkennendes Lachen über sich selbst kommt der eigenen Urteilskraft manchmal mehr zugute als der verbissene Gebrauch des analytischen Verstandes.

Die Fehlertypen sind zu vier Familien mit gewissen Familienähnlichkeiten gruppiert.

Die Familie der Erfolgsorientierten

Der Ehrgeizige:

Ihm geht es im Grunde seines Herzens nicht um die Sache, sondern um den Erfolg. Sein Entschluss, als JuristIn Karriere zu machen, hat etwas Willkürliches. Ihn interessiert mehr die Karriere, die er auch in anderen Berufen machen könnte, als das Juristsein. Die Jurisprudenz begreift er ausschließlich als Vehikel für persönliches Streben. Da Erfolg sich im Studium vor allem in Punkten ausdrückt, ist sein Blick starr auf die Punkteskala und das Examen gerichtet. So hoch wie möglich zu punkten ist das einzige Studienziel. Die Beschäftigung mit Gerechtigkeitsfragen empfindet er als überflüssig und Zeitverschwendung. „Das bringt nichts." Gegenüber eigenem Versagen ist er meist gnadenlos. Mit ihm steht es ähnlich wie mit dem Bogenschützen, der sich allzu sehr auf das schwarze Ziel in der Mitte der Scheibe konzentriert – wegen seiner Verbissenheit und seines bedingungslosen Erfolgswillens versäumt er es, auf Atmung, Haltung und Technik zu achten – und schießt nur allzu leicht daneben.

> **Kommentar:** Nicht auf die Note, auf die Sache selbst soll der Blick sich richten.
> **Fragen:** Studieren Sie Jura in erster Linie als Karrieregrundlage? Fühlen Sie sich bei schlechten Zensuren oder bei einem Fehler als Versager? Stellen Sie Ihrer Arbeit oft die Frage: „Was bringt mir das?" voran – oder folgen Sie einfach Ihren fachlichen Interessen? Können Sie sich beim Arbeiten selbst vergessen oder dominiert der Gedanke an den Erfolg?

Der Vergleichende:

Als Sonderform des Ehrgeizigen leidet er am so genannten Hühnerleiter-Syndrom. Im ständig vergleichenden Blick zu den Mitstudierenden muss er sich seiner Position möglichst weit vorn versichern. Im Kern ist er ein Paniker ersten Ranges, obwohl er nicht zur Familie der Verzweifelten zählt. Mit seiner Überholspur-Mentalität ist er nicht nur sich selbst, sondern auch anderen gefährlich, da er es versteht, subtilen Druck zu erzeugen und mit seiner gern zur Schau getragenen Siegerpose andere zu verunsichern. Dadurch vermittelt er sich das Gefühl, auf der Hühnerleiter eine Stufe höher zu stehen. Hauptsache oben. Seine Ellenbogen sind i. d. R. gut entwickelt. Hilfsbereitschaft wird er nur dann zeigen, wenn er sich für die eigene Position einen Vorteil verspricht. Zu den kleinen Tricks gehört die Konfrontation anderer mit Spezialwissen, das mit großer Selbstverständlichkeit gehandhabt und vorausgesetzt wird. Klassischer Zusatz: Wie, das weißt du nicht? Beim Zugang zur Sache steht er sich gern selbst im Weg.

> **Kommentar:** Der Vergleich ist der Tod der Liebe zur Juristerei.
> **Fragen:** Sind Sie sehr statusbewusst bei Ihrer Arbeit? Beruhigt es Sie, wenn andere deutlich schlechter punkten oder weniger wissen? Spielt es für Ihre persönlichen Beziehungen eine Rolle, wie gut oder schlecht andere sind?

2. Psychologie zum Anfassen: Lerntypen

Der Perfektionist (volkstümlich: Krümeler):

Der Wille zur absoluten Professionalität kennzeichnet den Perfektionisten. Gründlichkeit im Detail wie in den Grundlagen, Vollständigkeit als Maxime seines Handelns, ein geradezu professoraler Anspruch an sich selbst weisen ihn aus. Seine Stärke ist die Exaktheit. Genau darin liegt aber auch seine größte Schwäche. Ein Hang zur Pedanterie lässt ihn statt zehn gleich fünfzig Probleme erkennen. Alles erscheint ihm gleich schwerwiegend und so zerkrümelt ihm alles in eine Fülle von Details, ohne dass er zum Knackpunkt kommt. Gern häuft er Spezialwissen an und ist stets in der Gefahr, nur Bäume, aber keinen Wald zu sehen. Wegen seines Übermaßes an Gründlichkeit arbeitet er sich nur langsam vorwärts. Mit Vorliebe greift er zur anspruchsvollsten Literatur. Er ist absolut zuverlässig, menschlich aber nicht immer angenehm. Ein Zug zum Besserwisserischen macht aus ihm keinen leichten Partner beim gemeinschaftlichen Lernen.

Kommentar: Exaktheit entwertet sich selbst, wenn sie den Punkt nicht trifft.
Fragen: Neigen Sie zu Zeitproblemen und werden mit dem vorgenommenen Arbeitspensum nie fertig? Können Sie sich eher Details statt Strukturen merken? Sind Ihnen Antworten selten exakt genug?

Der Autoritätsgläubige:

Zwar sind wir JuristInnen in der Tat von Berufs wegen autoritätsgläubige Leute, aber auch innerhalb dieser Spezies gibt es erhebliche Unterschiede. Dem allzu Autoritätsgläubigen will die Ausbildung eines selbstständigen Urteilsvermögens nicht recht gelingen. Er zitiert gern im Übermaß, unumstößliche Wahrheit ist für ihn, was ein Lehrbuch, ein Professor, ein Gericht sagen. Findet er zu einem Problem trotz langer Suche einmal keine Fundstelle, ist er meist hilflos. Er lernt vornehmlich, welche Autorität was, wann und wo geäußert hat. Sein Blick für Zusammenhänge ist demgegenüber unterentwickelt. Kritik an einer Autorität empfindet er als Sakrileg, allenfalls wäre dazu eine andere, gleichrangige Autorität berechtigt. Mit seiner durchweg bejahenden Denkform fällt er selten auf, weil er nie aneckt. Allenfalls neigt er zu beifälligem Nicken in der Vorlesung oder im Seminar.

> **Kommentar:** Auch höchste Gerichte und Kapazitäten können irren. Übertriebener Autoritätsglaube macht kritiklos, Kritiklosigkeit macht blind.
> **Fragen:** Regt sich bei juristischer Lektüre häufig Ihr Widerspruchsgeist? Empfinden Sie von der herrschenden Meinung abweichende Auffassungen als lästig? Folgen Sie in Hausarbeiten und Klausuren immer gern der herrschenden Meinung?

Die Familie der Sachbezogenen

Der Großflächige:

Der Großflächige ist der juristische Generalist. Als Gegenspieler zum Perfektionisten interessieren ihn vor allem die ganz großen Zusammenhänge. Details sind ihm eher lästig, juristische Exaktheit wird als Behinderung für wirklich wichtige Durchblicke empfunden. Statt der fünf bis zehn tatsächlich vorhandenen Probleme sieht er nur eines. Der Wald ist für ihn baumlos, eine große einheitliche Fläche ohne sichtbare Differenzierungen. Sein ausgeprägter Hang zum eigentlichen Problem bzw. zum Kern der Sache wird begleitet von der Eiligkeit des Ankommen-Wollens. Schnelle, glatte Lösungen entsprechen seinem ästhetischen Empfinden. Die Denkweise ist stark assoziativ-intuitiv, weniger begrifflich-ableitend. Flüchtigkeit ist sein Schicksal, und häufig trägt er geradezu romantische Züge in seiner Orientierungslosigkeit, die ihn den Teufel im Detail fröhlich übergehen lässt. Seine Argumentation hat deswegen häufig nur gehobene Stammtischqualität.

> **Kommentar:** Für jede Orientierung über den eigenen Standpunkt ist Weitblick vonnöten. Wer aber zu viel in die Weite blickt, sieht nicht mehr, was unmittelbar vor Augen liegt, und stolpert über jeden Stein.
> **Fragen:** Wie viel Probleme entdecken Sie i. d. R. in einer Klausur? Übersehen Sie viele Details? Erkennen Sie in neuen Fragestellungen stets Altbekanntes wieder? Merken Sie sich vor allem knappe, möglichst allgemeingültige Formeln?

Der Wahrheitssucher:

Als offensichtlicher Gegentyp zum Autoritätsgläubigen ist er nur auf den ersten Blick mit dem Perfektionisten verwandt, aber in Wahrheit ein ganz anderer Typ. Erfolg ist für ihn drittrangig – die Sache selbst fasziniert ihn. Besonderes Kennzeichen: Er muss auf den letzten Grund der Dinge gehen, überall wirklich überzeugende Antworten finden, die ihm vor allem auch ethisch als gut erscheinen müssen. Vorläufige Problemlösungen kann er nicht akzeptieren. Ihm ist es beispielsweise unerträglich, sich mit formelartigen Antworten zu den großen Fragen nach Freiheit, Menschenwürde, Schuld oder Gerechtigkeit zufrieden zu geben. Er besitzt einen regen Widerspruchsgeist. Im Grunde seines Wesens ein klassischer Mensch, sucht er nach der Einheit des Guten, Wahren und Gerechten, am liebsten auch noch des Schönen. Seine Hundertprozentigkeit lässt ihn oft an der mangelnden Übereinstimmung von – gesetzlicher – Form und – ethischem – Inhalt leiden und hitzköpfig reagieren. Es fällt ihm nicht leicht, sich damit abzufinden, dass Jura auch eine Entscheidungswissenschaft ist, die zwangsläufig mit einer Fülle von gar nicht oder nur unbefriedigend geklärten Problemen umzugehen hat. Deswegen verzettelt er sich leicht in seiner Leidenschaft und übersieht die Notwendigkeit der Dogmatik.

> **Kommentar:** Auch die Leidenschaft für die Gerechtigkeit muss das harte Brot der Dogmatik kauen.
> **Fragen:** Interessieren Sie Gerechtigkeitsfragen sehr viel mehr als die Rechtsprechung? Revoltieren Sie innerlich oft gegen Lehrbuchmeinungen, Gerichtsurteile oder Ansichten des Professors? Arbeiten Sie sich erst weiter voran, wenn Sie die großen Fragen für sich befriedigend gelöst haben?

Der Originelle:

Ebenfalls ein Gegentyp zum Autoritätsgläubigen will er selbst in Klausuren auf völlig ausgestandene Streitfragen neue, noch nie da gewesene und richtungsweisende Antworten geben. Er ist der wissenschaftliche Revolutionär. Genialität aus Leidenschaft und seine Liebe zur Modernität lassen ihn häufig juristische Sensationen entdecken, wo andere nur matte Routine erkennen. Eine besondere Affinität hat er zur allerneuesten Rechtsprechung, trumpft gerne mit am besten noch gar nicht veröffentlichten Entscheidungen auf und hofft so, seinen Originalitätsanspruch zu bewahren. Auch sonst hat er einen Hang zum Gebrauch modischer Wissenschaftsbegriffe. Wer im Rahmen einer Hausarbeit beispielsweise das „neue Paradigma in Art. 5 Abs. 1 GG" einführt, erweckt damit durchaus Misstrauen beim Korrektor. Bescheidenheit ist nicht seine Sache, und so lobenswert sein Vorsatz ist, verkennt er doch i. d. R. seinen Kräftehaushalt und wirkt etwas eitel.

> **Kommentar:** Originalität und Kreativität sind großartige Gaben. Wo man sie freilich zum Prinzip erhebt, klappert es oft nur hohl.
> **Fragen:** Möchten Sie überall neue Wege finden? Haben Sie das Bedürfnis, sich in Ihren juristischen Arbeiten möglichst selbst einzubringen? Leiden Ihre Arbeiten an zu gewagten und abseitigen Überlegungen?

Der juristische Abenteurer:

Er liebt das Unbekannte. Die Gefahrensituation des Nichtwissens ist ihm reizvoller Kitzel und Lebenselixier. Seine Grundhaltung ist sportlich. Im juristischen Neuland bewegt er sich mit Engagement auf jedes neue Problem zu. Seiner aufrichtigen Natur ist es zuwider, sich mit ihm bereits Bekanntem lange aufzuhalten. Es kommt ihm geradezu unfair vor, das, was ohnehin selbstverständlich ist, überhaupt aufzuschreiben, auch wenn es in der Klausur gerade ein wirkliches Problem darstellt. So verschenkt er in altmodisch anmutendem Edelmut manche Chance.

> **Kommentar:** Wen das Abenteuer lockt, der möge in die Berge gehen oder zur See fahren. Jura aber ist auch Handwerk, das gelernt, angewendet und geliebt sein will.
> **Fragen:** Leiden Ihre Arbeiten häufig daran, dass Selbstverständlichkeiten und einfache Probleme nicht erörtert wurden, obgleich Sie gut Bescheid wussten? Hassen Sie es, schon Gewusstes zu reproduzieren? Bevorzugen Sie stattdessen unbekannte Probleme?

Die Familie der Ausweichenden

Der Formalist (neudeutsch: Methodenfreak):

Für ihn ist erfolgreiches Arbeiten nur eine Frage guter Organisation. Die richtige Zeiteinteilung, die besten Skripten, die optimale Arbeitsgemeinschaft, die ideale Methode sind sein Handwerkszeug. Man trifft ihn oft am Kopiergerät, wo er Berge von Unterlagen kopiert, getreu dem heimlichen Motto: copiro, ergo sum. Zum Lesen findet er keine Zeit mehr. Er macht ständig neue, bessere Lern- und Arbeitspläne, wechselt die alten Lehrbücher gegen das – endlich – brauchbare aus, verfeinert seinen Stil und ist darin an Subtilität nicht zu überbieten. Seine typische Arbeitshaltung : Morgen geht es richtig los. Sein Grundirrtum besteht in seiner Methodengläubigkeit, darüber verfehlt er die Sache des Lernens selbst. Seine Berührungsangst vor dem Gegenstand der Arbeit lässt ihn viel Zeit und Kraft verlieren.

> **Kommentar:** Eine zeitlich begrenzte Experimentierphase ist notwendig. Danach sollte man bei einem Lernstil bleiben und diesen durchziehen. Wenn jederzeit alles umgeschmissen wird, entsteht zuletzt nur völlige Konfusion.
> **Fragen:** Rinnt Ihnen die Zeit davon, ohne dass Sie etwas gelernt haben? Sind Sie ein Planungsfetischist? Besitzen Sie viele angelesene, aber kaum ganz durchgearbeitete Kopien, Lehrbücher oder Skripten?

Der Defektflüchter:

Seine größte Furcht ist es, einen Fehler zu machen. Freilich zieht er daraus eine höchst eigenwillige Konsequenz. Seine Lernstrategie legt er so an, dass er sich stets nur auf sicherem Terrain bewegt. Folglich reproduziert er meistens das Wissen, was er ohnehin beherrscht. In seinem stark ausgeprägten Sicherheitsbedürfnis vermeidet er das Problem der Wissenslücke dadurch, dass er ein unbekanntes Problem in ein bekanntes umdeutet und dementsprechend löst. So hofft er, dem gefürchteten Versagen zu entgehen – und versagt kläglich. Denn häufig löst er eine ganz andere Klausur als die tatsächlich gestellte. Mit Vorliebe betrügt er sich selbst. Eine Übungsklausur löst er selten konsequent zu Ende, sondern schaut rasch in die Lösungsskizze und beruhigt sich entweder im Bewusstsein, dass er das mit ausreichender Zeit auch so hingekriegt hätte, oder aber er sagt sich: Bis zur Prüfung kann ich das auch. Weiter gehört zu seinen Spezialitäten das Zünden von Nebelkerzen und Rauchbomben in kritischen Situationen. Er erweist sich hier als vollendeter Verwirrungstaktiker. Schreibt er trotzdem schlechte Noten, bleibt als Ultima Ratio immer noch die Schuldzuweisung an andere, etwa den Professor, die Korrekturassistenten, überhaupt die ganze Universität oder ganz einfach: das System. Diesem Spiel sind am wenigsten Grenzen gesetzt.

> **Kommentar:** Nicht der Fehler, das Noch-nicht-Wissen oder -Können macht das Versagen aus, sondern die Angst, Fehler zu begehen.
> **Fragen:** Können Sie einmal begangene Fehler vor sich selbst eingestehen? Übertragen Sie die Verantwortung für einen Ausrutscher eher anderen oder sich selbst? Fürchten Sie sich vor Fehlern?

Der Spritzige:

Er verströmt sich in alle Richtungen und juristische Disziplinen zugleich und mit gleicher Heftigkeit. Zusätzlich betreibt er mehrere Sportarten, singt im Chor, spielt bei der Theater-Laienspielgruppe mit, engagiert sich politisch, jobbt nebenbei und besitzt die Kräfte eines Stieres. Sein Pech ist meist, dass er begabt und erfolgsverwöhnt ist. Wiederholungsarbeit kennt er nicht. Ein neuer Stoff fliegt ihm spielerisch und schnell zu, er macht seine Scheine ohne Anstrengung und zügig. Mühelosigkeit ist sein Prinzip. Von allem besitzt er schnell eine ungefähre Ahnung, aber festen Grund unter den Füßen spürt er nicht. Sein Langzeitgedächtnis ist juristisch leer. Das Gerüst fehlt, in das er Spezialwissen einhängen könnte. Die Examenszeit wird für ihn besonders bitter. Er muss es erst noch lernen, sich mit Konsequenz auf eine Sache zu konzentrieren. Die lästige Wiederholungsarbeit wird ihm besonders schwer fallen.

> **Kommentar:** Der Mehrfrontenkrieg ist nicht nur das Ende für jede Armee, sondern meistens auch für den Studierenden der Rechte.
> **Fragen:** Wie viel Zeit verbleibt Ihnen täglich für Ihr Studium? Sind Sie in dieser Zeit ausgeruht oder erholungsbedürftig von Ihrem sonstigen En-

gagement? Ist Ihre Arbeitszeit durch verschiedene andere Veranstaltungen am Tage unterbrochen oder arbeiten Sie am Stück? Welchen Stellenwert räumen Sie Ihrem Studium ein?

Die Familie der Verzweifelten

Der Selbstüberforderer:

Er ist besten Willens, überschätzt aber seine Kräfte. Meistens nimmt er sich zu viel auf einmal vor und ist verzweifelt, wenn er den selbst verordneten Rhythmus nicht einhalten kann. Zum Ausgleich arbeitet er dann umso schneller und länger – und begreift statt mehr weniger. Die Stressreaktion setzt ein. Also muss er noch angestrengter arbeiten, noch mehr Stunden absitzen, noch intensiver lesen, nach der Methode „mehr desselben". Er gönnt sich nichts. Pausen oder triviale Vergnügungen wie das Kino jagen ihm ein schlechtes Gewissen ein, so dass er sich nicht wirklich entspannen kann. Er will das Lernen erzwingen. Aus diesem Teufelskreislauf kann er nur durch völliges Abschlaffen, im Extremfall bis hin zum psychischen Zusammenbruch, aussteigen, um dann von vorn zu beginnen: zu viel, zu schnell, zu lang. Häufig ist er sich der Tatsache gar nicht bewusst, dass er selbst es ist, der die Maßstäbe zu hoch setzt.

Kommentar: Ein gleichmäßiger Arbeitsrhythmus mit ausreichend eingeplanter Freizeit ist für die meisten die beste Orientierung. Wer die Latte zu hoch hängt, der reißt sie beim Sprung herunter.
Fragen: Können Sie Ihre Arbeitspensen bewältigen? Wenn Sie Ihr Pensum regelmäßig nicht schaffen, ändern Sie dann Ihren Arbeitsplan oder versuchen Sie, mehr und schneller zu arbeiten? Arbeiten Sie bis zur Erschöpfung oder machen Sie vorher eine Pause? Können Sie nur schwer abschalten?

Der Unsichere:

Er ist ein besonders bedauernswerter Typ. Meist sehr fleißig, traut er sich nichts zu und schämt sich seiner Fehler. Oft ist er ein guter Jurist, der aber seine Fähigkeiten permanent in Zweifel zieht. Man erkennt ihn unter anderem daran, dass er gute Zensuren ständig als

7. KAPITEL — Aus Fehlern lernen

unverdientes Glück, Zufall oder Ähnliches herunterspielt und einfach nicht an den eigenen Erfolg glauben kann. Ausdrücklich auszunehmen ist hierbei die Gruppe der Koketten. Der Unsichere ist Opfer falscher Vorstellungen. Er lässt sich allzu sehr vom Posieren anderer oder vom Wissenschaftsbetrieb beeindrucken und übersieht, dass auch da nur fehlbare Menschen arbeiten und wirken. Ein Stück Unverschämtheit im Umgang mit sich und anderen würde ihm vielleicht mehr Freude an seinen Erfolgen ermöglichen.

> **Kommentar eines Studienfreundes:** „Als ich einmal eine Klausur mit ‚ungenügend' schrieb, war ich stolz, gelassen sagen zu können: Ich habe mein Bestes gegeben."
> **Fragen:** Zweifeln Sie an Ihrer Fähigkeit, JuristIn zu werden, obwohl Sie gute Zensuren schreiben? Neigen Sie dazu, gute Ergebnisse nicht recht gelten zu lassen? Halten Sie andere für den Juristenberuf für geeigneter als sich selbst, auch wenn diese schlechtere Zensuren erzielen?

Der Verdrossene:

Er arbeitet ohne Freude und mit Verdruss. Eigentlich ist ihm die Juristerei zuwider. Man fragt sich, warum er Jura studiert. Auch bei diesem Typ spielen Karrierepläne und ähnliche Nützlichkeitserwägungen eine nicht zu unterschätzende Rolle. Der Verdrossene besiegt seinen Widerwillen durch eine grimmige Arbeitsdisziplin. Er versucht sein Problem dadurch zu lösen, dass er sich den Stoff reinprügelt. Als juristischer Masochist quält er freilich nicht nur sich zum Ziel, sondern manchmal auch ganz gern andere.

> **Kommentar:** Bei andauernder Lustlosigkeit sollten Sie ernsthaft darüber nachdenken, das Jurastudium abzubrechen. Wohlgemerkt: bei andauernder Lustlosigkeit. Wer hat schon immer nur mit Freude, beispielsweise die Spezialitäten des Rechts der Verwaltungszwangsvollstreckung, studiert?
> **Fragen** erübrigen sich hier.

Der Minimalist:

Als Sonderform des Unsicheren und Gegentyp zum Ehrgeizigen beschränkt der Minimalist seinen Ehrgeiz auf das unbedingt erforderliche Minimum, um die Scheine zu bestehen. Ursache für seine Minimum-Haltung kann mangelndes Selbstvertrauen, aber auch mangelndes Interesse oder anderweitige Prioritäten bis hin zur Faulheit sein. Sein allzu bescheidener Ehrgeiz wirkt sich vor allem auch bei eigenen Fehlern aus – solange die Scheine stimmen, besteht keine Veranlassung, über das erforderliche Minimum hinaus zu arbeiten. Bescheidene Ergebnisse rechtfertigt er mit dem geringen investierten Arbeitsaufwand. Spätestens im Examen rächt sich diese Haltung. Seine selbstgewählte Beschränkung weist auch ihn als – wenn auch nicht so offensichtlich – Verzweifelten aus.

> **Kommentar:** Die Minimum-Mentalität führt zu einem Minimum an Befriedigung.
> **Fragen:** Geben Sie sich mit Ihren Leistungen zufrieden, wenn Sie die Scheine nur eben so bestehen? Ist es für Sie ein Zeichen ungesunden Ehrgeizes, wenn man trotz befriedigender Leistungen nach Verbesserung seiner Schwächen strebt? Trösten Sie sich mit dem Gedanken, Sie wären besser, wenn Sie mehr Zeit investierten?

3. Typische Fehlerquellen

Eine Fehlerliste ist keine systematische Darstellung des Rechtsstoffes. Die produktive Arbeit damit setzt Grundkenntnisse über die dogmatischen Zusammenhänge schon voraus, andernfalls sollte der Leser hier abbrechen und den Faden einige Zeit später erneut aufnehmen.

Das Aufzeigen einiger typischer Fehlerquellen allein kann nicht sicherstellen, dass man diese Fehler tatsächlich stets vermeidet. Das wird auch beim besten Vermeidungstraining nicht in jedem Fall gelingen. Die Liste soll den eigenen Fehlersinn schärfen und als Anregung dienen, wie man Fehler systematisch ordnen kann. Es geht vor allem um die Methode und möglichst handhabbare Daten, die sich in der Klausur effizient umsetzen lassen. Noch einmal ist daran zu erinnern, dass Fehler immer nur dazu da sind, sich den richtigen Lösungsweg klarzumachen.

7. KAPITEL — Aus Fehlern lernen

Die folgende kleine Fehlerliste ist nach Gruppen sortiert, die den juristischen Denkschritten bei der Fallbearbeitung angeglichen sind. Diese Liste ist als ein mögliches Modell unter vielen gedacht, wie man es machen kann. In keinem Fall ersetzt es das Anlegen einer eigenen Fehlerliste. Selbstverständlich ist die Liste auch nicht vollständig, sondern sie greift modellhaft einige charakteristische Schwächen heraus und will damit vor allem die Methode des Umgangs mit eigenen Fehlern verdeutlichen. Man sollte bereits einige Klausurerfahrung gesammelt haben, um diesen Abschnitt mit Gewinn zu lesen. Andernfalls können Sie im nächsten Kapitel weiterlesen.

Sachverhaltsfehler

Veränderung des Sachverhalts:

Immer falsch ist die so genannte „Sachverhaltsquetsche". Diese liegt vor, wenn der Sachverhalt verändert wird, um zur vorgeschlagenen Lösung zu passen. Dies gibt es in den witzigsten Varianten. Teilweise werden Teile des Sachverhaltes verändert, ein Minderjähriger wird plötzlich zum Volljährigen, eine Rechtsverordnung wird zur Satzung, ein zivilrechtlicher Leistungstitel zu einer strafrechtlichen Verurteilung, ein noch nicht eingelegter Rechtsbehelf ist plötzlich schon erhoben. Häufiger sind die Fälle, in denen nicht ausdrückliche Angaben verändert werden, sondern in denen im Sachverhalt Teile hinzugedichtet werden. Das Problem bei der Ergänzung des Sachverhaltes ist, dass es durchaus vorkommen kann, dass man in Randbereichen einen Sachverhalt nach allgemeiner Lebenserfahrung fortführen kann, aber in aller Regel dennoch der Grundsatz gilt, dass nur die Geschehnisse zugrunde zu legen sind, die im Sachverhalt auch genannt sind. Die Unterscheidung der Fallgestaltung, in der man den Sachverhalt lebensnah ergänzen darf von denen, in denen man davon ausgehen muss, dass etwas nicht gegeben ist, weil es nicht niedergelegt ist, ist nicht immer einfach. Mit der Zeit bekommt man aber dennoch ein sicheres Gefühl. Wenn z. B. im Sachverhalt niedergelegt ist, dass eine Verfassungsbeschwerde erhoben wurde, aber nichts dazu steht, dass diese schriftlich eingereicht wird, kann man in aller Regel unterstellen, dass die Verfassungsbeschwerde schriftlich formuliert wurde. Wenn dagegen ein Minderjähriger im Sachverhalt ausdrücklich eine Klage einreicht, darf man nicht unterstellen, dass er die Zustimmung seiner Eltern hat. Auf keinen Fall darf man den Sachverhalt, der ausdrücklich gegeben ist, in seiner Richtigkeit bezweifeln, nach dem Motto, das könne doch gar nicht sein, so etwas käme nicht vor. Haben die Sachverhalte von Übungsfällen etwas Gekünsteltes an sich, dann will der Aufgabensteller ein spezielles juristisches Problem erörtert haben und hat daher den Sachverhalt auf dieses Problem hin konstruiert. Dem Sachverhalt dürfen keine zusätzlichen Tatsachen unterstellt werden. Zulässig sind dagegen naheliegende Schlussfolgerungen, die sich aus den angegebenen Tatsachen ableiten lassen.

Falsche Frage:

Verhängnisvoll ist die Bearbeitung einer anderen als der gestellten Frage. Die Fallfrage steht am Ende des Aufgabentextes und ist sorgfältig zu beachten. Im öffentlichen Recht erfordert nicht jede Fragestellung die Prüfung der prozessualen und materiellen Rechtslage. Wenn nach der Rechtmäßigkeit einer Maßnahme gefragt wird, geht es nur um die materielle Seite, also die Begründetheit einer entsprechenden Klage. Lautet die Frage: „Wie ist die Rechtslage?", so sind im öffentlichen Recht Zulässigkeit und Begründetheit zu prüfen. Viele Aufgabentexte enden auch einfach mit einer Feststellung.

Es empfiehlt sich, anhand der Fallfrage zuerst das tatsächliche Klageziel herauszuarbeiten. Was will der Kläger erreichen? Dieser Gedankenschritt dient der Selbstkontrolle zur Vermeidung eines falschen Klausureinstiegs. In der schriftlichen Lösung kann man das Ziel durchaus in einem Satz voranstellen.

Falsches Wiedererkennen:

Auch das verbreitete **falsche Wiedererkennen** fängt beim Sachverhalt an. Man liest einen Sachverhalt und denkt, super, das Problem kenne ich. Beim genauen Lösen ergibt sich dann aber, dass die Falllösung tatsächlich in eine andere Richtung läuft, weil an irgendeiner verborgenen Stelle doch ein Unterschied zu dem bekannten Problem besteht, etwa weil es sich um eine Rechtsverordnung und nicht um ein förmliches Gesetz handelt, weil ein Minderjähriger und nicht ein Volljähriger beteiligt ist, weil nicht der Betroffene, sondern ein Nachbar sich wehrt usw. Lässt man sich von dem ersten Eindruck leiten, dass man das Problem angeblich schon kennt, kann die Pointe übersehen und ein anderer als der gestellte Fall gelöst werden.

Falsches Wiedererkennen ist ein typischer Flüchtigkeits- und Unsicherheitsfehler. Man sollte vor einer Klausur grundsätzlich nicht darauf hoffen, ein bekanntes Problem vorgelegt zu bekommen, sondern jede Aufgabe als einzigartig und neu begreifen. Kommt tatsächlich einmal eine bekannte Fallkonstellation vor, umso besser.

Der unvollständig verwertete Sachverhalt:

Grundsätzlich ist der Sachverhalt in der Lösung voll auszuschöpfen. Das gilt auch dann, wenn gelegentlich Scheinargumente in den Sachverhalt eingebaut sind. Solche Argumente sind ebenso wie die Rechtsansichten von Beteiligten als Orientierungshilfe gedacht. In der Lösung wird eine Auseinandersetzung mit den vorgebrachten Argumenten erwartet. Das gilt erst recht bei ausführlicher Begründung einer staatlichen Maßnahme. Faustregel: Wer einen Sachverhalt nicht ganz in seiner Lösung unterbringen kann, hat meistens etwas übersehen. Bei Zeitangaben und Daten ist auf Fristen zu achten, vor allem Widerspruchs- und Klagefrist, bei Ortsangaben auf die Zuständigkeit von Behörden und Gerichten.

Fehler im Umgang mit dem Gesetzestext

Gesetzeslektüre:

Banal genug, aber das Gesetz wird häufig zu unsorgfältig studiert. Der exakte Umgang mit der gesetzlichen Terminologie wird zu wenig geübt. Die Vorschriften werden oft nur flüchtig und unvollständig gelesen. Hier hilft tatsächlich nur, sich selbst zur sorgfältigen Lektüre zu zwingen. Besonders gefürchtet sind die gerade im Verwaltungsrecht häufig unbekannten Rechtsvorschriften. Natürliche

3. Typische Fehlerquellen

Trägheit und Mangel an Geduld – der Verfasser spricht hier aus eigener misslicher Erfahrung – scheinen Berührungsängste mit dem Gesetzeswortlaut zu fördern, wobei der Je-desto-Grundsatz auch hier Gültigkeit hat: Je unbekannter die Vorschrift, desto größer die innere Reserve. Das ist schade, denn auch bei gänzlich entlegenen Rechtsvorschriften besteht kein Grund zur Furcht. Meistens wird lediglich erwartet, dass der Bearbeiter mit einem unbekannten Gesetz zurechtkommt. Detailwissen wird nicht verlangt, allerdings wird erwartet, dass die Systematik des Gesetzes erfasst wird.

Moderne Gesetze des Verwaltungsrechts haben häufig eine typische Grundstruktur. Zu Beginn steht oft der Gesetzeszweck (vgl. etwa § 1 BImSchG, § 1 AtomG, § 1 TierSchG, § 1 NatSchG). Es folgen gelegentlich einige Legaldefinitionen (vgl. § 3 BImSchG, § 1 WaffenG), sodann häufig die gesetzesleitenden Grundprinzipien (vgl. § 5 BImSchG, § 2 TierSchG, § 2 BAbfallG). Die Systematik des Gesetzes lässt sich anhand der Überschriften, die auch im Inhaltsverzeichnis des Gesetzes aufgeführt sind, erfassen (vgl. im BImSchG die Unterscheidung zwischen genehmigungsbedürftigen und nicht genehmigungsbedürftigen Anlagen). Am Ende von Bundesgesetzen finden sich häufig Zuständigkeitsregelungen, wobei die Ausführung der Gesetze meistens Ländersache ist.

Bekannte und komplizierte Vorschriften muss man sich dagegen vorher systematisch erarbeiten. Zu guter Letzt: Auch vermeintlich gut bekannte Paragraphen sollte man in einer Klausur immer noch einmal überfliegen. Das Vergessen kann sehr schnell sein.

Auslegung:

Jede Gesetzesanwendung auf den konkreten Fall ist ein Auslegungsvorgang. Subsumtion bedeutet, den Sachverhalt im Wege der Auslegung unter eine Rechtsnorm zu ziehen. Gegenstand der juristischen Methodenlehre sind die verschiedenen Werkzeuge der Gesetzesauslegung für mehrdeutige Fälle: der Wortlaut, mit dem zu beginnen ist; die Entstehungsgeschichte; der systematische Zusammenhang; der Zweck der Regelung. Eine feste Reihenfolge gibt es nicht. Die historische Argumentation wird im Übrigen in einer Klausur kaum zu leisten sein.

Zunächst ist immer nach einer Legaldefinition zu suchen. Existiert eine solche nicht oder hilft sie im konkreten Fall nicht weiter, so ist der Rechtsbegriff mit dem Instrumentarium der Methodenlehre auszulegen. Die Argumentation mit dem Gesetzeszweck wird erleichtert, wenn ein solcher ausdrücklich normiert ist. Die Orientierung am Wortlaut ist nicht immer der Weisheit letzter Schluss. Der Grundsatz der verfassungskonformen Auslegung kann dazu führen, dass eine Gesetzesinterpretation zwar vom Wortlaut gedeckt, aber trotzdem fehlerhaft ist, wenn sie die Ausstrahlungswirkung des Grundgesetzes und insbesondere der Grundrechte auf das einfache Recht nicht berücksichtigt. Die verfassungskonforme Auslegung dient damit als Korrektiv für die klassischen Auslegungsmethoden.

Gerade bei weniger bekannten Vorschriften werden unbestimmte Rechtsbegriffe in der Klausur selten problematisch sein, da Spezialkenntnisse nicht vorausgesetzt werden können.

Aufbaufehler

Hinweise im Text:

Im Text sind grundsätzlich keine Ausführungen zum Aufbau einer Arbeit zu machen. Der Aufbau muss aus sich heraus klar und verständlich sein. Auch bei Verweisen im Text ist Vorsicht geboten. Dahinter steckt meistens ein Ableitungsfehler. Ganz falsch bei einer Begründung ist der Hinweis: „Dazu siehe unten." Hier stimmt etwas nicht in der Entwicklung des Gedankengangs, meist wird ein Zirkelschluss vorliegen.

Schemafixierung:

Schemata gibt es genug, bei weitem nicht alle sind brauchbar, manche sind falsch. Solche Schemata, die häufig nur das Sicherheitsbedürfnis ausbeuten, sind mit Vorsicht zu genießen. Der eigentliche Nutzen eines Schemas besteht darin, dass man sich selbst eines ausarbeitet. Es kommt darauf an zu verstehen, worum es bei den einzelnen Prüfpunkten geht. Sonst kommt es leicht zum sklavischen Abhandeln der einzelnen Prüfungspunkte, man verliert Zeit und

Energie für überflüssige Ausführungen, für die wirklichen Probleme reicht dagegen die Zeit nicht. Vor allem vermeintliche Zulässigkeitsprobleme werden häufig überfrachtet. Überspitzt formuliert, aber keineswegs erfunden, wird die deutsche Gerichtsbarkeit ausführlich erörtert und nach langem Ringen bejaht, obwohl damit überhaupt kein Problem verbunden war. Dieser Fehler unterläuft nicht nur Anfängern. Schemata sind eine Orientierungshilfe, eine Checkliste für mögliche Probleme, nicht mehr. Eine weitere Gefahr von Schemata besteht in der falschen Sicherheit, man könne nichts übersehen. Bei untypischen Konstellationen kann es erforderlich sein, sich vom erlernten Schema zu lösen. Als Faustregel gilt der pragmatische Aufbau, das soll heißen, alle relevanten Probleme sind möglichst in der Lösung unterzubringen.

Der Hang zum Verfassungsrecht:

Viele Klausuren sind im öffentlichen Recht nicht auf eine rein verfassungsrechtliche Fragestellung beschränkt. Verfassungsrechtliche und besonders grundrechtliche Probleme werden häufig verwaltungsrechtlich eingebunden. Bei solchen Mischklausuren gilt die Faustregel: **Erst Verwaltungsrecht – dann Verfassungsrecht**. Es ist ein verbreiteter Fehler, viel zu früh auf die Verfassungsrechtsebene zu gehen und die einfachgesetzliche Rechtsanwendung stiefmütterlich abzuhandeln.

Es gibt **vier wichtige Einbruchstellen für das Verfassungsrecht:**

- Im Zusammenhang mit einer Ermessensproblematik ist die Frage der Ausstrahlungswirkung von Grundrechten zu berücksichtigen.

- Bei der Inzidentkontrolle bestimmter Rechtsnormen als Grundlage einer zu überprüfenden Entscheidung kommt es auf deren Verfassungsmäßigkeit an. Es empfiehlt sich, die Prüfung der Verfassungsmäßigkeit einer Rechtsgrundlage vor die Subsumtion unter den Tatbestand zu ziehen.

- Seltener spielt die verfassungskonforme Auslegung eine Rolle, die insbesondere bei unbestimmten Rechtsbegriffen zur Anwendung kommt.

- Bei Verhältnismäßigkeitsüberlegungen können kollidierende Grundrechte abzuwägen sein.

Denkfehler

An der Spitze der Denkfehler steht der Zirkelschluss. Zirkelschlüsse liegen immer dann vor, wenn ein Tatbestandsmerkmal, dessen Vorliegen geprüft wird, mit der Prämisse begründet wird. Das gefundene Ergebnis wird also mit sich selbst begründet. Beispiel: § 25 Infektionsschutzgesetz ermächtigt zu ärztlichen Zwangseingriffen bei Bestehen eines Krankheitsverdachts. Mit dem Ergebnis der ärztlichen Untersuchung, die den Krankheitsverdacht bestätigt, darf das Bestehen des Verdachts nicht begründet werden. Die Eingriffsvoraussetzungen müssen zum Zeitpunkt des Eingriffs vorliegen.

8. Kapitel

Präsentation in Wort und Schrift

*Besonders wichtig ist, uns zu schulen, so einfach und
so klar wie möglich zu sprechen und zu schreiben.*
Karl R. Popper

1. Die praktische Kommunikationslücke

Leistet die Universität die Vermittlung von Fachwissen einigermaßen gut, so tut sie sich schwer bei der Einübung allgemeiner Kommunikationsformen speziell für den juristischen Beruf. Wie man gute juristische Texte schreibt, wird nicht in vergleichbarer Weise trainiert, wie das Lösen von Fällen, ebenso wenig wie juristisches Sprechen bzw. juristische Kommunikation (Rhetorik). Dabei geht es primär um allgemeine kommunikative Kompetenzen.

Jeder muss zusehen, wie er die Fertigkeiten, gut zu schreiben und gut zu sprechen, irgendwie erlernt und vervollkommnet. Diese Fertigkeiten sind zwar nicht für ein erfolgreiches Studium besonders wichtig, aber für die Zeit danach.

Die Qualität des eigenen fachlichen Sprechens und Schreibens wird nicht nur durch den Stand des Wissens bestimmt, sondern ebenso durch ästhetische Kriterien der äußeren Form, und zwar so, wie andere diese Form wahrnehmen und auffassen. Dazu gehört alles, was

8. KAPITEL — Präsentation in Wort und Schrift

die Wahrnehmung der eigenen Person durch andere bestimmt, zum Beispiel sprachliche, aber auch körpersprachliche Signale (dazu siehe unten 11. Kapitel). Ob mein Sprechen und Schreiben gut ist, entscheidet sich etwa an der Beantwortung folgender Fragen:

Ist das, was ich sage und schreibe, richtig und klar? Ist mein Satz mehrdeutig? Ist es verständlich? Bauen die Sätze aufeinander auf? Ist klar, worauf sich die Relativpronomen beziehen? Ist die Gedankenführung überzeugend? Ist der gesprochene oder geschriebene Text zu kurz oder zu lang? Fessele ich meine Zuhörer bzw. Leser oder langweile ich sie? Gilt die Aussage wirklich so strikt, wie sie formuliert wurde, oder muss man relativierende Begriffe einfügen, wie „in der Regel" oder „grundsätzlich"? Stimmen die logischen Verknüpfungen – ist mit dem Begriff „oder" ein wechselseitiges Ausschlussverhältnis gemeint oder ist es im Sinne von „und/oder" gemeint? Wenn Sie von einer Reihung eine Variante herausgreifen, muss es klar sein, dass nur eine Variante untersucht wird, etwa durch ein Formulierung wie – „dazu gehört unter anderem/auch der Fall ...".

Diese Fragen kann man nicht alle selbst beantworten. Dafür brauchen Sie Rückkopplung durch andere Menschen. Sprechen und Schreiben sind kommunikative Tätigkeiten, die ihren Sinn erst im Kontakt mit anderen offenbaren. Tatsächlich werden wir nicht nur in Prüfungen und im Beruf, sondern bei jedem Kommunikationsakt mehr oder weniger bewusst durch andere bewertet. Die Prüfungssituation lässt sich zumindest im Hinblick auf die Perspektive geradezu als Metapher für die Grundsituation aller Kommunikation beschreiben: Entscheidend ist nicht, ob Ihnen Ihre eigene Arbeit gefällt und ob Sie sie für gut halten, sondern wie Ihr Prüfer das sieht. Ins Allgemeine gewendet: In jeder Kommunikation mit anderen kommt es nicht darauf an, wie ich etwas meine, sondern wie andere mich sehen und wie sie mich verstehen, kurz: „Wahr ist nicht, was man sagt. Wahr ist, was der andere hört." (*Vera F. Birkenbihl*). Für uns JuristInnen ist dies übrigens nicht ganz neu: Aus dem Allgemeinen Teil des BGB wissen wir, dass Willenserklärungen grundsätzlich vom Empfängerhorizont her auszulegen sind. Wer diese juristische Weisheit ernst nimmt, wird sich der Einsicht kaum verschließen können, dass es dann darauf ankommt, die eigenen Sprech- und Schreibkompetenzen zu vervollkommnen.

Die kommunikative Lücke weitet sich zum schwarzen Loch aus, wenn man der Auffassung ist, dass auch persönlichkeitsprägende und erzieherische Wirkungen von der Universität ausgehen sollten. Systematische Unterstützung bei der Entwicklung Ihres Persönlichkeitsprofils dürfen Sie von der Massenuniversität kaum erwarten. Vor allem ist es nicht leicht, die Tugenden im Umgang miteinander auszubilden, die Ihnen später auch abverlangt werden. Das entscheidende Stichwort heißt in diesem Zusammenhang „soziale Kompetenz". In den wenigsten Berufen werden Sie ohne soziale Kompetenzen, wie die Fähigkeit zur Zusammenarbeit mit anderen, ein sicheres, aber nicht arrogantes Auftreten, Dialogbereitschaft, Hilfsbereitschaft und Fairness im Umgang mit anderen auskommen. Der persönliche Eindruck bei Bewerbungen wird durch solche Elemente letztlich entscheidend geprägt. Die Erkenntnis setzt sich immer stärker durch, dass der Mensch wirklich den wertvollsten, aber auch teuersten Faktor im Prozess der Arbeit darstellt. Maschinen kann man jederzeit ersetzen, nicht dagegen erfahrene, menschlich reife und überzeugende Persönlichkeiten. Daraus folgt für die Einstellungspolitik vieler Personalchefs, dass es gar nicht so sehr auf das aktuelle Wissen eines Bewerbers ankommt als vielmehr auf sein Persönlichkeitsprofil. Es kommt vor, dass ein nach den reinen Noten besser qualifizierter Bewerber das Nachsehen hat, weil er persönlich nicht überzeugend ist. Zugespitzt gesagt: Fehlende Kenntnisse lassen sich leicht ausgleichen, Persönlichkeitsmängel nicht. Grundlegende charakterliche Mängel können nicht Gegenstand dieses Buches sein, wohl aber die handwerkliche Seite der Präsentation Ihrer Persönlichkeit in Wort und Schrift. Unternehmen und Staat stecken viel Geld in Weiterbildungsangebote zur Fortentwicklung der kommunikativen Fähigkeiten ihrer Mitarbeiter. Die Entwicklung der Sprachfähigkeit und der Präsentation steht in der universitären Ausbildung nicht im Mittelpunkt, völlig fern sind diese Bereiche aber dennoch nicht. Die meisten Länder sehen in ihren Prüfungsordnungen vor, dass ein Nachweis in einer sogenannten „Schüsselqualifikation" (Rhetorik, Mediation, Verhandlung) erworben wird. Weiter wird man bei den Übungsfällen ständig dazu gezwungen, zumindest schriftlich sauber zu argumentieren. Auch die Seminararbeiten sind ein Ort, bei dem man das Präsentieren der eigenen Person üben kann. Viele Universitäten bieten auf freiwilliger Basis mittlerweile auch „Moot-Courts" an oder Rede- und Diskussionswettbewerbe. Auch wenn die Juristischen Fakultäten ihre Studierenden nicht dazu zwingen, ein Meister der Rhetorik im Laufe des Studiums zu werden, so bieten sie dennoch ausreichend Möglichkeiten für die Interessierten, die sog. *Soft Skills* zumindest zu verbessern. In Schulen und Hochschulen dagegen existieren in unserem Land kaum Formen für die systematische Entwicklung kommunikativer Fähigkeiten.

2. Sprechen in der Universität

*Es gibt nicht DEN guten Redner,
sondern jeder redet auf seine eigene Weise
für seine eigene Sache dann gut,
wenn seine Zeit gekommen ist.*
Sten Nadolny

Wenn es auch nicht DEN guten Redner gibt, so kann man schlechtes Reden doch klar erkennen. Die Gesprächskultur lässt nicht nur im Kulturmedium Fernsehen ziemlich zu wünschen übrig, sondern ist leider auch in unseren Hochschulen nicht so, wie man das vielleicht erwartet. Auch hier redet man oft aneinander vorbei. Hinhören, aufeinander eingehen und die Argumente des anderen fair wägen sind zwar große kommunikative Tugenden, die Wirklichkeit sieht aber leider oft anders aus und dient eher der Selbstdarstellung als dem sachlichen und fairen Dialog. Die Ursachen dafür lassen sich keineswegs nur als die unerwünschten Auswüchse des Phänomens Massenuniversität beschreiben: Die Hochschule bildet bei allen Besonderheiten ihrer Lebenswelt keinen Raum außerhalb der Gesellschaft, sondern sie ist ein Teil derselben. Kulturelle Grundbedingungen, wie die Art miteinander zu reden, sind trotz vieler Eigenarten nicht gänzlich außer Kraft zu setzen. Diskussionsregeln

2. Sprechen in der Universität

werden in unserem Land merkwürdigerweise eher als befremdlich empfunden. Stattdessen werden sie faktisch durch die Streit(un)kultur einiger Sendungen des Fernsehens geprägt, die eher den Stil eines Gladiatorenkampfes – Vorgetäuschter Dialog, der Moderator als Einheizer, kurz: Hauptsache Blut – als den fairen Dialog pflegen. Sie selbst können viel an Selbstsicherheit gewinnen, wenn Sie sich ein paar Spielregeln bewusst machen und einüben.

Ein großes Hindernis für eine freie und ungezwungene Gesprächskultur liegt sicher in der Schwellenangst, die bei charakteristischen Sprechsituationen in der Universität in der Regel vorliegen. Ohnehin sind die Möglichkeiten, im Studium selbst zu Wort zu kommen, eher gering: In den Vorlesungen besteht schon von der Struktur her meist nur Gelegenheit, Fragen zu stellen, und selbst dies ist bei Massenvorlesungen mit 200 Teilnehmern nur beschränkt möglich. Bei Übungen wird man zwar zur Beteiligung stark aufgefordert, jedoch sind die Beiträge, bedingt durch die Struktur der Falllösung, in der Regel mehr technischer Natur und bieten wenig Raum für ein selbstbewusstes Auftreten. Bei den Seminaren sieht dies schon anders aus. Hier kann man durchaus auch einmal rhetorisch brillieren. Besonders geeignet zur Ausbildung der Rhetorik sind die schon erwähnten Schüsselqualifikationsangebote. Sie werden in der Universität häufig von Praktikern abgehalten, oft in Blockveranstaltungen. Dies ist nicht unsinnig, weil in der Rechtspraxis außerhalb der Universität die Rhetorik oftmals noch eine größere Rolle spielt und daher Praktiker „näher dran sind". Sie sollten solche Angebote aber unbedingt annehmen, denn die Juristerei ist eine Wortwissenschaft. Gerade in der beruflichen Praxis wird es sehr stark auf Ihre Kommunikationsfähigkeiten ankommen. Welche konkreten Veranstaltungen angeboten werden, bleibt den Universitäten selbst überlassen.

Nun ist jede Kommunikation nach *Niklas Luhmann* ein riskanter Akt, denn sie gefährdet die eigene Persönlichkeit. Es geht um die Angst vor dem **Kompetenzverlust**. Wer es wagt, sich an der Uni zu Wort zu melden, geht zunächst sogar ein ziemlich großes Risiko ein. Das Kernproblem für den eigenen Spracheinsatz besteht darin, dass man nicht recht weiß, wie man sich möglichst kompetent beteiligen

8. KAPITEL Präsentation in Wort und Schrift

soll. Es ist gar nicht so einfach, intelligente Fragen zu stellen. Wenn der Schuss danebengeht, kann man schon einmal den ganzen Hörsaal als Lacher gegen sich haben – nicht unbedingt eine angenehme Situation. Die Verunsicherung vor der scheinbar kompetenten Allwissenschaft des Dozierenden ist gerade am Anfang oft groß. Sprechängste und Hemmungen spielen bei vielen mit.

Hinzu kommt, dass für den Studierenden die wissenschaftliche Lebenswelt i. d. R. ziemlich fremd ist. Die akademischen Umgangsformen sind ausgesprochen spezifisch, was sich auch in der Art und Weise miteinander zu reden niederschlägt. Wo sich Tugenden entwickeln, entstehen meistens auch konträre Untugenden. Die akademische Lebenswelt bildet dafür ein hübsches Beispiel. Dem unbefangenen Beobachter wird hier manchmal manches zu umständlich (= differenziert), zu lang (= gründlich), vor allem aber aneinander vorbei gesprochen (= tiefsinnig) vorkommen. Das Ärgerliche daran ist, dass Untugenden leider leichter abfärben als Tugenden – auch bei Studierenden. Mancher Seminarvortrag und manche Diskussion fallen dann entsprechend aus. Im angestrengten Bemühen um akademischen Stil wird das Eingehen auf die Argumente des anderen gar nicht so selten durch die Aneinanderreihung von Klugheiten, durch ellenlange monologische Ausführungen und durch mangelnde Diskussionsdisziplin geprägt. Es ist keine singuläre Erfahrung, wenn der Gesprächsstil als verkrampft, nicht offen und angespannt erlebt wird.

Eine grundlegende Sprechsituation wird im Studium nicht zwingend geübt: die **mündliche Prüfungssituation**. Sie wird weder beim Erwerb von Scheinen noch bei Seminarveranstaltungen oder in der Zwischenprüfung durchgespielt. Erst in der Examensphase bieten sich Gelegenheiten als Zuhörer in einer Prüfung oder als Teilnehmer von Übungsveranstaltungen Einblicke zu gewinnen. Viele Repetitorien aber auch einige Fakultäten bieten simulierte Prüfungsgespräche als Trainingsmöglichkeit an. Man kann die mündliche Prüfung auch mit sehr gutem Ergebnis bewältigen, ohne sie vorher geübt zu haben, da es primär um Fachwissen und nicht um Rhetorik und Selbstdarstellung geht. Dennoch ist es sehr zu empfehlen, wenn man eine Vorstellung davon hat, was auf einen zukommt, insbesondere, da unter den Prüfern immer auch JuristInnen sein werden, die schon lange nicht mehr an der Universität tätig sind und daher in gewisser Form anders „ticken" als die bekannten Lehrenden an der Universität. Mit dem Problem der mündlichen Prüfung sollte man sich allerdings erst dann befassen, wenn man die schriftlichen Klausuren hinter sich hat, um nicht zu viele Probleme auf einmal anzugehen.

Aus den bisherigen Überlegungen ergeben sich **drei Hauptprobleme für das eigene Sprechen:**

- Wie kann ich mich möglichst kompetent zu Wort melden? (Frage nach der persönlichen Integrität)
- Wie kann ich dabei ich selbst bleiben? (Frage nach dem persönlichen Stil)
- Wie kann ich mich auf unbekannte Sprechsituationen einstellen? (Frage nach der Einübung von Prüfungsgesprächen)

Man kann diese Fragen kaum durch Patentantworten lösen. Aber es ist zumindest nach den Erfahrungen der Autoren unwahrscheinlich, dass Sie diese Fragen in einer für Sie selbst befriedigenden Weise lösen können, wenn Sie sich nicht an den Grundsatz der Aufrichtigkeit halten. Die Aufrichtigkeit des eigenen Sprechens ist keineswegs eine Selbstverständlichkeit, auch nicht in der akademischen Lebenswelt. Hochschullehrende sind auch nur Menschen und nicht immer vorbildlich. Aufrichtigkeit des eigenen Sprechens bedeutet nicht, alles zu offenbaren, was einem gerade durch den Kopf geht. Sie verlangt aber, dass man auch in seinem Sprechen mit anderen kein falsches Bild von sich selbst vermitteln will. Falsches Spiel ist mit der Aufrichtigkeit des eigenen Sprechens nicht zu vereinbaren.

Da man allein mit ethischen Ansprüchen keine praktischen Probleme lösen kann, werden Ihnen im Folgenden wiederum einige Grundübungen an die Hand gegeben, mit denen Sie Ihr Urteilsvermögen durch die Ausbildung Ihres Sinnes für Intensität und Qualität selbst trainieren können. Dafür ist es nützlich, sich zunächst einmal die drei systematischen Grundsituationen des Sprechens im Studium klarzumachen:

- das Sprechen **vor** anderen bei Referat und Statement

- das Sprechen **mit** anderen in der **Diskussion**
- das Sprechen **mit** anderen in der **Prüfungssituation**.

Auf alle drei Situationen kann man sich einstellen, jede verlangt andere Fertigkeiten. Ihre Fertigkeiten können Sie am besten in einer selbst gegründeten Arbeitsgruppe mit Gleichgesinnten trainieren und entwickeln – allein werden Sie es kaum schaffen mit anderen zu sprechen. Wenn Sie im ersten Zugriff mit der Mund-zu-Mund-Methode niemanden finden, der mitmachen will, sollten Sie die Möglichkeit des schwarzen Brettes nutzen.

Zu (1) Situation Referat und Statement:

Heute ist Ihr Tag. Sie haben mit viel Mühe und auf 25 Seiten ihr erstes Referat geschrieben, haben es pünktlich zwei Wochen vor Ihrem Termin abgegeben und sollen es nun vortragen. Zuhörer sind zwanzig oder mehr Studentinnen und Studenten, einige Assistenten und Doktoranden sowie der Professor. Einige Zuhörer haben Ihr Referat vorher vielleicht gelesen, die meisten wahrscheinlich nicht. Nach einer kurzen Einleitung durch den Professor sind Sie dran. Wie lösen Sie diese kribbelige Sprechsituation, wenn Sie nicht schon ein Vortragsprofi sind?

Die schlechteste Lösung, die aber nach der Erfahrung der Autoren verbreitet ist, heißt: den Text des Referates, meist etwas verkürzt, in PowerPoint Folien formen und diese ablesen. Vergleichbar ungünstig ist es, keine Folien zu verwenden und den Text vom Blatt abzulesen, besonders schnell, um das Referat zügig hinter sich zu bringen. Dafür brauchen Sie ungefähr eine halbe Stunde, manchmal auch länger. Bei einer zweistündigen Seminarveranstaltung bleiben dann noch rund 60 Minuten übrig, die es zu überbrücken gilt. Ein paar ergänzende Anmerkungen des Professors, ein paar Verständnisfragen, die eine oder andere kluge Anmerkung eines Assistenten oder Doktoranden, zwischendrin noch einige Antworten von Ihnen und Sie haben es überstanden. So oder ähnlich läuft es oft, muss es aber nicht. Die Erstellung der schriftlichen Arbeit ist das eine, der Vortrag das andere. Was können Sie dafür tun?

Zunächst sollten Sie sich Ihre spezifischen Fertigkeiten für Vortrag und Statement klarmachen. Die meisten Referate sind aus zwei

Gründen schlecht. Einmal, weil die Vortragenden nicht gelernt haben, ihre eigenen und höchstpersönlichen Redefähigkeiten zu trainieren und einzusetzen. Stattdessen unterwerfen sie sich einem gemutmaßten Ideal akademischer Rede, das in der Praxis unpersönlich, spröde und langweilig wirkt. Zum anderen sind Seminarreferate häufig nur für diejenigen nachvollziehbar, die die Lösung und das Problem schon vorher kannten.

In Anlehnung an *Sten Nadolnys* ‚Selim oder Die Gabe der Rede' lassen sich vier wichtige Gründe für die misslungene Rede nennen:

- **Perfektionismus:** Dazu zwei Dinge: Erstens – Sie sind kein Professor und Sie brauchen auch nicht so zu reden! Kein Mensch erwartet das von Ihnen. Ihr Vortrag wird unglaubwürdig. Reden Sie nach Ihrer eigenen Art. Zweitens – hüten Sie sich vor der Vorstellung, alles perfekt und mit Ewigkeitswert sagen zu können. „Wer seine These optimal vorbringen, es' ein für alle Mal sagen will, arbeitet an seinen Formulierungen, bis die Gelegenheit zum Vorbringen vorüber ist."

- **Vollständigkeitswahn:** Erinnern Sie sich an die notwendige Portion Mut zur Schwerpunktsetzung? „Wer alles sagen will, was er weiß, bricht bereits im ersten Drittel seiner Rede zusammen und hört den Beifall nicht mehr. Deshalb reden viele gar nicht erst: Sie ahnen, dass sie die gigantische Zusammenfassung aller Gesichtspunkte nicht fertig bringen werden – mit Recht."

- **Vorsicht und Sicherheitsdenken:** Die Angst, falsch verstanden oder angegriffen zu werden, kann für einen Vortrag tödlich sein. Wer nur fremdes referiert und keine eigene Stellung bezieht, wirkt langweilig und unsicher und verdeutlicht nicht, weshalb die Fragestellung, über die er referiert, eigentlich wichtig ist.

- **Inhalt contra Haltung:** Ihre Persönlichkeit ist immer im Spiel, und Sie sollten sie nicht verstecken. Bei jedem Vortrag, und sei der Gegenstand noch so trocken, erzählt ein Redner immer auch etwas über sich selbst. „Das sollte er nicht fürchten, sondern sogar wollen und zulassen! Nur dann wird er Aufmerksamkeit gewinnen, mehr noch: die Haltung hilft dem Inhalt auf die Beine."

Es ist nicht nötig, dass Sie völlig frei sprechen. Ihre Rede soll lebendig und überzeugend sein. Geben Sie Ihrem Publikum Zeit. Mit eiligem Herunterhaspeln überzeugen Sie nicht. Sie dürfen Ihre Zuhörer nicht langweilen, sondern Sie sollen sie an die Hand nehmen. Dafür ein praktischer Tipp: Setzen Sie unterstützend für Ihre Rede Hilfsmittel ein. Wichtigster Grundsatz dabei: **Geben Sie Ihren Zuhörern Bilder**, wecken Sie Assoziationen und stellen Sie Verknüpfungen her. Das Zauberwort lautet Visualisierung. Sie können etwa Begleitmaterial erstellen – Skizzen, Zusammenfassungen in Thesenform, Schlüsselbegriffe, Gliederungen des Vortrages – oder technische Hilfsmittel einsetzen – Overheadprojektor, Diaprojektor, PowerPoint etc. Ihrer Phantasie sind dabei keine Grenzen gesetzt.

> **Übung:** Bei der Einübung des Vortrags vor anderen arbeiten viele Rednerschulen mit der Videoprobe. Wenn Sie Ihrem Urteilsvermögen etwas zutrauen – und das sollten Sie – und außerdem an einen Camcorder herankommen, können Sie viel Geld sparen und es selbst ausprobieren. Nehmen Sie Ihren eigenen Vortrag auf – das Thema spielt keine Rolle – und schauen Sie sich das Ergebnis in Ruhe an.

Am besten übt es sich auch hier gemeinsam in der Gruppe. Sie können sich dann gegenseitig korrigieren und auch die anderen nach ihrer Einschätzung befragen. Sollte Ihnen dies alles zu viel Mühe bereiten, dann halten Sie das Referat einfach vor sich selbst, aber laut und stoppen Sie die Zeit. Gehen Sie niemals in ein Referat hinein, ohne den Vortrag einmal vollständig und wie im Ernstfall gehalten zu haben und die Zeit genommen zu haben. Für den Inhalt gilt immer folgende Kontrollfrage: Ist das Referat auch für denjenigen verständlich, der die Lösung noch nicht kennt?

Zu (2) Die Diskussionssituation:

Diskussion bedeutet gemeinsamer Meinungsaustausch und Erörterung. Leider kommt es oft gar nicht so weit, sondern es bleibt bei der Manifestation der eigenen Sicht der Dinge. Das Gespräch, wenn es denn überhaupt stattgefunden hat, bleibt stecken. Vom Aneinandervorbeireden soll erst gar nicht die Rede sein. Viele fühlen sich auch dann besonders wohl, wenn sie andere kräftig belehren können – „ich aber sage euch ...". In Seminaren sieht das kaum anders aus als bei politischen Veranstaltungen oder in Talkshows. Das Fragen fällt nicht leicht in einer solchen Atmosphäre. Immerhin – Aufrichtigkeit hilft auch hier weiter. Viele sind für offene Fragen und den Mut zum Bekenntnis, etwas nicht verstanden zu haben, dankbar. Was für die Vortragssituation gilt, vor allem für die Defizite, gilt hier in gleicher Weise. Welche weiteren spezifischen Fertigkeiten benötigt man, um gut zu diskutieren?

Der Blick soll auf drei Punkte gerichtet werden, die die zentralen Defizite der meisten Diskussionen ausmachen. Wer gut diskutieren will, muss vor allem eines können: hinhören. Da viele das nicht können, sind Diskussionen oft schlecht und verdienen kaum ihren Namen. Wer es dagegen versteht hinzuhören, der kann auf das vorher Gesagte eingehen und damit eine Diskussion aufbauen. Zweitens muss Ihr Beitrag den Bezug zu dem bisherigen Diskussionsstand erkennen lassen. Wer ein Argument vorträgt, das schon eingebracht wurde, ohne klarzustellen, dass das Argument nicht neu ist, signalisiert, dass er die bisherigen Beiträge nicht mitbekommen hat oder für wertlos hält. Drittens müssen Sie immer zum Thema sprechen und die potentielle Prüffrage, ob uns der Beitrag weiterbringt, mit „Ja" beantworten können. Auf weitere Theorie wird verzichtet – probieren Sie es lieber selbst mit den beiden folgenden Spielen.

> **Bewusstes Hinhören:** Ein Spiel für drei Personen. Zwei sitzen sich gegenüber und diskutieren über ein beliebiges Thema. Der jeweils Antwortende hat die Aufgabe, vor seiner eigenen Stellungnahme die Ausführungen seines Gegenübers kurz zu wiederholen, etwa mit der Einleitungsfrage: „Habe ich dich richtig verstanden …?" Erst wenn der Dialogpartner sein Einverständnis signalisiert hat, darf er weiter zur Sache reden. In umgekehrter Richtung gilt die gleiche Regel. Achten Sie darauf, dass Ihre Beiträge nicht zu lang werden. Die dritte Person hat einen reinen Beobachterstatus: Was fällt Ihnen an der Gesprächsführung auf? Klappt das Verständnis, wie entwickelt sich der Gesprächsverlauf inhaltlich? Wo hakt es? 15 Minuten sollten für eine Runde genügen. Vergessen Sie nicht, die Rollen zu tauschen.

> **Den Ball hin und her spielen:** Für dieses Spiel brauchen Sie zwei gleich
> großen Gruppen. Jede Gruppe sollte aus mindestens drei und höchstens
> zehn Personen bestehen. Zu einem beliebigen Streitthema werden Diskussionspositionen festgelegt. Die Gruppe A hat einen positiven, die
> Gruppe B einen negativen Standpunkt einzunehmen. Nach einer Vorbereitungszeit wird im Zickzackkurs diskutiert, wobei jeder Redner nach
> kurzem Nachzeichnen der Position seines Vorredners mit einer inhaltlichen Erwiderung darauf einzugehen hat. Also: Auf Redner 1 der Gruppe
> A antwortet Redner 1 der Gruppe B, dann Redner 2 aus A, Redner 2 aus
> B, Redner 3 aus A und so weiter. Erst wenn die Zickzackrunde einmal
> durchlaufen ist, wird die Reihenfolge des Hin- und Herspielens geöffnet.
> Dabei darf keine Gruppe zwei Redner hintereinander stellen. Und: Kein
> Redner einer Gruppe darf zweimal hintereinander sprechen. Auf Video
> aufgezeichnet hat dieses Spiel einen praktischen Erkenntniswert. Aber
> auch ohne Bandaufzeichnung werden Sie Ihr Urteilsvermögen dafür
> schärfen, wann eine Diskussion gut läuft und wann nicht. Man kann das
> Spiel in einer zweiten Runde verschärfen, indem in den Gruppen bestimmte Diskussionsrollen ausgehandelt werden, die der anderen Gruppe
> unbekannt sind. Es gibt destruktive und konstruktive Rollen. Wer kennt
> nicht den Selbstdarsteller, den Besserwisser, den Langatmigen, den Beleidigenden, den Kompromissfinder, den Allesemotionalisierer, den Positiven, den Lächerlichmacher, den Abschweifer usw. Achten Sie darauf,
> dass Sie nicht nur negative Rollen vergeben. Fragen Sie hinterher die Gegengruppe, wie Sie die jeweiligen Rollen empfunden hat und warum.

Wer noch mehr tun möchte, der kann versuchen, für Vortrag und
Diskussion auch einen eigenen Rahmen anzufertigen. Warum gründen Sie nicht mit einem Kreis von Interessierten – es müssen ja nicht
nur JuristInnen sein – Ihren eigenen Debattierclub? Als Ort kann das
Nebenzimmer einer Gaststätte dienen. In Großbritannien haben solche Clubs auf höchstem Niveau Tradition. Sie können dort das Sprechen trainieren, indem die Mitglieder selbst zu einem vorher bestimmten Thema reden und anschließend diskutieren. Man kann
auch versuchen, ProfessorInnen oder andere Persönlichkeiten einzuladen. In Oxford stimmen die Zuhörer im Anschluss an Vortrag und
Diskussion sogar über die Überzeugungskraft des Redners ab. Man
kann das mit der Vorher-Nachher-Methode machen, wie Sie das
vielleicht aus der Fernsehdiskussion „Pro und Contra" kennen.

> **Tipp**
>
> Weitere Anregungen und Übungen zur Stärkung Ihrer kommunikativen Kompetenz finden Sie mit einer Menge praktischer Beispiele in: *Christof Gramm* – Argumentieren – So behalten Sie in Diskussionen die Oberhand – Das Trainingsbuch, Planegg bei München 2005.

Zu (3) Die Prüfungssituation:

Auf die Prüfungssituation der mündlichen Befragung kann man sich kontinuierlich vorbereiten. Wer sich erst im Examen an diese Situation heranwagt, ohne sich vorher erprobt zu haben, der muss sich eigentlich nicht wundern, wenn ihn Unsicherheit und Furcht packen. Es reicht nicht aus, sich kurz vorher einmal selbst in eine wirkliche Prüfungssituation als Zuhörer zu begeben. Sie müssen selbst etwas tun, um Ihre Hemmschwelle zu senken, Professionalität und Sicherheit zu gewinnen. Die Selbstsicherheit wächst mit dem Einüben der Fähigkeit, sich auf unbekannte Fragesituationen einzustellen. Dafür können Sie auch das Prüfungsgespräch durchspielen. Eine Prüfungssituation lässt sich nur bedingt aus eigener Kraft simulieren, aber es geht. Um den Ernst der eigentlichen Prüfsituation in der Simulation überzeugend einzufangen, sollten Sie für den staatlichen Teil des Examens darauf achten, dass Sie den bzw. die Prüfer nicht zu gut kennen. Die meisten Prüfer werden Sie im Ernstfall nicht persönlich kennen. Umgekehrt gilt das Gleiche. Wenn Sie nicht die Dienste der Prüfungssimulation durch einen Repetitor in Anspruch nehmen wollen, organisieren Sie das eben selbst. Sie können ältere Semester oder Examenskandidaten bitten, ein solches Prüfgespräch mit Ihnen, besser noch mit Ihrer ganzen Arbeitsgruppe, zu veranstalten. Die inhaltliche Vorbereitung sollten Sie ernst nehmen, aber nicht übertreiben. Fragen Sie ruhig auch einmal einen Ihrer Dozierenden, ob er in einer Lehrveranstaltung ein Prüfungsgespräch inszenieren könnte.

Welche spezifischen Fertigkeiten müssen Sie nun in der Prüfung und damit auch in der Simulation entwickeln? Da Sie ohnehin nicht alles wissen können, hat es gar keinen Sinn, sich am überzogenen

Anspruch festzuklammern, dass man erst alles wissen muss, um sich zur Prüfung anmelden zu können. Auch im Ernstfall wissen Sie vorher regelmäßig nicht genau, worüber Sie geprüft werden. Die Illusion der möglichst perfekten Sicherheit des eigenen Sachwissens führt eher in die psychologische Katastrophe als zum Erfolg. Qualität gewinnen Sie dadurch, dass Sie einige gut sortierte Grundkenntnisse gut handhaben und auf unterschiedliche Situationen (Fälle) anwenden können. Dafür sollten Sie Ihren Blick für Ähnlichkeiten, aber auch für Unterschiede von Lösungsstrukturen schärfen. Für Ihr Sprechen ist es am wichtigsten, dass Sie in der Kürze der Zeit Ihre Gedanken klar artikulieren. Wenn Sie nicht weiterwissen: Fragen Sie nach. Sie können auch ruhig einmal eingestehen, dass Sie eine Frage nicht verstanden haben, und um ergänzende Hinweise bitten. Wenn Sie gar nicht weiterwissen, gestehen Sie lieber Ihre Irritation ein als völligen Unsinn zu reden. Im Einzelnen gelten folgende Grundsätze:

- Arbeiten Sie immer „hart" am Gesetzestext. Nennen Sie möglichst konkret die Norm, die Sie prüfen.
- Beschreiben Sie den Inhalt der Teile der Rechtsvorschrift, der Ihrer Meinung nach problematisch ist. Schön ist es, wenn Sie eine konkretisierende Definition wissen.
- Gehen Sie methodengerecht vor, d. h. legen Sie die Rechtsvorschrift nach den Auslegungsregeln (Wortlaut/Entstehungsgeschichte/Systematik/Sinn und Ziel) aus.
- Reden Sie nicht um den „heißen Brei" herum, sondern gehen Sie zügig die Prüfungspunkte durch, auch wenn in der Eile des Gesprächs das Problem für Sie noch nicht erkennbar sein sollte.
- Wenn Sie unsicher über den nächsten Schritt sind, äußern Sie die verschiedenen Varianten und nennen Sie den Punkt, der die endgültige Entscheidung aus Ihren Augen unmöglich macht.

Am Prüfungsgespräch sind i. d. R. mehrere Prüflinge beteiligt. Achten Sie hier besonders auf Fairness. Wer sich in den Vordergrund spielt und anderen das Wort abschneidet, macht damit nicht unbedingt Punkte. Die meisten Prüfer lassen das nicht zu und gehen der Reihe nach vor. Wenn Ihr Prüfer inhaltlich Fehler macht, müssen

Sie mit Ihrer Reaktion vorsichtig sein. Stellen Sie Ihren Prüfer nicht vor anderen Prüfern bloß. Am besten Sie kleiden in diesem Fall die richtigen Argumente in Frageform.

Machen Sie von Ihrem simulierten Prüfgespräch wenn möglich eine Videokontrolle und werten Sie die Aufnahme hinterher gemeinsam aus.

Eine letzte Bemerkung zum Thema Angst: Es ist überhaupt nicht schlimm, wenn Sie Lampenfieber haben und auch nach vielen Simulationen behalten. Viele professionelle Künstler behalten das Lampenfieber auch noch im hohen Alter und leben geradezu von diesem Schub. Ihre Angst darf Sie jedoch nicht so stark beschäftigen, dass Sie davon blockiert werden. Dagegen hilft einfach die Professionalität, die Sie nur durch Übung gewinnen können.

3. Juristisches Schreiben

Weitschweifigkeit ist von Vorteil,
wenn man täuschen will, sonst nicht.
William Gerard Hamilton

Juristendeutsch wirkt oft schrecklich. Tausende von „verunfallten Kraftfahrzeugen" quälen die Akten. Stellen Sie sich das bitte einmal vor: Sie kommen nach Hause und erzählen, dass Sie heute ein Kraftfahrzeug beobachtet hätten, das mit einem zweiten Kraftfahrzeug verunfallte! Mit lebensnaher Sprache hat das wenig zu tun. Vielen kommt so ein Deutsch womöglich vornehm und erhaben vor, kündet es doch bei Nichteingeweihten von der eigenen Professionalität. Es gibt noch schlimmere Beispiele, die Sie in manchen Lehrbüchern, Klausuren und Gerichtsurteilen finden können. Relikte eines heute lächerlich wirkenden Kanzleistils geben dem Text immerhin eine gewisse Weihe, so als würde hier etwas ganz anderes geschehen als im normalen Leben der Sterblichen. Es spricht der Experte mit fachmännischer Kompetenz, sachverständig, unangreifbar und irgendwie über den Dingen stehend. Die Juristerei wird so zu einer vollendeten Geheimwissenschaft, vor der sich der Normalverbraucher gruselt.

Gute JuristInnen schreiben völlig anders. Man versteht sie nicht nur, sondern liest häufig ihre Texte auch noch mit Genuss. Vor allem haben sie Brimborium nicht nötig. Auch Ihre eigenen Texte werden durch geschraubtes Pseudofachkauderwelsch keineswegs besser, sondern schlechter. Was zählt, sind Präzision und Verständlichkeit der Aussage und nichts sonst. Die Juristerei als praktische Wissenschaft lebt von der Ästhetik des Klaren und Verständlichen, gerade auch dann, wenn es um hochkomplexe Zusammenhänge geht. Dieser ästhetische Aspekt wird von Anfängern gern unterschätzt.

> „In der Tat – warum soll man das Auto nicht Auto nennen? Es sieht aus wie ein Auto, es fährt wie ein Auto, und alle anderen nennen es auch Auto. Wenn man nur deswegen, weil man JuristIn ist, vor diesem zurückschreckt, muss bei uns etwas verkehrt sein." (F. Haft)

Klausuren und viele Prüfungsarbeiten sind teilweise deshalb schlecht, weil der exakte Umgang mit Sprache nicht beherrscht wird. Umgekehrt gilt aber genauso, dass gute Arbeiten fast immer auch durch ihre Schriftform und die Präzision der Sprache überzeugen. Ein Text muss aus sich heraus den Leser überzeugen. Die Hausarbeiten sind i. d. R. kaum eine wirkliche Kontrolle für gutes Schreiben. Darauf wird selten bewusst geachtet. Viele erleben dann auch ein recht unangenehmes Erwachen in der Referendarzeit, aber auch später im Beruf, wenn ein Vorgesetzter schriftliche Vorlagen hübsch zusammenstreicht und sprachlich völlig umbastelt. Es ist lohnend, sich frühzeitig mit der Kunst des Schreibens zu beschäftigen. Ein Literaturhinweis soll nicht fehlen. Immer noch lohnend und amüsant ist die Lektüre der Stilkunde von *Ludwig Reiners*,[15] der übrigens Jurist war. Jeder, der sein Empfinden für den Stil von Sprache schärfen will, kann hier mit Gewinn in die Lehre gehen. Das Buch enthält daneben eine Fülle wertvoller praktischer Tipps.

Eine Hürde haben Sie genommen, wenn Ihr Text sich nicht nur lesen, sondern auch sprechen lässt: Gesprochene Sprache ist keineswegs eine Sprache zweiter Klasse, sondern sie ist die eigentliche Form der Sprache (Ludwig Reiners). Gute „Spreche" ist deswegen auch in schriftlicher Form gute Sprache. Umgekehrt gilt: Was sich nicht oder nicht gut vortragen lässt, ist auch keine gute Sprache.

3. Juristisches Schreiben

Satzungetüme über eine halbe Seite, zusammengeballte Substantive und völlig verschachtelte Nebensätze mögen sich dem lesenden Auge mit einiger Mühe noch erschließen, den Zuhörer überfordern sie.

Es gibt nun ein einfaches, aber sehr wirksames Mittel, um dieser Gefahr – etwa bei Hausarbeiten – zu entgehen. Der Test für gutes Schreiben ist einfach: Lesen Sie Ihren Text laut.

Lässt Ihr Text sich gut lesen oder haben Sie Schwierigkeiten? Wenn Sie öfter holpern und stocken, dann ist Ihr Text schlecht. Die Gegenmaßnahmen liegen auf der Hand. Machen Sie Ihren Text sprechbar: Zerlegen eines zu langen Satzes in mehrere Sätze; Kürzen von zu lang geratenen Passagen; Streichen oder sinngemäßes Ersetzen von penetranten Wiederholungen; fallen Sie sich nicht selbst ins Wort, indem Sie Anmerkungen einfügen; Umgliedern bei falschem Gedankenfluss; meiden Sie das „Passiv" und „dass-Sätze"; umgehen Sie einleitende Teilsätze („Daraus folgt, … – Hinzu kommt, … ") etc. Wenn Ihnen jemand zuhört, umso besser. Versteht er Ihre Schreibung? Nebenbei hat diese Methode einen positiven Effekt: Sie können so gleichzeitig den Vortrag vom Blatt üben und sich mit Ihrer eigenen Fachsprache vertraut machen. Auch in diese Rolle muss jeder angehende Jurist erst hineinwachsen.

Vielen Fakultäten bzw. Universitäten bieten Kurse an, die von sogenannten Schreibzentren („Writing Center") angeboten werden. In solchen universitätseigenen Zentren kann die Kunst des fachwissenschaftlichen Schreibens geübt werden. Geboten werden Beratung und Hilfe bei Formulierungsschwierigkeiten sowie Trainingsmöglichkeiten für die eigenen Formulierungsfähigkeiten.

> **Übung:** Schreiben Sie alle die gleiche Klausur unter Ernstfallbedingungen. Korrigieren Sie dann jeder die Arbeiten Ihrer Kommilitoninnen und Kommilitonen bis auf die eigene und notieren Sie, was besonders gelungen und was besonders schlecht gelöst worden ist. Besprechen Sie dann gemeinsam Ihre Ergebnisse. Was macht die Qualität einer Arbeit aus? Die Übung lässt sich wiederholen. Im Folgenden werden einige stilistische Hinweise für juristische Texte gegeben.

Exaktheit des Sprachgebrauchs:

Banal genug, aber juristisch exakter Sprachgebrauch ist wichtig, wenn auch schwer. Die juristische Fachsprache wird dabei durch den Gesetzestext vorgegeben. Die Sprache des Gesetzestextes ist nicht zu umgehen. Ein richtiger Gedanke im falschen Sprachkleid wirkt nicht nur unprofessionell, sondern ist außerdem meistens falsch. In der Stresssituation einer Klausur wirkt sich fehlende Routine bei der Klausurenpraxis oft zuallererst auf den Sprachgebrauch aus. Halb oder gar nicht passende Begriffe schleichen sich ein. Die Klausur wird unpräzise, der Korrektor ärgert sich.

Vorsicht vor falschem Sprachstil:

Juristische Texte haben auch eine eigene ästhetische Seite, nicht als Selbstzweck, sondern um der Verständlichkeit willen. Der Satz von Karl R. Popper am Anfang dieses Kapitels gilt auch für JuristInnen. Einfach und präzise zugleich zu schreiben ist eine hohe Kunst. Wissenschaftliche Abhandlungen sind keineswegs immer vorbildlich. Mit Nachdruck zu warnen ist vor der Selbstberauschung an fachsprachlichen Termini. Gleiches gilt für die Benutzung von wissenschaftlichen Modebegriffen. Zu den „erfolgreichsten" Modewörtern der letzten zehn Jahre dürfte das aus der Wissenschaftstheorie stammende Stichwort „Paradigma" gehören, das meistens nicht bloß im Sinne von „Beispiel" gebraucht wird, sondern im Sinne eines vorbildlichen Modells mit dem Anspruch einer neuen Sichtweise alter Probleme. Bei weitem nicht alles, was sich als Paradigma ausgibt, erfüllt diesen hohen Anspruch. Dem Studierenden ist vom Gebrauch solcher Begrifflichkeiten unbedingt abzuraten.

Grundsätzlich ist bei Prüfungsarbeiten der Gutachtenstil anzuwenden:

Beim Gutachten geht es darum, dass eine an den Anfang gestellt These (etwa: es könnte das Grundrecht auf Berufsfreiheit verletzt sein) im Laufe der Untersuchung auf ihre Richtigkeit untersucht wird. Am Anfang steht folglich die These, die meist konjunktivisch aufgeworfen wird. Auf den Bezug zu einer konkreten Rechtsnorm ist unbedingt zu achten. Danach sind die einzelnen Merkmale der Norm zunächst du definieren. Der Definition folgt der Hinweis auf den vorliegenden Sachverhalt. Anschließend wird geprüft, ob der Sachverhalt mit der Definition übereinstimmt oder nicht. In der Regel muss man dafür die Definition der Tatbestandsmerkmale verfeinern. Immer gilt der Grundsatz, am Tatbestandsmerkmal entlang – nicht vorbei – zu schreiben: von der Frage zur Antwort. Das Ergebnis der Untersuchung steht am Ende im Indikativ. Die Anfangsthese hat sich bewahrheitet oder wird verworfen.

Anders als der Gutachtenstil ist der Urteilsstil. Hier steht das Ergebnis am Anfang fest und wird im Folgenden indikativisch begründet, wobei im Idealfall jeder Satz an den vorhergehenden durch das gedachte Zwischenglied „warum? – denn" anschließt.

Klausuren werden grundsätzlich im Gutachtenstil geschrieben. Bei unproblematischen, aber unbedingt erwähnungsbedürftigen Prüfungspunkten oder Tatbestandsmerkmalen ist der Urteilsstil auch in der Klausur anwendbar. Andernfalls wird der Text spröde und unprofessionell. Auch bei richtiger Lösung wird die Arbeit kaum besonders gut bewertet werden.

Die Klarheit des Textes und damit der Gedankenführung wird durch kurze Sätze erhöht. Es ist verkehrt, zwei Sätze pro Seite mit einer Fülle von Nebensätzen zu schreiben. Vorgefertigte Formulierungen für Standardpunkte, die unbedingt angesprochen werden müssen oder auf die es im konkreten Fall tatsächlich ankommt, sind wertvolle Versatzstücke und entlasten während der Klausur.

Rechtsnormen richtig zitieren:

Zumindest unschön ist oberflächliches Zitieren von Rechtsnormen. Artikel oder Paragraphen sind nach Absatz und – bei längeren Abschnitten – Satz zu zitieren. Zahlen bei Aufzählungen innerhalb einer Vorschrift werden nach Nummern zitiert. Auch bei gängigen Vorschriften darf das Zitat des Gesetzes nicht unterbleiben, was häufig bei den §§ 40, 113 VwGO missachtet wird. Am einfachsten ist es, den betreffenden Paragraphen oder Artikel am Ende des Satzes anzuhängen.

Kein zusammenhangloses Reproduzieren von Wissen:

Ein gravierender Fehler sind allgemein gehaltene Ausführungen mit einem lockeren thematischen Bezug zum anstehenden Problem. Das zusammenhanglose Reproduzieren ist nicht nur überflüssig, sondern falsch. Es bringt entgegen einer verbreiteten Auffassung nur Negativpunkte. Alle Überlegungen müssen im Zusammenhang mit der prüfungserheblichen Frage stehen, die zu Beginn klar aufzuwerfen ist.

Natürlich ist es gerade für diejenigen, die viel wissen, eine Versuchung, ihr Wissen um jeden Preis unterzubringen. Dieser Versuchung gilt es zu widerstehen und sich wirklich nur auf das Notwendige zu konzentrieren. In einer juristischen Arbeit genügt es nicht, richtige Überlegungen zu einem Themenkomplex zu haben. Man muss sie auch richtig platzieren. Auch wissenschaftliche Aufsätze, in denen gedankliche Schleifen durchaus üblich sind, gehören nicht in ein Rechtsgutachten. Für die Erheblichkeit von Überlegungen kommt es immer auf den konkreten Problembezug an. Wird dieser nicht deutlich, sind die Überlegungen wertlos. Die Beherzigung dieser Regel bestimmt ganz entscheidend die juristische Qualität einer Arbeit.

Argumentieren statt Abschreiben:

Das Abschreiben von Sachverhalten oder Gesetzestexten kann Seiten füllen und damit das beruhigende Gefühl vermitteln, etwas zu schreiben. Punkte gibt es dafür nicht. Manche Arbeit besteht aus nichts anderem als abgeschriebenen Paragraphen bzw. Sachverhalten. Dabei fehlt vollkommen die Subsumtion. Der Lösungsvorschlag entbehrt jeglicher Begründung. Sachverhalt und Gesetz sind als bekannt vorauszusetzen. Auf sie kann man ganz knapp eingehen.

Stattdessen sollte die Energie auf das Argumentieren verwendet werden. In weniger plumper Form unterläuft dieser Fehler oft bei der Anfertigung von Hausarbeiten, indem seitenlange Ausführungen von Kapazitäten des jeweiligen Faches mehr oder weniger abgeschrieben werden. Aufgabe bei der Wiedergabe von Literaturmeinungen ist es, knappe und präzise Zusammenfassungen der Position zu leisten.

Ich-Stil:

Die Trockenheit juristischer Texte entsteht nicht zuletzt dadurch, dass der Autor gänzlich hinter dem Text verschwindet. Es ist üblich, nicht in der Ich-Form zu schreiben. An diese Üblichkeit sollte man sich in Prüfungsarbeiten schon aus Gründen praktischer Klugheit halten.

Achtung vor überflüssigen Floskeln:

Mit überflüssigen Floskeln schindet man zwar Seiten, erreicht aber keine Qualität. Beispiele: „Die Verfassungswidrigkeit der Ermächtigungsgrundlage ist nicht ersichtlich" (warum?); „die Eröffnung des Verwaltungsrechtswegs steht außer Zweifel" (wieso?); „das kann hier nur angedeutet werden" (warum?); „nur am Rande sei bemerkt" (interessiert das für die Falllösung?). In allen Fällen fehlt eine Begründung. Diese Sätze sind überflüssig. Andeutungen und Randbemerkungen gehören schon gar nicht in ein juristisches Gutachten.

Ganz gefährlich sind die „Argumentationsstopper". In solchen Fällen tritt die pure Behauptung an die Stelle der Argumentation. Das Misstrauen jedes Korrektors erregen deswegen Formulierungen wie: „ohne Zweifel …"; „eindeutig"; „offensichtlich"; „ganz klar"; „hundertprozentig"; „es ist evident, dass …"; „völlig unproblematisch ist …"; „es ist schlechterdings nicht nachzuvollziehen, dass …"; „diese Argumentation überzeugt nicht …"; und – beliebt, aber unglücklich –: „die gegenteilige Auffassung ist abwegig …".

Richtige Schwerpunktsetzung:

Schwerpunkte sollen im Text erkennbar gesetzt werden. Dafür ist eine Gewichtung der Probleme unabdingbar, sonst entsteht unweigerlich ein literarischer Einheitsbrei ohne Konturen und Qualität. Falsch ist die Gießkannentechnik, die überall gleichmäßig streut – in der Hoffnung, das Richtige schon irgendwie zu treffen. Ebenso falsch ist die breite Erörterung des Unproblematischen. Gewichtung wird dadurch geleistet, dass wirkliche Probleme ausführlich, Randprobleme aber knapp abgehandelt werden. Stilistische Mittel sind dabei der Wechsel zwischen Gutachten- und Urteilsstil sowie die sprachlich deutliche Hervorhebung eines Problems. Voraussetzung einer guten Gewichtung in einer Klausur ist eine klare Grobgliederung. Die Gliederung in der Niederschrift sollte auch optisch durch Absätze, Zeilenabstände, Überschriften und Nummerierung am Rande die Gedankenführung transparent machen, aber ohne ins andere Extrem zu fallen und sich totzugliedern. Gliedern dient zugleich der Eigenkontrolle, ob man das richtige Argument auch am richtigen Platz untergebracht hat.

Die herrschende Meinung:

Ein weit verbreiteter Irrtum ist die These, man könne Hausarbeiten und Klausuren nur dann gut schreiben, wenn man sie entsprechend der herrschenden Meinung löst. Eine gut belegte (oder in der Klausur gut begründete) Mindermeinung wird jeder Korrektor anerkennen. Der Fehler liegt meist darin, dass der Bearbeiter eine Meinung darlegt, durchaus im Streben nach Selbstständigkeit und Originalität, dabei aber die herrschende Meinung übergeht bzw. nicht ausreichend würdigt. Das wird in der Tat Punkte kosten. Wer eine Mindermeinung vertritt, muss zunächst die herrschende Meinung herausarbeiten und zeigen, dass er sie begriffen hat. Die Widerlegung derselben ist stets zulässig. Ein zweiter Fehler in diesem Zusammenhang ist eher taktischer Natur. Es wird ebenfalls zu Abzügen führen, wenn man ein im Aufgabentext eindeutig angelegtes Problem einfach ausspart, indem man sich einer Mindermeinung anschließt und dadurch zum Schwerpunkt der Aufgabenstellung nicht mehr vordringt. Sofern durch das Vertreten einer Mindermeinung der Text vorzeitig erschöpft wird, sollte man jedenfalls in einem Hilfsgutachten zu dem ausgesparten Problem Stellung nehmen. Niemals darf eine Arbeit sich auf die Wiedergabe von Meinungen beschränken, ohne dass die eigene Ansicht deutlich wird. Kommen alle denkbaren Ansichten zum gleichen Ergebnis, muss mindestens deutlich werden, dass aus diesem Grunde eine Entscheidung für überflüssig gehalten wird. Folgt man kritiklos der herrschenden Meinung und präsentiert deren Ergebnis ohne Begründung, macht man den Korrektor auch nicht glücklich.

Umgang mit Fußnoten:

In Hausarbeiten grassiert gelegentlich die „Zitatologie", eine leicht diagnostizierbare Wissenschaftskrankheit: viele Zitate und Fußnoten, aber keine Argumente. Fußnoten ersetzen keine Argumente, schon gar nicht eigenes Denken. Die Masse der Zitate ist allenfalls ein Indiz für Fleiß und vielleicht für Sorgfalt, aber noch nicht für die innere Qualität eines Textes. Vor der Methode „Legitimation durch Aufwand" muss man sich hüten. Vor allem Selbstverständlichkeiten dürfen nicht mit Zitaten belegt werden.

Sinn des Zitierens ist es, Argumente mit Nachweisen zu belegen. Fußnoten haben dienende Funktion. Mit ihnen zeigt man, dass man fair, wissenschaftlich redlich und sorgfältig verschiedene Auffassungen bei der Erarbeitung des eigenen Lösungsvorschlages berücksichtigt hat und keinen geistigen Diebstahl begeht. Dazu gehört die exakte Seitenangabe der Fundstelle. In Prüfungsarbeiten ist es nicht zulässig, Aufsätze und Bücher lediglich nach Verfasser, Titel und Erscheinungsjahr zu zitieren. Auch Erläuterungen und Kommentare gehören grundsätzlich nicht in die Fußnoten. Im Interesse einer größeren Präzision sollte man sich bei Prüfungsarbeiten auch vor der Floskel „dazu siehe" hüten. Werden mehrere Seiten zitiert, ist das Kürzel „ff" für „fortfolgende" gebräuchlich. Besser ist die exakte Seitenangabe „von – bis".

Wenn zitieren, dann richtig! Autor, Titel, ggf. Auflage; Quelle und Jahrgang bei Zeitschriften; Erscheinungsort und Erscheinungsjahr bei Büchern, Seitenangabe. Gerichtsentscheidungen sollen möglichst nach der amtlichen Sammlung zitiert werden, ansonsten mit Datum und Aktenzeichen.

4. Grundzüge der Klausurenpraxis

Die Grundsituation der schriftlichen Anwendungsphase ist die Klausur. Bei Hausarbeiten kann man immer noch etwas nachsehen, nicht so in der Klausur. Dabei kommt es auf die Umsetzung des Erlernten an. Die Umsetzungsarbeit besteht aus einer Kombination von fertigen Wissensbausteinen, die es an der richtigen Stelle unterzubringen gilt, und dem Fertigwerden mit dem Unbekannten. Hinzu kommt der Zeitdruck, der vom Bearbeiter vor allem Geschwindigkeit fordert. Streitfragen lassen sich wegen der Zeitknappheit selten voll entwickeln. Außerdem weist wohl kaum eine Klausur nur ein Problem auf. Daraus folgt, dass es sinnlos ist, Meinungsstände allzu ausführlich zu lernen. Probleme muss man sich merken, deren Lösung lässt sich im Zweifel entwickeln. Nur bei ganz gängigen Streitigkeiten werden Standardargumente erwartet, wobei solche Aufgabenstellungen rar sind. Im Übrigen kommt es auf Argumentationsvermögen und Schwerpunktgespür an.

Schnelligkeit ist gefordert, dadurch entsteht Stress. Die Umsetzung des Erlernten muss geübt werden. Sicherheit in Stresssituationen kann man sich nicht theoretisch aneignen, sondern nur durch Routine. Sie ist die eine wichtige Säule der Anwendungsphase. Klausurenkurse sind eine gute und wichtige Übungsmöglichkeit. In der privaten Arbeitsgemeinschaft kann man sich gegenseitig Klausuren vorlegen. Freilich dürfte es sinnlos sein, wöchentlich etwa drei Klausuren zu schreiben. Auch der Wert von Maßzahlen, wie viele Klausuren man geschrieben haben müsse, um sich dem Examen stellen zu können (die Zahlen schwanken zwischen mindestens 50 und 250) wird häufig überschätzt. Dem einen genügen 30, der andere benötigt 300, um Sicherheit zu gewinnen.

Die zweite wichtige Säule ist die Klausurenpsychologie. Absolut notwendig ist der Wille, etwas auf das Papier zu bringen und die Aufgabe in der vorgegebenen Zeit optimal zu lösen. Dazu gehört Selbstvertrauen und Konzentration auf den Punkt. „Man muss den Tiger vor der Jagd in Gedanken töten – der Rest ist dann nur noch eine Formalität." (*Tucholsky*) Sich selbst zu überzeugen, dass man der Klausur absolut gewachsen ist, erfordert psychologisches Geschick. Je nach Typ können kleine Hilfen wie autogenes Training, vielleicht auch ein bestimmtes Musikstück oder Sport vor der Klausur zu einer guten Klausurverfassung beitragen. Eine gute Klausurverfassung kennt folgende Elemente:

- Es gilt, die Aufgabe **professionell** zu lösen: Profi-Ich, kein Prüfling-Ich. Bewusstseinsmäßig sollte klar sein, dass es um die Sache geht, nicht um Punkte. Prognosen darüber, wie viel Punkte es wofür gibt, sind schädlich.

- Der **Wille zur Vollständigkeit** nimmt das Ganze der Aufgabe in den Blick. Es muss etwas Rundes dabei herauskommen. Dazu gehören Überblick, ein klarer Kopf und vor allem Ausdauer.

- Gezielte inhaltliche Vorbereitungen sind kaum zu leisten. Man weiß ja nicht, welche Aufgabenstellung einen erwartet. Die **Einstellung auf das Unbekannte** und das Verlieren von Furcht sind trainierbar. Routine gewinnt man auch durch vorher erarbeitete Standardformulierungen. Wer bei einer Polizeiverfügung über § 40 VwGO noch nachdenken muss, ist im Ernstfall schon entscheidend im Nachteil.

- Dass der Wille zu besonderer Originalität gerade in Klausuren in aller Regel verkehrt ist, wurde bereits erwähnt. Es geht nicht darum, möglichst noch nicht Gedachtes aufs Papier zu bringen. Eine **begrenzte Zahl von Problemen** muss erkannt und nüchtern gelöst werden. Eine Lösung, die eindeutig im Sachverhalt angelegte Argumente und Probleme übergeht, ist fast immer falsch. Eine Lösung, die unzählige Probleme entdeckt und konstruiert, ist meistens genauso verkehrt. Klausuren mit nur einem Problem oder mit unzähligen Problemen, so genannte Rennfahrerklausuren, sind selten. Grobe Regel: selten weniger als drei, selten mehr als sieben wirkliche Probleme. Im Strafrecht kann das schon einmal anders sein.

- Auch die Vorfreude über vermeintlich erkannte Probleme ist schädlich, denn sie müssen nicht den Schwerpunkt der Arbeit bilden. Beim händereibenden Wiedererkennen wird die eigentliche Pointe oft übersehen. **Wiedererkennen** ist deshalb so gefährlich, weil es kritiklos macht. Dahinter steckt meist ein psychologisches Problem, nämlich fehlendes Selbstvertrauen und die Furcht vor dem Unbekannten.

Zum Klausurenablauf

Sachverhaltslektüre:

Zunächst soll der Sachverhalt relativ rasch gelesen werden, wobei Unterstreichungen möglichst zu vermeiden sind. Ein Extrazettel liegt bereit, auf dem Ideen und Probleme mit knappen Worten sofort notiert werden können.

Bei der zweiten Lektüre des Textes sollten Sie sehr sorgfältig lesen und weitere Probleme auf dem Zettel notieren. Richtig sinnvoll ist das bei der Zweitlektüre, weil man erst jetzt die am Ende des Textes stehende Aufgabenstellung kennt. Nicht in jeder Klausur sind alle nur denkbaren Probleme zu erörtern. Erst jetzt, mit Blick auf die Fallfrage, sind auch Unterstreichungen sinnvoll. Vorher verwirrt das nur und führt leicht zu Unübersichtlichkeiten.

Schwerpunkte bilden:

Aufgabensteller schreiben zwar selten ganz und gar Überflüssiges in den Text, aber nicht alles ist gleich wichtig. Das gilt gerade bei längeren Texten. Deshalb ist schon beim Lesen des Aufgabentextes zu beachten, wo der Aufgabensteller erkennbar Schwerpunkte setzt, etwa durch ein dickes „P" am Rand des Textes, entsprechend der Grobregel: zwischen drei und sieben.

Schwerpunktbildung setzt Unterscheidungsvermögen voraus Was ist offensichtlich problematisch, was weniger, was überhaupt nicht? Für Unproblematisches, aber dennoch Wichtiges (Pflichtprüfpunk-

4. Grundzüge der Klausurenpraxis

te), kann man „oP" an den Rand setzen, etwa wenn der Rechtsweg, der erwähnt werden muss, unproblematisch ist. Man kann natürlich ein Problem nur erkennen, wenn man weiß, was unproblematisch ist. Faustregel: Unproblematisch ist alles, was sich mühelos unter nahe liegende Rechtsnormen subsumieren lässt.

Lösungskonzept:

Erst bei der Erstellung des Lösungskonzepts beginnt die exakte Arbeit mit dem Gesetz. Dafür löst man sich am besten von den bereits erkannten Problemen und arbeitet sich zur Kontrolle an einem selbst ausgearbeiteten Aufbauschema voran. Ausgangspunkte sind die bekannten Einstiegsnormen (Eingriffsgrundlagen, Anspruchsgrundlagen oder Zulässigkeits- und Begründetheitsvoraussetzungen).

Auch im Lösungsentwurf müssen Schwerpunkte gebildet werden. Vor der Niederschrift sollten sie mit Rotstift in der Skizze gekennzeichnet werden, damit man sich beim Schreiben nicht in Nebensächlichkeiten verheddert.

Der Zeitdruck lässt es meistens nicht zu, dass die Probleme dabei nach allen Seiten durchdacht und mit allen nur denkbaren Argumenten gelöst werden. Wichtig ist nur, dass man sich darüber klar wird, wie man sie lösen will (Weichen stellen!). Dafür kann schon ein wichtiges Argument genügen. Weitere Argumente finden sich immer noch beim Schreiben. Fallen sie einem ein, sind sie natürlich sofort an der entsprechenden Stelle zu notieren. Deswegen: Lassen Sie in der Gliederungsskizze immer genügend Platz zwischen den einzelnen Prüfungspunkten. Die Klausur ist nicht der richtige Ort um Papier zu sparen.

Insgesamt gilt:

Das Konzept soll so knapp wie möglich sein. Gefährlich ist der Perfektionismus im Detail. Wer sich bereits beim Erstellen der Skizze in übergroßer Gründlichkeit verliert, wird nicht fertig. Die Übersichtlichkeit der Gliederung wird durch den halbseitigen Gebrauch des Papiers entscheidend gefördert.

8. KAPITEL — Präsentation in Wort und Schrift

Zur Gesetzeslektüre:

Sachverhalt und Gesetz müssen zusammengebracht werden. Die Gesetzeslektüre hat ihre Tücken, in der Eile kommt es vor, dass man etwas überliest. Deswegen: Jeder Paragraph ist ganz zu lesen, auch bekannte Paragraphen sind jedenfalls zu überfliegen. Unbekannte Paragraphen erfordern besondere Sorgfalt bei der Lektüre. Findet sich etwas, das passt, dann sollten Sie die Vorschrift unbedingt ganz lesen. Zur Sicherheit sind die Paragraphen davor und danach zu überfliegen. Findet man keine Anspruchs- oder Ermächtigungsgrundlage, hilft oft das Inhalts- und Stichwortverzeichnis der Gesetzessammlungen weiter. Das Stichwortverzeichnis im Anhang hat schon manchem Kandidaten in Klausurnot wertvolle Hilfe geleistet. Was tun, wenn sich eine den Fall regelnde Norm absolut nicht finden lassen will? Hier wird es meist um analoge Rechtsanwendung bekannter Rechtsnormen gehen, also: Normen suchen, die ähnliche Fälle regeln. Sammeln Sie alle in Betracht kommenden Vorschriften und entscheiden Sie ausgehend vom Problem, ob sie passen oder nicht.

Zum Schluss müssen in der Lösungsskizze alle relevanten Normen und die für die Entscheidung wichtigen Tatbestandsmerkmale stehen.

Rechtsanwendung:

Für die Rechtsanwendung gilt die Faustregel, dass der Wortlaut der Rechtsnorm bei der Subsumtion voll auszuschöpfen ist. Nur wenn es beim besten Willen keine Norm gibt, die passt, ist nach einer Rechtsnorm zu suchen, die einen dem Sachverhalt ähnlichen Fall regelt. Auch dabei gilt eine bereits erwähnte Faustregel: Je entlegener das Gesetz, desto unwahrscheinlicher ist es, dass komplizierte Auslegungsfragen auftreten oder Analogien zu bilden sind. Zumeist soll nur die richtige Norm gefunden werden, man soll zeigen, dass man die Systematik erfasst hat. Gerade bei unbekannten Vorschriften sind alle Tatbestandsmerkmale zu nennen.

Selbstkontrolle:

Vor der Niederschrift ist ein kritischer Blick auf die Subsumtionsarbeit zu werfen. Hat die Lösungsskizze den Sachverhalt einigermaßen ausgeschöpft? Als Probe dient, ob man die mit „P" gekennzeichneten Punkte untergebracht hat. Tauchen sie in der Lösung auf oder übergeht diese 80 % des Sachverhalts? Aber Achtung: Diese Methode ist kein absoluter Kontrollmaßstab. Sie dient der Selbstvergewisserung. Manche auf den ersten Blick als Problem diagnostizierten Sachverhaltspassagen stellen sich später als unproblematisch heraus.

Hilfreich kann auch eine von der rechtlichen Beurteilung losgelöste Ergebniskontrolle sein, vor allem wenn man hinsichtlich des Ergebnisses unsicher ist. Das Umsteigen vom juristischen auf den alltäglichen Verstand lässt sich mit der Überprüfung des Ergebnisses hinsichtlich seiner Wünschbarkeit und sozialer Folgen einschließlich Nebenfolgen leisten. „Ist das Ergebnis sinnvoll?" Das ist keine methodenunsaubere Grenzverwischung, sondern eine legitime Form der Hinterfragung juristischer Konstruktion. Vor allem auch bei Hausarbeiten ist diese Methode anwendbar. In den Gutachtentext dürfen diese Überlegungen nicht aufgenommen werden.

Zeiteinteilung:

Wichtig ist der rechtzeitige Beginn der Niederschrift. Als Richtwert gilt: Beginnen Sie nach einem Drittel der Zeit mit dem Schreiben. Das Lesen und Gewichten des Sachverhalts sollte keinesfalls mehr als eine halbe Stunde dauern. Für Übungsklausuren ist es nützlich, wenn man trainiert, die zur Verfügung stehende Zeit immer zu unterschreiten und etwa eine halbe Stunde vor dem Schlusszeitpunkt abzugeben. Das steigert die Konzentration, trainiert Schnelligkeit und gibt im Ernstfall die Sicherheit, einen Zeitpuffer zu haben. Natürlich sind das ungefähre Richtwerte, die je nach Sachverhalt und Schwierigkeitsgrad auch ganz anders ausfallen können. Aber als Orientierungswert sind sie nützlich.

Niederschrift:

Lassen Sie einen breiten Rand, mindestens ein Drittel der Seite. Gliedern Sie mit Absätzen, Ziffern und Buchstaben. Die Sache muss schon optisch klar wirken. Schreiben Sie leserlich.

Saubere Subsumtion:

Schreiben Sie immer am Tatbestandsmerkmal entlang. Ganz unproblematische, aber notwendige Anspruchsvoraussetzungen sollen im Urteilsstil abgehandelt werden. Damit demonstriert man nicht nur Souveränität, die Klausur wird auch besser lesbar, da Schwerpunkte so schon rein sprachlich ins Auge springen. Freilich: Urteilsstil heißt nicht, dass man auf die Begründung verzichten dürfte. Immer müssen die Tatbestandsmerkmale ausgefüllt werden. Wie hilfreich Standardformulierungen für Standardprobleme sind, wurde bereits mehrfach betont.

Echte Probleme muss man dagegen als solche kenntlich machen. Subsumieren heißt dabei vor allem argumentieren, also das Problem herausarbeiten und dann entscheiden. Nach dem Aufwerfen eines Problems ist dessen Erheblichkeit für den Fall kurz darzulegen, indem man auf die unterschiedlichen Konsequenzen hinweist. Die Folgen sollte man unbedingt nennen, wenn sie nicht selbstverständlich sind. Es muss deutlich werden, dass das Problem im konkreten Fall wirklich relevant ist. Weniger wichtig ist der Hinweis „herrschende Meinung, Rechtsprechung, Literatur". In Klausuren ist das ohnehin entbehrlich. Hier besteht nur die Gefahr, Wissen unterbringen zu wollen, das nicht zum Fall gehört. Das ist verhängnisvoll, kostet Zeit und bringt keine Punkte.

Finden Sie Argumente für die vorzugswürdige Lösung:

Für die breite Entfaltung von Meinungsstreitigkeiten ist meist ohnehin keine Zeit, selbst für Hauptprobleme bleibt meist nicht mehr Raum als etwa eine Seite. Gängige Streite müssen erwähnt werden, möglichst auch unterschiedliche Meinungen, aber nur, wenn es wirklich darauf ankommt. Verlangt ist vor allem, das treffende Problem zu finden und nicht die richtige Lösung zu kennen. Die

4. Grundzüge der Klausurenpraxis

ständige Rechtsprechung der obersten Gerichte zu einem Problem sollte man allerdings immer nennen, auch wenn man sich ihr nicht anschließt. Häufig gibt es bei Klausuren ohnehin mehr als nur eine richtige Lösung. Überzeugend ist vor allem eine gut entwickelte Problemdarstellung und -lösung. Ein widerlegtes Argument eines Beteiligten ist dabei schon der halbe Weg zum Gegenargument.

Was tun, wenn man ein Problem erkennt, aber keine Ahnung hat, wie es zu lösen ist? Ausgangspunkt muss immer eine konkrete Rechtsnorm sein. Hier hilft die Extrembildungsmethode: Suchen Sie zunächst einen Sachverhalt, der das Tatbestandsmerkmal ganz sicher ausfüllt, sodann einen Fall, der das Tatbestandsmerkmal ganz sicher nicht mehr ausfüllt. Der zu entscheidende Fall wird dann nach Ähnlichkeitsgesichtspunkten untersucht, die man dem Gesetz entnehmen sollte – ratio legis als letzte Zuflucht –, und anschließend dem einen oder anderen Extrem zuordnet. Insgesamt gilt auch hier: Argumentationsebenen sind zu trennen. Tatbestandsmerkmal für Tatbestandsmerkmal ist der Fall abzuhandeln. Gehen Sie von der gesetzlichen Voraussetzung zum Sachverhalt vor. Formulieren Sie knapp und präzise, vermeiden Sie Weitschweifigkeit. Und: Wenn man das dumpfe Gefühl hat, sich entlangzumogeln, stimmt meistens etwas nicht.

Gute Klausuren erhalten hohe Punkte i. d. R. deshalb, weil sie von allem etwas haben. In ihnen kommen die richtigen Definitionen vor, die der Verfasser vor der Klausur schon gelernt hat. Weiter zitieren sie die herangezogenen Gesetze ganz genau und argumentieren ganz eng an den Normen. Schließlich nehmen sie den Sachverhalt in die Argumentation auf. Sie zeigen, dass jede Falllösung ein Unikat ist, etwas Besonderes, das zwar auf allgemeinen Regeln beruht, aber in der konkreten Anwendung gerade auf diesen Fall zugeschnitten ist.

Krisen:

Selbstüberforderung, Perfektionismusdrang und Genialitätsträume zerbrechen oft an der harten Realität. Wenn man in die Klausur mit angemessener Selbsteinschätzung geht, kann man die Ruhe besser bewahren. Auch hierbei gilt: Ohne den Mut zum Fehler ist das psychologische Scheitern vorprogrammiert.

Die Furcht vor dem Unbekannten:

Der Umgang mit dem Unbekannten ist ständige Praxis des Juristen. Ob es sich dabei um ein unbekanntes Problem handelt, um unbekannte Gesetze oder um unbekannte Rechtsfiguren, spielt keine Rolle. Das durch Training erlernte Gespür für Ähnlichkeiten und verwandte Strukturen hilft durch das Dickicht des Unbekannten, nicht aber die gefährliche und unsinnige Illusion, man könne jedes Problem vorher lernen. Noch einmal: Insbesondere vor entlegenen Gesetzen und Rechtsproblemen braucht man keine Furcht zu haben. Lesen Sie das Gesetz sorgfältig und subsumieren Sie einfach drauflos.

Auch ohne Selbstüberforderung und Furcht vor dem Unbekannten kann man von Lustlosigkeit, Panik und Verzweiflung gepackt werden. Wer kennt nicht das elektrisierende Gefühl, das man bei aller unvermeidlichen sprachlichen Verkürzung vielleicht so ausdrücken kann: „Ohgottohgott, ich habe alles falsch gemacht!" In dieser Situation sollten Sie nicht alles durchstreichen, Querverweise einbauen oder von vorn anfangen, sondern den Stift aus der Hand legen, sich zurücklehnen und bis fünfzig zählen. Wer es beherrscht, kann sich auch mit einem Schnelldurchgang autogenen Trainings beruhigen. Den vermeintlichen Fehler sollten Sie dann noch einmal kurz überprüfen. Wenn die Zeit für einen Neuanfang nicht mehr reicht, ist es besser, konsequent weiterzulösen und einen Vermerk zu machen, in dem man auf den Fehler hinweist und, falls irgend möglich, eine Begründung beifügt, weshalb es kein Fehler ist, auch wenn man es selbst besser weiß.

Nach der Klausur:

Viele Studierende scheinen sich eigentlich nur für die Note ihrer Arbeit zu interessieren. Erfreut oder niedergeschlagen legen sie die Klausur ad acta. Vielleicht hören sie sich nicht einmal die Besprechung an. Diese Reaktion ist verständlich. Die innere Abwehr gegen so unlustbetonte Situationen wie das Klausurenschreiben ist natürlich groß und muss erst einmal durchbrochen werden. Für einen Fall, den man selbst bearbeitet hat, mag man sich eben nicht mehr interessieren. Nur: Wer so lernt, lässt eine gute Chance aus, nämlich aus seinen eigenen Fehlern zu lernen.

> **Aufgabe:** Schreiben Sie eine schlecht geschriebene Klausur einige Zeit nach der Besprechung noch einmal. Welche Fehler unterlaufen Ihnen jetzt?

Bei dieser Methode der Selbstkontrolle merkt man i. d. R. schnell, wie viel vermeintlich Verstandenes auch nach der Besprechung noch unklar ist. Es ist unbequem, sich mit seinen eigenen Fehlern auseinanderzusetzen, gleichgültig, ob es Fehler in der Sache oder persönliche Lernfehler sind. Die Bereitschaft, sich diesen Fehlern zu stellen, muss jeder selbst leisten. Wer dazu nicht bereit ist, ist ungünstigenfalls zur ewigen Wiederkehr der immer gleichen Fehler verurteilt. Die konsequente Fehlerauswertung ist ein guter Weg zur Schärfung des eigenen Urteilsvermögens.

Nützen Sie die Chance und lesen Sie die konkreten Fragen und Probleme in einem Lehrbuch oder einem Kommentar nach. Das dauert meist nur 20 Minuten und bringt Ihnen Sicherheit bei einem wesentlichen Problem.

Während des Studiums werden Sie öfter das Gefühl haben, ungerecht bewertet worden zu sein. Die Korrekturbemerkungen beziehen sich teilweise auf Nebensächlichkeiten oder sind pauschal, die Abschlussbemerkung nichtssagend. Alle wesentlichen Probleme, die in der Besprechung erwähnt werden, haben Sie angesprochen, aber dennoch nur 6–7 Punkte erhalten. Der Grund für diese Bewertung liegt in diesen Fällen meist in der Art der Bearbeitung. Um im Stil besser zu werden, hilft nur, eine Klausur einer Kommilitonin zu lesen, die deutlich besser bewertet wurde. Bei dieser Lektüre sehen Sie dann gleich, welche Qualitätsunterschiede es gibt, selbst wenn alle Probleme gesehen und richtig gelöst werden.

Für Prüfungsklausuren sollte man folgenden pragmatischen Grundsatz beachten: Die Arbeit muss korrigierbar sein. Vergegenwärtigen Sie sich, dass ein Korrektor von Examensarbeiten zwischen 40–80 Arbeiten zur Erstkorrektur erhält und i. d. R. auch andere Aufgaben hat. Erleichtern Sie ihm die Arbeit, indem Sie die Arbeit deutlich gliedern, Absätze bilden, Überschriften einfügen und Zwischenergebnisse und Ergebnisse formulieren. Gehen Sie davon aus, dass es vorkommen kann, dass Sie eventuell die Ansicht der Rechtsprechung zu einem Spezialproblem besser kennen als der Korrektor, dieser aber eventuell Ihre Ansicht für falsch hält, ohne dass dies jemand überprüfen kann. Das gleiche Problem besteht bei Randfragen, die man erörtern kann, aber nicht erörtern muss. Häufig ist es möglich, diese Punkte in einer Weise zu behandeln, dass sowohl der Prüfer, der die Frage für wesentlich hält, befriedigt wird wie auch der Prüfer, der diese Frage eigentlich für unwesentlich hält (Sie wissen nicht, welchen Prüfer Sie „erwischen").

9. Kapitel

Über die Liebe zur Sache

Die Welt, dividiert durch juristische Begriffe, geht nicht auf.
(nach *Eberhard Schmidt*)

Einige, die bis zum vorletzten Kapitel durchgehalten haben, mögen sich die Frage stellen, wo bei aller Rede von Handwerkskunst und Arbeitstechnik eigentlich die Gerechtigkeit bleibt. Andere werden dagegen schon diese Fragestellung für komplett überflüssig halten, weil sie glauben, das Handwerkliche sei allein entscheidend für die Qualität eines Juristen. Ein Blick in einige gängige Einführungen in die Rechtswissenschaft und in das juristische Studium wird die Fraktion der reinen Techniker zunächst möglicherweise bestätigen, denn Sie werden dort kaum etwas zur Frage der leitenden Werte und der Ethik der Juristen finden, um die es hier geht.

Es wäre jedoch ein schwerer Irrtum zu meinen, man könne die Juristerei auf den technokratischen Aspekt bestimmter juristischer Spielregeln reduzieren, die man bloß zu erlernen hätte, um ein guter Jurist zu werden. Die systematisch-dogmatische Arbeit ist für uns Juristen außerordentlich wichtig. Vor allem geht es nicht an, der Neigung nachzugeben, durch einen „kühnen Griff in die Sittenordnung die Karte der eigenen subjektiven Weltanschauung vorzeitig auszuspielen und sich einzubilden, dass damit der Gerechtigkeit gedient sei"[16].

9. KAPITEL — Über die Liebe zur Sache

Handwerkskunst und Technik können aber nicht alles sein. „Glaube niemand, mit Werten wie Sachlichkeit und Gesetzlichkeit die letzten Fragen des Rechts beantworten und der schwersten Probleme des Rechts Herr werden zu können."[17] Wer's nicht glaubt, möge sich nur in der Geschichte umtun. Technisch perfekte Juristen sind in diesem Jahrhundert in unserem Land zu „furchtbaren Juristen"[18] geworden. Wenn man die Examensnoten als Indikator für handwerkliches Können gelten lässt, war der Präsident des Volksgerichtshofs, Roland Freisler, ein exzellenter Jurist. Dies hat ihn aber in keiner Weise daran gehindert, geradezu zur Symbolfigur des Verrats am Recht und zum willfährigen Diener der nationalsozialistischen Barbarei zu werden: „Es kommt nicht darauf an, Recht zu sprechen, sondern die Gegner des Nationalsozialismus zu beseitigen." (Zitat Freisler) Dies ist – kurz und prägnant – das Programm der Pervertierung des Rechts .

Auch Professoren der Rechtswissenschaft haben im Dritten Reich zu häufig keine überzeugende Rolle gespielt, genannt sei nur der Name Carl Schmitt und seine Beiträge wie „Der Führer schützt das Recht" (1934), „Reichsparteitag der Freiheit" (1935) und „Die deutsche Rechtswissenschaft im Kampf gegen den jüdischen Geist" (1936) – und das, obwohl er, wie vor allem sein Buch „Verfassungslehre" zeigt, ein Jurist mit Tiefgang war.

In den Reihen der Richter und der Rechtsanwälte, der Beamten und der in der Wirtschaft tätigen Juristen herrschte ebenfalls kein Mangel an willfährigen Dienern. Eine Ausstellung des Bundesministeriums der Justiz, über die ein Katalog erhältlich ist,[19] dokumentiert zahlreiches Anschauungsmaterial über die Justiz im Nationalsozialismus.

Was uns heute irritieren muss, wenn wir über die juristische Berufsethik nachdenken, ist weniger die Tatsache, dass man so wenige JuristInnen im Bereich des Widerstandes gegen Hitler findet. Es wäre in hohem Maß unfair, Märtyrertum und Heldenmut von anderen Menschen zu erwarten. Was uns aber irritieren muss ist die Tatsache, wie mühelos viele JuristInnen zu furchtbaren JuristInnen werden konnten, als der – braune – Zeitgeist sie dazu einlud. Zu viele sind in vorauseilendem Gehorsam über das Maß des im eigenen

Überlebensinteresse vielleicht Notwendigen in erschreckender Weise hinausgegangen und haben mit Wort und Tat aktiv der Pervertierung des Rechts Vorschub geleistet. Besonders beunruhigend ist es, dass dabei eben nicht nur die primitiven Geister beteiligt waren, sondern gerade auch brillante Köpfe.

Das Versagen vieler JuristInnen war in erster Linie nicht ein „rechtstechnisches", sondern ein ethisches Versagen . Hatten sie nur vergessen, dass Qualität mehr bedeutet als handwerkliche Perfektion, oder sind sie einfach der menschlichen Versuchung der Teilhabe an der Macht erlegen?

Ein nahe liegendes Missverständnis muss an dieser Stelle ausgeräumt werden. Hier wird in keiner Weise behauptet, die heute lebenden Generationen seien bessere Menschen als die Generation im Dritten Reich. Der Rückfall in die einseitige Ausrichtung des Rechts, wie auch immer sie bezeichnet sein mag (Volk, Nation, Rasse), besteht als grundlegende Möglichkeit der Menschen auch heute unverändert weiter, denn „der Geist der Inhumanität und der Gewaltsamkeit ist eine durchaus eigenständige Macht, die keiner weiteren Erklärung bedarf als der Feststellung, dass Inhumanität und Gewaltsamkeit menschliche Urtriebe sind"[20]. Tatsächlich hat bislang noch jedes System der Unmenschlichkeit auch seine technisch hervorragenden Diener gefunden. JuristInnen machen da keine Ausnahme. Aufgrund ihrer Nähe zur Macht sind sie in besonderer Weise gefährdet. Noch einmal Eberhard Schmidt, zugleich ein Erklärungsversuch für ethisches Versagen von JuristInnen:

> Die Rechtsgeschichte ist eine hervorragende Lehrmeisterin und zeigt schon dem juristischen Anfänger, wie mühselig das Ringen der Menschheit um Gerechtigkeit ist, wie groß die Gefahren sind, die von der Macht und ihren Trägern für Recht und Gerechtigkeit ja gerade deshalb drohen, weil sich der Macht immer die Opportunisten zur Verfügung stellen, die zu jedem Verrat am Recht und an der Gerechtigkeit bereit sind, um selbst an der Macht teilhaben und ihre Eitelkeit, ihr Geltungsbedürfnis befriedigen zu können.[21]

Wer es ablehnt, sich mit den Grundlagenfächern des Rechts zu beschäftigen, ist auf dem besten Weg zum juristischen Technokraten, der im Prinzip jeder Macht zu dienen bereit ist. Die Maßstäbe des

9. KAPITEL   Über die Liebe zur Sache

ethisch Richtigen vermag allerdings nicht die Geschichte allein zu vermitteln, sondern hier ist die Rechtsethik gefragt, die das „Herzstück einer materialen Rechtsphilosophie"[22] ausmacht. Mit jeder anderen Form der Ethik teilt sie die Schwierigkeit, dass keine Ausbildung ihren eigenen Erfolg in ethischer Hinsicht garantieren kann. Welche Wertgrundlagen sich der Einzelne zu eigen macht, liegt letztlich in seiner Verantwortung, was eine Mitverantwortung der akademischen Lehre selbstverständlich nicht ausschließt.

Das Ethos der JuristInnen drückt sich auch in der Fairness und Sachlichkeit der Argumentation aus, in der Fähigkeit, seine eigenen Argumente kritisch zu überprüfen und den eigenen Standpunkt gegebenenfalls zu korrigieren, sowie in der Offenheit für andere Argumente[23]. Mehr über diese Schlüsselqualifikation erfahren Sie unten im 10. Kapitel.

Darüber hinaus wird es schon schwieriger. Man kann sagen, dass ein Jurist der Gerechtigkeit „ohne Ansehen der Person" zu dienen hat, wie es nach dem Richtergesetz in der Eidesformel des Richters heißt. Ein Jurist muss vor allem Achtung vor dem Recht haben. Respekt vor dem Recht zeigt, wer das Gesetz befolgt und anwendet, so wie es ist – nicht der, der so handelt, wie er es gerne hätte. Aber grenzenlos kann und darf dieser Respekt nicht sein. Gustav Radbruch hat in seiner kleinen Schrift „Fünf Minuten Rechtsphilosophie" aus dem Jahr 1945 geschrieben: „Das aber muss sich dem Bewusstsein des Volkes und der Juristen tief einprägen: es kann Gesetze mit einem solchen Maße von Ungerechtigkeit und Gemeinschädlichkeit geben, dass ihnen die Geltung, ja der Rechtscharakter abgesprochen werden muss." Woran erkennt man aber ungerechte Gesetze? Für diese Frage ist ein Rückgriff auf den Sinn von Gesetzen notwendig. Gesetze sollen mit ihren Verhaltensregeln die Menschen nicht erziehen, sie sollen ihnen nicht sagen, was sie denken müssen, sondern nur, wie sie sich äußerlich verhalten müssen. Die Gesetze sollen möglichst weitgehend allgemeine Freiheit ermöglichen, indem sie solche Regeln aufstellen, die jeder akzeptieren kann, unabhängig von seinen ethischen Vorstellungen, und die allen ein friedliches und der Menschenwürde angemessenes selbstbestimmtes Leben gestatten. Nicht mehr und nicht weniger.

4. Grundzüge der Klausurenpraxis

Freilich ist damit nur ein äußerster Grenzpunkt bezeichnet, der kaum für den juristischen Alltag taugt, sondern nur für die seltenen ethischen Grenzsituationen des Juristen gilt. Ähnlich schwierig ist es mit dem Begriff der Gerechtigkeit oder der Bestimmung dessen, wozu Recht und Staat eigentlich da sind. Hier nur einige Gedanken zum Thema. Der Ruf nach Gerechtigkeit gehört zu den großen Utopien der Menschheit, für die viele Menschen gekämpft und gelitten haben. „Es ist eine wahrhaft romantische, d. h. auf einer Idealisierung vergangener Zustände beruhende Idee, dass das Recht sich schmerzlos, mühelos, thatenlos bilde. Alles Recht in der Welt ist erstritten worden."[24] Und, nicht zu vergessen: „Auch der Verfassungsstaat war einmal eine Utopie."[25] Wer das Recht zu seiner eigenen Sache machen will, darf den Weg, den das Recht bis heute zurückgelegt hat, einschließlich der oft besonders lehrreichen Irrwege, nicht ignorieren. Die Gerechtigkeit beruht auf der sachgerechten Anwendung des materiellen Rechts. Das materielle Recht sind die Regeln, die ein gemeinsames Miteinander unter den Aspekten der Menschenwürde, der Gleichheit und der Selbstbestimmung ermöglichen. Die Menschenwürde ist die Achtung des zur Selbstorientierung und Selbststeuerung befähigten und aufgerufenen Einzelnen. Die Gleichheit ist die Gleichwertigkeit jedes einzelnen Menschen. Die Freiheit ist die Möglichkeit, unter mehreren Handlungsoptionen ohne äußeren Zwang zu handeln. Der Staat ist der Zustand, der für den Einzelnen das je nach Situation größtmögliche Angebot an Freiheit und Entfaltungsmöglichkeiten gewährleistet. Diese Inhalte sind trotz ihrer Abstraktheit von erheblicher Steuerungswirkung. Wer den Staat als eine Instanz versteht, dessen Rechtfertigung darin besteht, Ordnung zu schaffen, wird den wahren Kern des Rechtes nicht begreifen. Nur der Staat, bei dem es um die Freiheit und um die Entfaltungsmöglichkeiten seiner Bürger geht und bei dem sein Zweck nicht in der Selbsterhaltung beschränkt ist, wird über die Dauer der Zeit überleben.

9. KAPITEL — Über die Liebe zur Sache

> **Noch ein Tipp**
>
> Woran man gute Hochschullehrende erkennt. Gute Lehrende können nicht nur die Technik der Rechtsanwendung vermitteln, sondern sie verkörpern auch in ihren Lehrveranstaltungen glaubwürdig das juristische Ethos der Fairness und Sachlichkeit. Sie reihen die ethischen Grundwertungen rechtlicher Regelungsstrukturen nicht in gelehrter Standpunktlosigkeit aneinander, sondern machen sie in fairer Parteilichkeit transparent. An diese Lehrenden werden Sie sich noch erinnern, wenn Sie Ihr Studium schon lange hinter sich gebracht haben – denn sie waren es, die Ihnen bei Ihrer „juristischen Sozialisation" zu den Wertvorstellungen verholfen haben, ohne die es keine guten JuristInnen, sondern allenfalls funktionstüchtige Technokraten gäbe.

10. Kapitel

Die Praxis des Studiums

Im Laufe eines Jurastudiums begegnet man einer Reihe von Menschen, die Patentrezepte für ein erfolgreiches Studium zu besitzen glauben. Die Anzahl der guten Ratschläge ist hoch, und die Ratschläge sind vielfältig und zudem meist zeit- und kostenaufwändig. Auch dieses Buch soll Sie vor gut gemeinten Ratschlägen nicht verschonen. Entscheiden Sie selbst, ob die Ratschläge hilfreich sind. Ziel dieser Ratschläge ist es dabei, pragmatische Tipps zur Erleichterung der „Dschungeldurchquerung" aus der Sicht zweier alter „Trapper" zu geben.

1. Die Zielbestimmung

Das Studium ist ein langer, häufig einsamer und ermüdender Weg. Verlieren Sie nie Ihr Ziel aus den Augen. Stellen Sie sich die Frage: Was und warum lerne ich? Das Ziel ist dabei zweigeteilt. Der erste Teil besteht in dem möglichst guten Bestehen des ersten und später des zweiten Staatsexamens. Der zweite Teil besteht im Erwerb der Kenntnisse und Fähigkeiten, die Sie in Ihrem späteren Berufsleben nach menschlichem Ermessen benötigen werden. Man lernt für das Examen oder den späteren Beruf. Beide Ziele überdecken sich weitgehend, aber nicht vollständig.

10. KAPITEL — Die Praxis des Studiums

Die Fächer, die Gegenstand der Staatsexamina sein dürfen, sind gesetzlich in den so genannten Justizausbildungsgesetzen und Justizausbildungsverordnungen der Länder niedergelegt. Diese Gesetze sind in den jeweiligen Landesgesetzessammlungen enthalten. Zudem haben alle Länder eine Webseite, auf der die Landesgesetze abgerufen werden können (suche z. B. Landesrecht: Brandenburg). Informieren Sie sich selbst über den Gegenstand Ihrer Prüfung. Es mutet immer etwas merkwürdig an, wenn ein Student nach einem fünfjährigen Studium die kompliziertesten Bestimmungen des Kartell-, Arbeits-, Jugendstraf- oder des Straßenrechts kennt, aber die gesetzlichen Voraussetzungen der eigenen Berufsausbildung nicht einmal gelesen hat. Auf die Prüfungsfächer sind die Studienpläne der Fakultäten zugeschnitten, allerdings nicht notwendig deckungsgleich. So kann der Studienplan durchaus ein Fach als Pflichtveranstaltung vorsehen, das nicht Gegenstand der ersten Juristischen Prüfung ist. Umgekehrt wird nicht jedes Fach, das Prüfungsgebiet sein darf, auch wirklich im Examen abgefragt; so werden vor allem die Grundlagenfächer (Rechtsphilosophie, Rechtsgeschichte und Rechtssoziologie) i. d. R. nicht unmittelbar als Pflichtfächer geprüft, vielmehr fließen Kenntnisse aus diesem Bereich als Background-Wissen in die Bearbeitung von Fällen aus anderen Bereichen ein. Die Prüfung der Fächer im Examen geschieht dabei fast immer anhand von pathologischen Fällen, d. h. anhand von Situationen, bei denen etwas schiefgelaufen ist. Dabei werden die Aufgaben meist bewusst so gestellt, dass sich die Lösung nicht unmittelbar aus dem Gesetzestext ergibt.

Gleichzeitig lernt man aber auch für das spätere Berufsleben. Die Anforderungen, die dieses an den Juristen stellt, können dabei durchaus von den Prüfungsgebieten abweichen. Allerdings ist die Fächerauswahl besser als ihr Ruf. Vieles von dem, was man im Studium lernt, kann man unmittelbar im Berufsleben einsetzen. Dennoch sind diese Bereiche nicht deckungsgleich. Es sind vor allem drei Bereiche, die Sie für das spätere Berufsleben benötigen, die aber nicht unmittelbar Gegenstand der ersten Staatsprüfung sind. Der erste Bereich sind Fachbereiche, die nicht zum Prüfungsgegenstand gehören, aber dennoch wichtig sind (so etwa – je nach Landesrecht

1. Die Zielbestimmung

– das Ordnungswidrigkeitenrecht, das Straßenverkehrsrecht, das Steuerrecht, Nebengebiete des Strafrechts, weite Teile des Wettbewerbsrechts etc.). Sollte Sie z. B. das Wettbewerbsrecht interessieren, dann lohnt es sich, eine solche Lehrveranstaltung zu besuchen, auch wenn es für Sie selbst nicht einmal als Teil Ihres Schwerpunktes examensrelevant sein sollte. Im späteren Berufsleben können Ihnen diese Zusatzkenntnisse sehr hilfreich sein. Dies gilt natürlich umso mehr, wenn Ihre vertieften Kenntnisse in einem abgelegenen Bereich durch eine Dissertation belegt werden. Aber auch in den Bereichen, die Prüfungsgegenstand sind, unterscheiden sich die Anforderungen des späteren Berufslebens häufig von denen des Examens. Es werden später die sogenannten „Normalfälle" im Vordergrund stehen, d. h. die Frage, was das Gesetz für diesen Fall verlangt. Meist sind die Probleme ausdrücklich geregelt und bedürfen daher zu ihrer Beantwortung, anders als die im Examen im Vordergrund stehenden „Problemfälle", keines besonderen juristischen Scharfsinns. Von einem Juristen erwartet man, dass er über das geltende Recht Auskunft geben kann und hinsichtlich typischer Konstellationen auch einmal, ohne vorher groß nachzulesen.

Der zweite Bereich sind die Hilfstechniken der Juristerei. An der Universität treffen Sie auf ein Angebot an Literatur und Datenbanken, das von Profis zusammengestellt wurde und das Sie in dieser Fülle wahrscheinlich nie wieder finden werden. Nützen Sie diese Zeit, um die einfachsten Techniken zu erlernen, die Sie brauchen, um schnell ein unbekanntes Gebiet zu erfassen. Fragen in diesem Bereich sind etwa: Wie ermitteln Sie, (a) ob es einen Kommentar zu dem betreffenden Gesetz gibt (Antwort: z. B. Durchsicht der elektronischen Kataloge der Universitätsbibliothekenoder des Verzeichnisses des deutschen Buchhandels (VLB), (b) welche Literatur es sonst gibt, (c) welche Entscheidungen es zu der konkreten Vorschrift gibt (Antwort: z. B. Kommentare, Entscheidungen, Datenbanken – v. a. juris, beck-online usw.), (d) wie eine konkrete Vorschrift lautet (Antwort: Gesetzessammlungen oder Bundesgesetzblatt oder Landesgesetzblatt oder ggf. die Homepage von Ministerien – s. v. a. http://bundesrecht.juris.de/index.html), (e) ob eine zitierte Vorschrift noch gültig ist, (f) welche Fundstelle ein Gesetz im Gesetzesblatt hat (z. B. Stand der Gesetzgebung [Loseblattsammlung] bei Bundesgesetzen oder Fundstellenverzeichnisse bei Landesgesetzen oder die Internetseiten des jeweiligen Parlaments), (g) wie man an ein Gesetz kommt (Bundesgesetzblatt oder bei aktuellen Gesetzen aus Datenbanken aus dem Internet, v. a. vom Deutschen Bundestag), (h) welche Gesetzesmaterialien zu einem Gesetz gehören, (i) welche Bedeutung bestimmte Abkürzungen haben. Für juristische Datenbanken bieten die Universitäten i. d. R. Kurse an, bei der übrigen Fragen ist man auf Eigenleistung angewiesen. Fragen Sie dazu fortgeschrittene Studierende, Assistentinnen und Assistenten oder Professorinnen und Professoren, es lohnt sich.

Der dritte Bereich sind die Fähigkeiten, die man für einen juristischen Beruf i. d. R. benötigt, ohne dass sie konkret an der Universität vermittelt werden. So ist für einen Juristen Sicherheit im Umgang mit Grammatik und Orthographie sehr hilfreich. Wer sie nicht besitzt, muss sich Sicherungsinstrumente überlegen, mit Hilfe derer er die Schwäche, soweit es geht, ausgleicht (z. B. Korrekturlesen durch einen Dritten). Fremdsprachenkenntnisse können heute im Berufsleben ebenfalls sehr wichtig werden, da sich das Recht gegenwärtig auf dem Weg zur Internationalisierung und zur Ökonomisierung befindet. Für EDV-Kenntnisse gilt das Gleiche wie für Fremdsprachenkenntnisse. Ebenfalls wichtig, aber kaum an der Uni erlernbar, ist das Auftreten. Dabei ist nicht nur die Rhetorik im engeren Sinne gemeint, sondern das Auftreten insgesamt. JuristInnen arbeiten oft als junge Menschen in großen Arbeitseinheiten und sind darauf angewiesen, dass andere ihre Vorgaben beachten. So werden etwa brillante JuristInnen, die ungekämmt, zu laut lachend und fahrig in einem Ministerium oder einer Großkanzlei auftreten, Schwierigkeiten haben, dass ihre Texte im Schreibbüro rechtzeitig getippt werden, dass ihre Computerprobleme behoben werden, dass die Post vorrangig behandelt wird, dass ihr Gesetzestext nachsortiert wird etc. Auch hier gilt wiederum der Ratschlag: Diese Hilfsfähigkeiten sind nicht so wichtig wie das Fachwissen selbst, sollten aber, soweit irgend möglich, auch gepflegt werden. Wahren Sie vor allem bei Kontakten nach „außen" eine gewisse Distanz und gehen Sie nicht mit der innerhalb des Campus bestehenden „Familienmentalität" auf Menschen außerhalb der Universität zu. Begehen Sie andererseits nie den Fehler anzunehmen, Sie seien der einzige zum Denken befähigte Mensch.

2. Spezifische Probleme

Das Jurastudium ist von bestimmten Problemen gekennzeichnet, die teilweise fachbedingt und teilweise hausgemacht sind, die aber gegenwärtig nicht zu ändern sind und die man als Student daher in den Griff bekommen muss, wenn man das Studium mit Erfolg abschließen will.

(a) Das erste Spezifikum ist die **hohe Durchfallquote** im Staatsexamen. Im ersten Staatsexamen fallen zwischen 22 und 35 % der Teilnehmer durch, d. h. der Sache nach zwischen jedem Vierten und jedem Dritten (im Jahr 2006 z. B. 29,3 %, im Jahr 2001 dagegen 27,91). Zwischen den Bundesländern gibt es hier signifikante Unterschiede, die sich aber erstens mit der Zeit wandeln und zweitens bei beiden Examina deutlich unterschiedlich verlaufen können (im Jahr 2006 z. B. hatte Hessen die niedrigste Quote mit 19,9 % und Bremen mit 47 % die höchste; im Jahr 2002 wiesen Nordrhein-Westfalen mit 19,26 % die niedrigste und Sachsen mit 44,42 % die höchste Durchfallquote auf). Die Statistiken werden jedes Jahr vom Ministerium zusammengetragen (s. Anhang S. 222). Auch bei den Spitzennoten unterscheiden sich die Länder teilweise merklich. Bei allen länderspezifischen Unterschieden gilt: Die Durchfallquote bei der ersten juristischen Prüfung ist sehr hoch (i. d. R. bei knapp 30 %) und insoweit seit Jahren unverändert trotz aller Aktivitäten und Bemühungen der kommerziellen Repetitorien und der Zusatzleistungen der Universitäten, mit speziellen Lehrveranstaltungen eine bessere Vorbereitung auf das Examen zu bieten. Diese Zahl wirkt nicht schlimm, in ihrer Realität ist sie grausam. Das hat zur Folge, dass ganze Arbeitsgruppen, die sich auf das Examen vorbereiten und die sich gegenseitig beruhigen, gemeinsam durchfallen. Gehen Sie davon aus, dass die meisten der Kandidaten während des Studiums davon ausgingen, das Examen zu bestehen. Vermeiden Sie daher bitte den Gedanken „es wird schon klappen", sondern studieren sie ernsthaft. Die Quote derer, die in der Studienzeit gelernt haben und die durchfallen, liegt sicher deutlich niedriger als bei 30 %. Das sieht man auch daran, dass die Studierenden, die man als Hochschullehrender vom Sehen her kennt, in aller Regel auch das Examen bestehen.

(b) Das zweite Spezifikum liegt im **Studienverlauf.** In den ersten zwei Semestern geht das Studium langsam und sorgfältig voran. In dieser Zeit steht nicht nur die Vermittlung des Fachwissens im Vordergrund, sondern auch die Vermittlung der juristischen Methodik und der Fallbearbeitung. Das ändert sich aber mit der Zeit. Spätestens zum vierten/fünften Semester, wenn das Zivilprozessrecht, das Strafprozessrecht und das Gesellschaftsrecht hinzukommen, verdichtet sich die Stoffvermittlung enorm. In dieser Zeit kommt meist der schon beschriebene „Einbruch" hinzu, der einem jede Freude am Fach und die Hoffnung auf Besserung nimmt. Wer nicht bereit ist, diese Phase durch Umstrukturierung seines Lernverhaltens, durch stärkere Beschränkung auf das Wesentliche und ggf. durch eine striktere Konzentration auf das Studium zu überwinden, wird kaum über die Mittelmäßigkeit hinauskommen.

(c) Das dritte Spezifikum liegt in der **universitären Ausbildung.** Diese Ausbildung ist auf Wissenschaftlichkeit und Praxisbezug zugleich ausgerichtet. Das erste damit verbundene Problem liegt in der so genannten Unerheblichkeit des Ergebnisses. So heißt es während des Studiums immer, es käme nicht auf das Ergebnis an, sondern nur darauf, dass man das Problem erkenne und eine angemessene Lösung fände. Das ist in dieser Form nur zum Teil richtig. Richtig ist, dass eine Lösung, die die Ansicht der Rechtsprechung zu einem Problem kennt und deren Begründung wiedergibt und sich ihr aus brauchbaren Gründen nicht anschließt, keine Nachteile hat. Nicht richtig ist aber z. B., dass jede Ansicht, die in der Literatur vertreten wird, die gleiche Bedeutung hat wie die Meinung, die die Gerichte vertreten. Meinungen, die irgendwo in Aufsätzen vertreten werden, sind im juristischen Sprachgebrauch „vertretbar". Vertretbare Ansichten müssen bei der Bewertung aber nicht ebenso berücksichtigt werden wie andere, aus sachlichen Gründen näher liegende Ansichten. Im zweiten Staatsexamen nimmt die Bedeutung der Ansicht der Rechtsprechung noch einmal zu. Es empfiehlt sich daher während des Studiums immer besonders auf die Ansicht der Gerichte zu achten. Man muss ihr nicht folgen, man muss sie aber kennen. Das zweite Problem liegt in der fehlenden Einheitlichkeit des Bezugspunktes. Während eines Studiums werden die unterschiedlichen Fächer meist von unterschiedlichen Dozentinnen und Dozenten vorgetragen. Das hat den Vorteil, dass der eigene Blickwinkel nicht verstellt wird. Darin liegt aber auch ein gewaltiger Nachteil. Man kommt in gewisser Form nicht schnell genug voran, weil Bekanntes erneut in Frage gestellt wird und immer wieder ein neuer Aspekt hinzukommt, aber niemand da ist, der eine Sichtweise einmal „vollständig durchdekliniert". Dieser Gesichtspunkt ist ein Vorteil der kommerziellen Repetitorien, die den gesamten Prüfungsstoff aus „einer Hand" anbieten. Auch hier ist es wieder eine Hilfe, wenn man die Rechtsprechung als vorrangige Ansicht heranzieht, denn diese ist meist in sich widerspruchslos. Eine andere Möglichkeit besteht darin, stur zu bleiben und auf der eigenen schon gebildeten Ansicht zu beharren, auch wenn ein Dozent sie in Frage stellt. Versucht man mehrere Sichtweisen immer parallel zu verfolgen, überlastet man sich selbst.

(d) Das vierte Spezifikum des Studiums liegt in der **Prüfungsart**. Bei den Prüfungen werden immer ausgesuchte pathologische Fälle gestellt, in denen mehrere (meist fünf bis sechs) Probleme „versteckt" sind, die sich nicht durch einfache Lektüre des Gesetzestextes lösen lassen. Der Unterricht ist dagegen stärker darauf ausgerichtet, Verständnis und Überblick zu vermitteln und keine Einzelprobleme zu lösen. Das führt zu der Besonderheit, dass man ein ganzes Semester lang z. B. Kommunalrecht als Vorlesung besuchen kann, im Examen aber ein Problem geprüft wird, das überhaupt nicht erwähnt wurde, etwa weil es zu speziell ist oder weil es auf einer Entscheidung beruht, die erst später veröffentlicht wurde. Wer nur das Spezialproblem kennt, hat im Examen keine Chance, weil ihm der gesamte Weg zu dem Problem hin nicht gelingen wird, da ihm das Grundwissen fehlt. Wer das Spezialproblem nicht kennt, kann dieses häufig mit der juristischen Methodik gut lösen, mitunter geradezu brillant und genialer, als es ihm bei Kenntnis der Entscheidung gelungen wäre. Im Durchschnitt hat man aber eine höhere Erfolgschance, wenn man das Hauptargument, das bei dieser Frage entscheidend ist, schon vorher kennt. Auch mit dieser Schwierigkeit kann man pragmatisch umgehen. So merkwürdig es klingt: Denken Sie bei der Lektüre eines Lehrbuchs immer daran, dass die Klausuren nicht die langen Erklärungen des Problems selbst abfragen, sondern das Kleingedruckte. Spezialfragen sind in Lehrbüchern häufig am Ende eines Kapitels, in klein gedruckten eingefügten Absätzen oder in eingebauten Fallbeispielen versteckt und genau diese Ausführungen kommen im Examen dran. Wenn Ihnen bei einem Stoffgebiet, das Sie schon kennen, ein unbekanntes Problem im Wege einer Klausur, einer Randbemerkung eines Dozierenden, einer Frage eines Freundes oder eines mitgehörten Gesprächs Ihrer Sitznachbarn in der Vorlesung begegnet, das in Ihren Unterlagen nicht behandelt wird, dann schlagen Sie ganz konkret dieses Problem in einem Kommentar und einem größeren Lehrbuch nach, aber wirklich nur dieses.

(e) Das fünfte Spezifikum des Studiums liegt in der **Zweiteilung der ersten juristischen Prüfung.** Die Prüfung zerfällt in den staatlichen Teil, der zentral von einer Landesbehörde organisiert wird, und den Schwerpunktbereich, der von den Fakultäten durchgeführt wird. In beiden Teilen gelten andere Grundsätze. Beim Schwerpunktbereich ist die Stofffülle überschaubar – aber es werden auch Details gefragt, die Prüfungen sind auseinandergezogen und zeitlich versetzt und die späteren Prüfer meist bekannt. Beim Schwerpunktbereich kann man sich auf bestimmte Prüfer konzentrieren und sollte dies auch tun. Jeder Hochschullehrende hat seine eigene Sicht auf die Dinge und bringt dieser gerade in den Schwerpunktbereich ein. Außerdem sind gute Hochschullehrende oft überobligatorisch beansprucht, sodass man sie als Prüfer mitunter nur bekommt, wenn sie zur Prüfung zustimmen, was sie wiederum bei Studierenden, die sie kennen, leichter tun werden als bei solchen, die sie nicht kennen. Weiter verlangt der Schwerpunktbereich oft, dass man innerhalb einer bestimmten Zeit eine Hausarbeit oder ein Referat erstellt. In dieser Zeit kann man dann meist das reguläre Studium nicht weiter betreiben. Die Prüfungsarbeiten im Schwerpunktbereich reißen nach den bisherigen Erfahrungen ein Loch in das reguläre Studium.

Der staatliche Teil wiederum verläuft ganz anders. Hier muss man sich auf einen anonymen Prüfer und die gesamte Stofffülle des Pflichtfachbereichs vorbereiten. Die Vorbereitungsphase ist lang, die Stofffülle groß und die Prüfungen sind konzentriert.

3. Bewältigung der Stofffülle

Nimmt man nur den Prüfungsstoff, so ist dessen Beherrschung zum Zeitpunkt des Examens eine sehr große Herausforderung. Das Studium ist darauf angelegt, diesen Stoff im Laufe eines vierjährigen Studiums abgeschichtet zu erlernen. Die genaue Verteilung des Stoffes auf das gesamte Studium wird von den Fakultäten in so genannten Studienplänen festgelegt, die man vom Dekanat beziehen sollte. Leider ist die Verteilung des Stoffes nach dem Studienplan im Wesentlichen nur theoretisch beruhigend – praktisch aber so leider nicht durchzuführen. Jeder Student muss sich daher immer einen eigenen „Studienplan" zumindest im Kopf anlegen. Abweichungen vom festgelegten Studienplan können entstehen, weil die Fakultät eventuell nicht jede Veranstaltung in jedem Semester anbieten kann, einige Veranstaltungen sich überschneiden, mitunter Veranstaltungen unverständlich sind oder man Hochschulwechsler ist und es daher zu Abweichungen im Aufbau im Vergleich zur früheren Fakultät kommt. Zudem ist im Studienplan die Examensvorbereitungsphase meist sehr knapp bemessen, sodass es sich lohnt, einige Lehrveranstaltungen vorzuziehen, um zum Ende hin Luft zu bekommen. Weiter werden die Fächer, die man zu Beginn lernt, nicht unbedingt „examensreif" präsentiert, sodass diese punktuell vertieft werden müssen. Diese Stofffülle ist groß, aber bei weitem nicht so groß wie etwa bei den Medizinern und viele tausend Studierende haben bisher bewiesen, dass es möglich ist, sie zu bewältigen.

Man sollte folgende Prinzipien beherzigen. Der erste wesentliche Punkt ist der Unterschied zwischen passivem Wissen und aktivem Wissen. Versteht man alles, was der Dozent sagt, heißt dies noch

10. KAPITEL Die Praxis des Studiums

nicht, dass man es mit eigenen Worten wiederholen kann. Häufig kommt es vor, dass die Studierenden bitten, im Stoff schneller voranzugehen, und wenn man dann vierzehn Tage später nach den Punkten fragt, die die Studierenden als banal empfanden und als knapp abhandelbar, dann kommt häufig keine brauchbare Antwort. Das liegt nicht an der Dummheit der Hörer, sondern an dem Unterschied zwischen passivem und aktivem Nachvollziehen. Es ist zeitlich nicht möglich, dass jeder Student in den Lehrveranstaltungen zu Wort kommt, jeder muss daher für sich selbst einen Weg finden, die aktive Wiedergabe zu üben. Arbeitsgemeinschaften bieten sich dafür an, genauso wie laute Wiederholungen oder stilles Repetieren des Stoffes auf dem Heimweg, beim Sport oder beim Zähneputzen. Eine besonders angenehme Form des aktiven Trainings ist die gemeinsame Kaffeepause mit Kommilitoninnen und Kommilitonen, die man für solche Gespräche nutzen kann. Den Ruf, man könne mit Ihnen nur über Jura reden, sollten Sie als Lob verstehen.

Der zweite wesentliche Punkt ist das abstrakte und das konkrete Wissen: Rechtsnormen müssen i. d. R. abstrakt sein, um eine generelle Wertentscheidung darzustellen, die allgemeine Freiheit ermöglicht. Diese generelle Entscheidung muss auf einen konkreten Fall übertragen werden. Viele Studierende benötigen konkrete Fälle, um einen abstrakten Satz verstehen zu können. Fragen Sie sich daher immer bei einem generellen Satz selbst, wie dieser in einen Fall eingekleidet aussehen würde. Für viele Probleme gibt es einige Standardfälle. Es lohnt sich hier, sich für die wichtigsten Probleme, zusammen mit der Lösung der Rechtsprechung, immer einen Standardfall zu merken. Meistens werden solche Fälle in den Lehrbüchern angegeben. Häufig sind diese Fälle in allen Lehrbüchern gleich, weil auch die Lehrbücher sie den Entscheidungen entnehmen, in denen die abstrakten Grundsätze entwickelt wurden. Der dritte Punkt ist der: Abgefragt wird das Wissen grundsätzlich im Wege einer Falllösung unter Zeitdruck. Ein Sachbereich, der in einem Kurzlehrbuch über zwanzig Seiten dargestellt wird, kann in einer Klausur meist nur in sieben bis zehn Sätzen dargelegt werden. Es bedarf einer gewissen Übung, um die Punkte herauszugreifen, die man richtig lernen muss. Das Verständnis für ein Sachgebiet erlernt man automatisch, indem man eine Veranstaltung besucht oder ein Lehrbuch liest. Die Bereiche, die man richtig (auswendig) lernen muss, sind nur ein kleiner Ausschnitt dessen. Es sind vor allem Aufbaufragen, Definitionen und Begründungen für Meinungsstreitigkeiten. Die richtige Methode für diese Komprimierung des Stoffes liegt wiederum in der eigenen Wiedergabe. Komprimieren Sie selbst diesen Stoff, indem Sie einem Kommilitonen oder sich selbst das Problem erklären. Bei Meinungsstreitigkeiten merken Sie sich maximal zwei bis drei Argumente für jede Ansicht. Für viele sind dabei selbst angefertigte Karteikarten eine Hilfe. Nehmen Sie sich einfache DIN-A4-Blätter, halbieren Sie diese in der Mitte auf DIN-A5, vorne notieren Sie das Problem und hinten die Antwort. Die Antwort kann nur in einem Satz bestehen. Nehmen Sie für jede Frage ein eigenes Blatt und formulieren Sie die Antwort niemals länger, als es Ihnen in einer Klausur möglich wäre.

4. Das Zeitproblem

Jeder bestünde das Examen mit Bravour, wenn er alle angebotenen Hilfestellungen vollständig ausnutzen würde. Das kann er nicht, da das Angebot an Hilfestellungen, Falllösungen und Repetitorien zu breit ist, um es bewältigen zu können. Verlieren Sie keine Zeit, indem Sie nach der vollkommenen Methode suchen, sondern greifen Sie nach kurzer Entscheidungsphase ein Buch heraus. Lesen Sie dieses mehrfach und komprimieren Sie es auf die Definitionen, Meinungsstreitigkeiten etc. Keine Lernmethode kann Ihnen eine Last abnehmen: das Arbeiten. Die Universitäten geben sich viel Mühe, die Studierenden nicht mehr allein zu lassen, und bieten daher zur Ergänzung zu den Vorlesungen viele Arbeitsgemeinschaften, Vertiefungs- und Übungsveranstaltungen an. Daher kann es dazu kommen, dass Stundenpläne mit 36 Wochenstunden zusammenkommen. Dazu soll man dann noch die Veranstaltung wiederholen und Bücher lesen und eigene Arbeitsgemeinschaften bilden. Hier hilft nur eins: „Den Stier kräftig an den Hörnern packen und ihn schütteln, bis er umfällt".

Nutzen Sie die Lücken. Zwischen den meisten Lehrveranstaltungen liegt eine Pause von dreißig Minuten, verwenden Sie diese sinnvoll, gehen Sie in den Hörsaal und lesen Sie Ihre eigenen Aufzeichnungen von der letzten Stunde durch, lesen Sie den Gesetzestext, fragen Sie Ihren Nachbarn, was er von der letzten Stunde noch weiß. Nutzen Sie den Heimweg, den Einkauf oder die Kaffeepause, um zu repetieren. Was während des Semesters nicht bewältigt wird, kann in der vorlesungsfreien Zeit nachgeholt werden. Weiter ist es wichtig, die Zeit möglichst effektiv zu nutzen. Hören Sie z. B. bei Lehrveranstaltungen möglichst effektiv zu, d. h. nehmen Sie Ihren Gesetzestext mit, lesen Sie diesen während des Vortrages selbst mit und nach, machen Sie sich Aufzeichnungen, selbst wenn diese nie wieder angeschaut werden, fragen Sie wenn Sie etwas nicht verstehen. Denken Sie immer daran, dass nicht die Methode des Lernens das wirkliche Problem ist, sondern die Zeit und die Kraft, um das Lernen zu verwirklichen.

5. Der Universitätsbezug

Wenn Dozierende, PolitikerInnen und Zeitungen von überfüllten Hörsälen sprechen, meinen sie die Anfängerveranstaltungen. Spätestens nach den großen Scheinen leeren sich die Hörsäle und selbst Examinatorien mit zwei Studentinnen an Massenuniversitäten sind keine Einzelerfahrung der Dozierenden. Gleichzeitig kann es vorkommen, dass in mündlichen Prüfungen Themen und Aufgabenstellungen unbekannt sind, obwohl sie an der Universität behandelt wurden, weil die Prüflinge die Universität seit zwei Jahren nicht mehr besucht haben. Die neuen Schwerpunktbereiche haben dieses Phänomen deutlich verändert, da diese auf reine universitätsinterne Prüfungen angelegt sind und die Studierenden auf diese Weise dazu zwingen, zumindest in ihrem eigenen Interessensgebiet den Bezug zur Universität zu behalten. Ganz beseitigt wurde das Problem dennoch nicht, da sich die Veränderungen weitgehend auf den Bereich beschränken, der vom Schwerpunkt erfasst wird.

Der staatliche Teil des Examens wird zwar zum großen Teil von Praktikern abgenommen, die nicht an der Universität prüfen, die

5. Der Universitätsbezug

Universitätslehrerinnen und -lehrer sind aber zumindest zu einem wesentlichen Teil beteiligt, bei der Aufgabenstellung sogar zu einem ganz maßgeblichen Anteil. Man vertut eine Chance, wenn man die Verbindung zu seinen künftigen Prüfern abreißen lässt.

Ein weiteres Problem der universitären Lehrveranstaltungen liegt darin, dass die interessanten Lehrveranstaltungen nicht zusammenhängend liegen und man nicht weiß, ob es sich deshalb lohnt, an die Universität zu fahren. Die Frage, ob man heute zur Universität fahren soll, ist schon falsch. Suchen Sie sich innerhalb der Universität einen Arbeitsplatz, der Ihnen zusagt. Meist gibt es mehrere Alternativen: die Universitätsbibliothek, die juristische Bibliothek, Teilbibliotheken, Bibliotheken anderer Fakultäten, die nicht so überfüllt sind. Haben Sie einen Arbeitsplatz, dann kann es nur noch um die Frage gehen, ob Sie in die Lehrveranstaltung gehen oder nicht. Sollte Ihnen die Zeit zu kostbar sein, um in eine Lehrveranstaltung zu gehen, dann ist das für Ihr Studium nur dann sinnvoll, wenn diese gewonnene Zeit auch wirklich in anderer Weise für das Studium genutzt wird. Dabei gilt der Erfahrungssatz, dass die Arbeitskraft bei einer Abwechslung von Hören (Lehrveranstaltungen), Lesen (Selbststudium) und eigenem Sprechen (Arbeitsgemeinschaften und Kolloquien) am langsamsten erlahmt und man durch diese Abwechslung am meisten bewältigt.

Haben Sie in Ihrem Studium bei aller Zielstrebigkeit Geduld mit sich selbst. Die Juristerei verträgt keine Hektik, sondern verlangt ein ruhiges und gleichmäßiges Tempo. Qualität und Urteilskraft müssen reifen. Tragen Sie dazu bei, was Sie eben beitragen können – aber auch nicht mehr. Bewahren Sie sich immer, selbst während der Examensvorbereitung, einen Freiraum außerhalb des Studiums. Die inneren qualitativen Sprünge geschehen ohnehin von selbst und oft zunächst unbemerkt.

Pflegen Sie auch die Überzeugung, dass Sie es schaffen werden. Das hat nichts mit Illusionismus zu tun, sondern mit dem notwendigen Glauben an sich selbst, den Ihnen niemand abnehmen kann.

6. Die intellektuelle Freude

Sie werden das Studium so empfinden, wie Sie sich selbst zu ihm stellen. Das Studium ist keine Arbeitsstelle. Nirgends hängt eine Stechuhr, niemand gibt Ihnen Weisungen oder bezahlt Sie. Das Studium ist die unglaubliche Zeit im Leben, in der sie Zeit haben, Ihren Geist zu schulen. Das Studium ist trotz allen Lernens, Lesens, Klausurenschreibens etc. keine Last, keine Mühsal – sondern eine intellektuelle Freude. Lassen Sie Ihren Geist immer „angeschaltet", und er wird Sie belohnen. Niemand lernt für sein Leben, indem er nur die Zeit absitzt. Denken Sie mit, hinterfragen Sie die dargestellten Grundsätze. Stellen Sie Ihre Dozierenden auf die Probe, dann werden Sie merken, das Studium ist keine Last, sondern legt innere Kräfte frei, die nur darauf gewartet haben, freigelegt zu werden. Studierende sind keine Arbeitnehmer und keine Schüler, daher können sie sich auch nicht wie solche benehmen. Es geht nicht darum, ob Sie alles gemacht haben, was man von Ihnen verlangt, sondern ob Sie die Zeit genutzt haben, Ihren Geist zu schulen und rechtmäßiges Verhalten von rechtswidrigem Verhalten zu trennen. Jurisprudenz ist keine Einstellungsfrage, sondern eine Frage der Beweglichkeit des Geistes und der Fähigkeit zur Objektivität – beides kann man lernen – wenn man will – und dann sogar meist mit Freuden.

Viel mehr Ratschläge gibt es von unserer Seite aus nicht, sodass uns daher nur verbleibt zu hoffen, dass Sie das für Sie richtige Studienfach wählen, und sollte diese Wahl auf Rechtswissenschaft fallen, Ihnen ein schönes Studium zu wünschen. Wer weiß, vielleicht sieht man sich ja?

11. Kapitel

Schlüsselqualifikationen für JuristInnen

1. Juristische Fachkenntnisse sind zu wenig

Ging es im 8. Kapitel um die Wertgrundlagen des Rechts, so geht es beim Thema Schlüsselqualifikationen um die *praktischen* Fähigkeiten, mit denen JuristInnen sich ihr berufliches Lebensfeld erschließen. Werfen wir einen Blick über den Zaun des Studiums. Was *erwartet* man von Ihnen im *Berufsleben*? Insbesondere: Was müssen Sie außer Jura *noch* können, um eine erfolgreiche Juristin bzw. ein erfolgreicher Jurist zu werden?

Insbesondere oben im 7. Kapitel haben Sie bereits einige Schlüsselqualifikationen kennen gelernt. Der Gesetzgeber hat bekanntlich festgelegt, dass JuristInnen bereits im Studium außer Fremdsprachen auch „Schlüsselqualifikationen wie Verhandlungsmanagement, Gesprächsführung, Rhetorik, Streitschlichtung, Mediation, Vernehmungslehre und Kommunikationsfähigkeit" erwerben sollen."[26]

Hinter der gesetzlichen Regelung steht eine sehr grundlegende Einsicht, nämlich dass *fachliche Qualität* noch lange *kein Garant für den beruflichen Erfolg* darstellt. *Gute Fachkenntnisse sind zwar notwendig, sie machen aber noch nicht notwendigerweise einen guten Juristen aus Ihnen.* Juristen benötigen auch Qualifikationen, die auf einer anderen Ebene liegen als auf der des reinen Fachwissens.

11. KAPITEL   Schlüsselqualifikationen für JuristInnen

Hinzu kommt, dass man sich in den wenigsten Berufsrollen als JuristIn ausschließlich auf das schriftliche Verfassen von Texten zurückziehen kann. Praktiker können davon ein Lied singen: Berufsanfänger liefern schriftlich häufig durchaus brauchbare juristische Texte. Nicht selten fehlt es aber am guten Auftritt, an Teamfähigkeit und Sozialkompetenz, an Konfliktfähigkeit und an kommunikativen Fähigkeiten. Mancher Hochschulabsolvent mit großartigen Noten in den Staatsexamen scheitert deswegen sogar in der Berufswirklichkeit. Andere mit eher kläglichen Noten werden hingegen trotzdem hocherfolgreiche Anwälte, Manager oder Spitzenbeamte. Ihnen wird Vertrauen entgegengebracht und Verantwortung anvertraut.

Bei Lichte betrachtet waren es dabei meistens weder das pure Glück noch allein der Fleiß, die ihren beruflichen Erfolg befördert haben. Auch ohne überragende Fachkompetenz kann man als JuristIn sehr erfolgreich sein, wenn man über einige ausgeprägte praktische Qualifikationen verfügt. Aber was ist wichtig?

Ein zentrales Qualifikationsmerkmal ist die **Motivation**, genauer gesagt die Fähigkeit, sich selbst zu motivieren und zu engagieren. Häufig verfügen die Erfolgreichen außerdem über einen **Informationsvorsprung**, ein hohes Maß an **Biss**, an **Verantwortungsbewusstsein** und an **Kommunikationskompetenz**. Sie sind **stresstolerant**, haben stabile **Netzwerke**, finden leicht den **Zugang zu anderen Menschen**, besitzen den **Blick fürs Wesentliche** und zeigen **Durchsetzungsstärke**. Ein gewisses Maß an **Achtsamkeit** für die Sache, für andere Menschen und für die eigene „Außenwirkung" gehört zweifellos zu den zentralen Kompetenzen. Wahr ist leider auch, dass es mitunter sehr unangenehme Qualifikationen wie Rücksichtslosigkeit und Brutalität gibt, die manchmal trotzdem den beruflichen Erfolg befördern können.

Schlüsselqualifikationen stehen hoch im Kurs. In der Verwaltung werden nicht unbedingt diejenigen befördert, die wenige Prozesse verlieren, sondern manchmal diejenigen, die den Vorgesetzten wenig Ärger bereiten. Auch ist es viel leichter, seriös zu wirken als seriös zu sein. Die besten Fachkenntnisse verpuffen, wenn Sie im juristischen Fachgespräch Ihre Fähigkeiten und Ihre Person nicht angemessen zur Geltung bringen können! Wir nehmen eben nie nur die „*Sache an sich*" wahr, sondern immer ein Gesamtbild aus fachlichen *und* aus personenbezogenen Aspekten. Es ist schade und einfach unnötig, wenn fachlich hervorragende Personen nur deswegen Minuspunkte sammeln, weil ihr Auftreten signifikante Mängel aufweist und von ihren Fähigkeiten ablenkt.

Ganz unabhängig vom Inhalt gilt: Wer zu schnell redet, wirkt nervös und hektisch. Leicht verschenkt er dadurch seine Fachkompetenz. Wer in seiner Körpersprache zu unruhig ist, weil er mit seinen Händen wild gestikuliert oder sich mit seinem Oberkörper ständig hin und her bewegt, der strahlt keine Körperruhe aus und lenkt den Zuhörer von seiner eigentlichen Botschaft ab. Wer seine Rede mit permanenten Störlauten würzt (ähhh …; ähm …; mh …), wirkt unkonzentriert und seiner Sache nicht hinreichend sicher. Er lenkt damit nicht zur Sache hin, sondern von der Sache ab. Wessen Blick diffus durch den Raum gleitet, wer einfach nur starr auf den Boden schaut und jeglichem Blickkontakt mit seinem Gegenüber aus dem Wege geht, der irritiert. Wer langsam spricht, kann seine Gesprächspartner verärgern, weil sie sich intellektuell unterfordert fühlen; wer lange spricht, vermittelt schnell den Eindruck, er nähme den anderen Gesprächspartner nicht ernst, da er ihm nicht die gleiche Zeit zur Mitteilung zugesteht. Wer Selbstverständlichkeiten rhetorisch verstärkt, der signalisiert, den Bezug zur Außenwelt verloren zu haben.

2. Kann man Schlüsselqualifikationen erlernen?

Wie und wo erwerben JuristInnen ihre praktischen Schlüsselqualifikationen? Manches Talent ist gewiss eine Frage der *Persönlichkeit*, die man in dieser oder jener Form von Hause aus mitbringt. Aber davon abgesehen bilden sich praktische Kompetenzen, Haltungen und Umgangsformen i. d. R. erst im Laufe langer Berufsjahre professionell heraus. Erfolge, aber auch Misserfolge haben daran genauso ihren Anteil wie die berufliche und private Sozialisation. Hinzu kommt, dass man im Laufe seiner juristischen Sozialisation durchaus *unterschiedliche* praktische Qualifikationen benötigt: Als Student in der Examensvorbereitung werden teilweise andere Fähigkeiten abgefordert als bei Berufsbeginn oder in fortgeschrittenen Berufsjahren.

Als Student kommt es vor allem darauf an, sich in einer zunächst weithin *unbekannten* Welt zu orientieren und sich mit den juristischen Denkweisen vertraut zu machen. Später im Berufsleben wächst die Professionalität, aber auch das *Herrschafts- und Geheimwissen* nimmt im Lauf der Jahre zu. Herrschaftswissen bedeutet, dass man die *unsichtbaren Spielregeln*, nach denen sich das Berufsleben abspielt, kennt und beherrscht. Dabei sind die *juristischen Lebenswelten* in der beruflichen Praxis vielfältig. Rechtsanwälte, Richter, Beamte, Wirtschafts- und Verbandsjuristen oder Wissenschaftler setzen unterschiedliche Akzente bei ihren jeweiligen Schlüsselqualifikationen. Sie besitzen ihre eigenen *Rituale* im fachlichen Umgang untereinander, aber auch mit anderen, außerhalb der eigenen Zunft stehenden Personen. Die *Innenwelten* juristischer Berufsgruppen betreffen ihre spezifischen Rituale und ihre internen Spielregeln, kurzerhand alles das, was jeder, der *dazugehört, weiß*, aber *keiner* so richtig *sagt*.

Zumeist bleiben im Berufsleben die Erkenntnis unsichtbarer Spielregeln und der Erwerb der praktischen Fertigkeiten dem Zufall überlassen. Der Lernprozess geschieht bei den meisten Menschen im Wesentlichen ungesteuert und „*irgendwie von selbst*" – oder eben auch nicht. Es fehlt meist die Gelegenheit, diese Kompetenzen *gezielt* zu erlernen. Häufig gilt die Maxime: Darüber spricht man nicht, sondern das kann man.

Viele Schlüsselqualifikationen für JuristInnen setzen dabei sogar keine spezifisch juristischen Qualitäten voraus, sondern *allgemeine praktische* Fähigkeiten, die in anderen Berufsfeldern wie Wirtschaft, Politik und Medien ebenfalls abverlangt werden. Spezifisch juristisch sind allerdings die Denkweisen und die Themen, in denen sich die kommunikativen Fertigkeiten der JuristInnen entfalten.

3. Drei ausgewählte Qualifikationsfelder

Sachlichkeit und Fairness

Mit diesem Aspekt der *juristischen Berufsethik* sind Sie bereits oben im 9. Kapitel in Berührung gekommen. JuristInnen dienen in allen Funktionen mehr, manchmal auch weniger ehrenhaften *Interessen* von ganz unterschiedlichen Menschen, Gruppen oder Institutionen. Aufgabe der JuristInnen ist es, rechtliche Argumente zu beschaffen und zu würdigen. Die jeweilige *Rolle*, die JuristInnen dabei einnehmen, hat erheblichen Einfluss auf die Rechtsfindung. Hinter dieser Rollenabhängigkeit gibt es aber durchaus ein berufsethisches Leitbild, das vor allem durch ein hohes Maß an *Sachlichkeit* und *Fairness* im Umgang mit Sachpositionen und rechtlichen Argumenten gekennzeichnet ist. Sachlichkeit meint „bezogen auf Sachargumente" – und nicht auf persönliche Eigenschaften, auf diffuse Meinungen, auf Mutmaßungen, auf Spekulationen, auf geistige Nebelfelder usw.

Das Urbild dafür verkörpert die Göttin der Gerechtigkeit. *Justitia* wägt und gewichtet mit verbundenen Augen und mit Distanz zur Sache *alle* Argumente. Sie steht damit auch für *Unparteilichkeit* in dem Sinne, dass sie das Recht nicht verbiegt, sondern – moderner gesprochen – die Rechtslage vorurteilsfrei analysiert. Die juristische Berufsethik gilt darum auch keineswegs nur für Richter, sondern ebenso für Rechtsanwälte, Beamte und Verbandsjuristen, denn Partei zu ergreifen heißt nicht, das Recht zu verfälschen. Viele juristische Berufe sind durchaus „parteiisch". Aber auch für sie gilt, dass sie dem Recht zu dienen und das Gesetz nicht zu verbiegen haben.

Sachlichkeit und Fairness sind weder Sekundärtugenden noch bloßer Selbstzweck. Sie begründen *Vertrauen* in die Kompetenz und die Integrität von JuristInnen – und letztlich über den Einzelnen hinaus in unser gesamtes Rechtssystem. Selbstverständlich geht es auch unter JuristInnen keineswegs immer sachlich und fair zu. Das ändert aber nichts am berufsethischen Leitbild. Wo dieses Leitbild nicht mehr beachtet wird, weil die Zahl der unvermeidlichen schwarzen Schafe zu groß wird, da leidet keineswegs nur die Berufsethik, sondern dort wird das Vertrauen in die Funktionsfähigkeit des Rechts zerstört. Das Rechtssystem als Ganzes nimmt dann schweren Schaden – und damit letztlich die Gesellschaft.

Vor dem Hintergrund des berufsethischen Leitbildes wird auch deutlich, dass leicht erregbare Charaktere oder ausgesprochen extrovertierte Persönlichkeiten oder Menschen mit einem sehr schnellen Urteil in der Juristerei eher weniger gut aufgehoben sind. Dies heißt ausdrücklich nicht, dass man als JuristIn möglichst unleidenschaftlich und langweilig sein sollte. Viele gute JuristInnen streiten vielmehr mit Begeisterung um die richtige Lösung auf der Suche nach dem gerechten Recht. Entscheidend ist: Auch wenn die Sitten – je nach juristischer Berufsgruppe – einmal rauer (manche Rechtsanwälte) und ein anderes Mal weniger rau sind (etwa bei vielen Professoren), gilt, dass der Streit *sachlich* ausgetragen wird.

Der Blick fürs Wesentliche und der Sinn für Angemessenheit

Die Grundlagen der juristischen Berufsethik von Sachlichkeit und Fairness bewähren sich in der alltäglichen Arbeit beim Blick fürs Wesentliche und beim Sinn für Angemessenheit.

Bei diesem Qualifikationsfeld geht es zuerst um die Entwicklung eines professionellen Verständnisses für Fallkonstellationen. Das typisch juristische Denken *unterscheidet* deutlich zwischen der Welt der Tatsachen und der Welt der Rechtsnormen. JuristInnen sind in erster Linie Wortleute und „Sprachmetze". Ihr Beruf ist es, Texte zu bearbeiten. Sie legen dabei den Gesetzestext aus. Bei der Anwendung des Rechts wandert ihr Blick regelmäßig zwischen der Rechtsnorm – dem Gesetz – und der Rechtswirklichkeit – dem Fall bzw. den rechtlich relevanten Tatsachen – hin und her. Beides, der Gesetzestext und der Stoff des wirklichen Lebens, müssen zusammengebracht und abgeglichen werden. Es geht darum, eine Art Gleichgewicht zwischen der Welt der Normen und der Welt der Tatsachen herzustellen. Auch dafür steht das Bild der Justitia.

Das typisch juristische Qualifikationsmerkmal besteht nun darin, dass die entscheidungserheblichen Tatsachen, also das, worauf es für die Falllösung tatsächlich ankommt, nur auf der Grundlage guter Rechtskenntnisse erkannt und gewichtet werden kann. Fallnähe und rechtliches Problembewusstsein bedingen einander. Dabei operieren JuristInnen im Bilde gesprochen immer mit einem Messer, mit dem sie alles das, worauf es im konkreten Fall nicht ankommt, gedanklich entfernen. Mit dem Blick fürs Wesentliche *sortieren* sie die Tatsachen: Worauf kommt es an, worauf nicht? Was ist rechtserheblich, was nicht?

NichtjuristInnen können diese Denkweise nicht immer nachvollziehen. Sie finden die JuristInnen manchmal trocken, kalt oder arrogant. Dabei leistet das juristische Denken durch diese Vorgehensweise mit einem bekannten Schlagwort die *Reduktion von Komplexität*: Es werden nur *die* Tatsachen herausgefiltert, auf die es für die Lösung des juristischen Falles ankommt. Nur so können JuristInnen sich in der Fülle der Tatsachen orientieren und zurechtfinden.

Dabei zeichnen gute JuristInnen sich dadurch aus, dass sie auch hochkomplizierte Fallgestaltungen und Rechtsfragen *klar und nachvollziehbar* aufbereiten können, *ohne* dass die rechtlichen Probleme auf der Strecke bleiben. Dazu gehört auf Seiten der rechtlichen Bewertung, die Argumente nach beiden Seiten hin aufzubereiten: *„Dafür sprechen diese Argumente – dagegen jene. Ich entscheide mich für die Lösung X weil …"* So entstehen Glaubwürdigkeit und Vertrauen in juristische Entscheidungen.

> **Filmtipp**
>
> Wie schwierig es mitunter sein kann, die Tatsachen richtig zu ordnen und ein angemessenes Bild von Wirklichkeit zu gewinnen, zeigt ein für angehende JuristInnen auch heute noch überaus sehenswerter Film aus dem Jahr 1950: „Rashomon" von *Akira Kurosawa*. Darin wird die Geschichte eines Verbrechens aus ganz unterschiedlichen Perspektiven erzählt. Am Ende bleibt der Zuschauer einigermaßen ratlos, was wirklich geschehen ist.

Die Gratwanderung zwischen unzulässiger Vereinfachung und überflüssiger Komplexitätstreiberei will gelernt sein. Dabei geht es einmal mehr darum, nicht in die eine oder andere Richtung zu übertreiben, sondern die Dinge mit Augenmaß zu ordnen. Dieses *Augenmaß* für die Tatsachen *und* für die Rechtsfragen kann man auch als den Sinn für Angemessenheit bezeichnen. Er bezieht sich damit stets auf beides: Auf die Tatsachen des Rechts *und* auf die rechtliche Lösung.

Entscheidungsschwäche ist dabei ausdrücklich *keine* juristische Tugend, im Gegenteil: Jede Rechtsargumentation mit widerstreitenden Argumenten endet mit einer Entscheidung. Zeit- und Kraftaufwand müssen dabei in einem angemessenen Verhältnis zum Ergebnis stehen. Wer endlose Argumentationsketten aneinanderreiht, ohne zu einem Ergebnis zu kommen, ist deswegen als JuristIn ebenfalls wenig geeignet.

Juristische Achtsamkeit umfasst *auch* den Blick für menschliche Interessen und Eitelkeiten. Gerade in der praktischen Berufstätigkeit geht es darum, Zugang zu anderen zu finden und *Vertrauen* in die eigene juristische Tätigkeit zu gewinnen. In jedem juristischen Beruf ist ein hohes Maß an *Kundenorientierung* unbedingt erforderlich. Der juristische Sinn für Angemessenheit richtet sich deswegen nicht nur auf die Rechtstatsachen und auf die Rechtsfindung, sondern immer auch auf die Abnehmerseite. *Für welchen Personenkreis mache ich meine juristische Arbeit? Welchen Fachhorizont haben meine Zuhörer? Welche (Fach-)Sprache beherrschen sie? Was kann ich an juristischer Fachkompetenz voraussetzen, was nicht?* Der Hochschullehrende, der es nicht versteht, auf den Horizont seiner Studierenden einzugehen, verfehlt seinen Beruf ebenso wie der selbstverliebte Richter, der ein Gerichtsurteil wie eine hochwissenschaftliche Doktorarbeit schreibt, oder wie ein übereifriger Rechtsanwalt, der seinem Mandanten nicht zuhören kann und geistige Nebelbomben wirft.

Juristische Achtsamkeit zielt vielmehr *situationsangemessen* auf den Horizont der jeweiligen „Rechtskunden", auf eine möglichst präzise und verständliche Sprache, auf eine nachvollziehbare Gedankenordnung (Bezüge, Zusammenhänge, Ableitungen, Grundlagen, Interessen, Ziele) und auf eine klare Entscheidung bzw. auf einen klaren Entscheidungsvorschlag.

Überzeugungskunst

Hier geht es in erster Linie um *kommunikative* Kompetenzen, die nicht nur für JuristInnen hilfreich sind. Selbstbehauptung und Durchsetzungskraft hängen auch in unterschiedlichen juristischen Fachgesprächen von der Fähigkeit ab, andere zu überzeugen. Eine moderne juristische Ausbildung muss deswegen frühzeitig auf die Bedeutung der Kommunikationskompetenz hinweisen und Hilfestellungen anbieten, um sie aktiv zu erlernen und einzuüben. Manche Universitäten bieten Rhetorikseminare, Argumentations-/Vortrags-/Debattiertraining oder Diskussionswettbewerbe an. *Trainieren Sie frühzeitig Ihre juristische Sprechkompetenz!* Nutzen Sie *jede Gelegenheit*, die sich ihnen bietet, um Argumentationskunst *praktisch* einzuüben.

Dabei geht es um eine Schlüsselqualifikation, die in nahezu allen juristischen Tätigkeiten abgefragt wird. Ob Sie in Ihrem späteren Berufsleben eher eine vortragende und beratende Rolle oder eher eine Rolle mit Entscheidungsbefugnissen wahrnehmen, ist nicht entscheidend. In allen Rollen müssen Sie bei Ihren juristischen Analysen und bei Ihren Lösungsvorschlägen *andere* überzeugen und nach Möglichkeit *Zustimmung* erzielen. Selbst unabhängige Richter müssen möglichst überzeugend verhandeln und argumentieren, sonst laufen sie Gefahr, dass ihre Entscheidungen in der nächsten Instanz aufgehoben werden – oder, wenn es eine höhere Instanz nicht gibt, dass sie in den Fachzeitschriften von Experten und Wissenschaftlern hart kritisiert werden.

Die Fähigkeit, andere zu überzeugen, ist eine Kunst. Zu dieser Überzeugungskunst gehören zwar auch, aber keineswegs nur, fachliche Kenntnisse und Fähigkeiten. Mit unsauberen Tricks, mit Überrumpelungsstrategien oder mit billiger Rhetorik hat dies nichts zu tun, wohl aber mit einer *gut überlegten, situationsangepassten und strukturierten* Vorgehensweise und Argumentationstechnik. Noch einmal: Argumentationskunst kann fehlende Sachkenntnis nicht ersetzen. Vor allem dann, wenn Sie mit *anderen* JuristInnen streiten, müssen Sie sich der juristischen *Fachsprache* bedienen und die juristischen Begriffe professionell verwenden. Sonst nimmt man Sie im Kreise der „Fachbruderschaft" nicht ernst.

> **Tipp für Studierende**
>
> Haben Sie keine Hemmungen vor der Benutzung der juristischen Fachsprache! Gerade zu Beginn des Studiums wirken manche Begrifflichkeiten etwas befremdlich. Lassen Sie sich dadurch nicht verunsichern, sondern „schmecken" Sie sich so früh wie möglich in die juristische Sprache ein.

Das allein reicht aber noch nicht für Ihren Erfolg. *Wer die ungeschriebenen und unsichtbaren Regeln der Kommunikation beherrscht, der hat es leichter, in der Sache für sich zu punkten.* Wer ein fehlerfreies persönliches Auftreten beherrscht, wird seine Zuhörer nicht von der Sache ablenken, sondern sie können sich besser auf den inhaltlichen Kern konzentrieren. Wer dagegen gleich zu Beginn ungeschickt auftritt, macht es sich selbst unnötig schwer. Dies gilt auch deswegen, weil der erste Eindruck sich leicht festsetzt. Er sollte positiv sein, denn bekanntlich gibt es keine zweite Chance für einen ersten Eindruck.

- Wer zappelig und unruhig ist, *lenkt ab.*
- Wer seine Zuhörer nicht ansieht, *verspielt Aufmerksamkeit.*
- Wer zu schnell redet, dem *folgt man nicht.*
- Wer sich angriffslustig und aggressiv gibt, *verschreckt.*
- Wer alles erschöpfend darlegen will, *langweilt.*
- Wer zu lange redet, *ödet an.*
- Wer nicht weiß, was er will, *verliert.*
- Wer alles am besten weiß, macht sich dadurch *unsympathisch.*
- Wer andere imitiert, wirkt *unecht.*
- Wer Selbstverständlichkeiten präsentiert, *verärgert.*
- Wer nicht zuhört, signalisiert *Desinteresse.*

Schlüsselqualifikationen schaffen damit auch *Chancengleichheit* in der Sache. Es ist ein bisschen wie mit den guten Manieren bei Tisch:

Wer die Suppe mit aufgestützten Armen zu sich nimmt, wer seinen Löffel zu voll häuft usw., der fällt nicht angenehm, sondern – je nach Umfeld – deutlich unangenehm auf, egal wie klug, wie witzig oder wie unterhaltsam er ansonsten auch reden mag. Dieser Vergleich trägt noch in einer weiteren Hinsicht: Ebenso wie bei Tischmanieren geht es bei den hier in Rede stehenden Schlüsselqualifikationen nicht um ein exklusives Geheimwissen, sondern durchaus um handwerkliche Regeln, die man erlernen und die man trainieren kann. Auf folgende beispielhafte Grundlagen der Überzeugungskunst sollten Sie im Sinne eines persönlichen „Erfahrungshelfers" zu achten lernen:

Körpersignale:

Ihre Körpersprache darf die Zuhörer nicht irritieren, sondern muss der Situation angepasst sein. Achten Sie auf Körperruhe und insbesondere auf Ihre Hände.

Blickkontakt:

Behalten Sie Ihr Gegenüber im Blick! Wenn Sie mehrere Personen als Gegenüber haben, etwa bei einer Prüfung oder bei einer Bewerbung, schauen sie nicht nur eine Person an, sondern lassen Sie Ihren Blick von Zeit zu Zeit gleiten, damit alle sich wahrgenommen und angesprochen fühlen. So binden Sie die Aufmerksamkeit Ihrer Zuhörer.

Sprechgeschwindigkeit, Lautstärke:

Gerade in stressbelasteten Situationen neigen wir dazu, zu schnell und manchmal auch zu leise zu sprechen. Hier hilft nur üben, üben, üben, um das richtige Tempo und die richtige Lautstärke zu finden.

Tipp:

Machen Sie von Zeit zu Zeit eine bewusste Atempause.

Empathie, innerer Kontakt zum Publikum, Situationsangemessenheit:

Machen Sie sich immer klar, vor wem Sie sprechen: Wen wollen Sie überzeugen? Was sind das für Leute? Was verstehen die von der Sache, was erwarten die von Ihnen?

Freundlichkeit:

Behandeln Sie Ihre Zuhörer mit Respekt und nicht wie kleine Kinder, denen Sie die ganze Welt erklären wollen. Wenn Sie sich in einer werbenden Rolle befinden und andere von Ihrer Sachposition überzeugen müssen: Seien Sie freundlich, jedenfalls aber höflich. Betont aggressives und angriffslustiges Auftreten mag kurzfristig einmal erfolgreich sein, aber kaum auf Dauer.

Redezeit:

Bringen Sie nach Möglichkeit vorher in Erfahrung, wie lange Ihre Redezeit bemessen ist. Halten Sie sich unbedingt an diese Vorgabe. Wenn Sie 15 Minuten haben, reden sie nicht länger als 16 Minuten. Reden Sie vor allem im Gespräch nicht zu lange! Faustregel: Alles, was über drei Minuten geht, ist zu lang. Spätestens wenn man Sie fragt: „Gibt es in Ihrem Vortrag eine zeitliche Perspektive?", haben Sie etwas falsch gemacht.

Einfachheit und Klarheit der Argumente:

Bandwurmsätze sind im Gespräch tödlich. Auch die Zahl Ihrer Argumente müssen Sie im Gespräch sinnvoll beschränken Hüten Sie sich vor der deutschen Liebe zur (Über-)Gründlichkeit (kein Perfektionswahn!) und zum belehrenden Monolog. Verzichten Sie auf den Anspruch der Vollständigkeit. Es gilt der Grundsatz der Reduktion von Komplexität. Benutzen Sie keinesfalls zu viele Argumente – Faustregel: nicht mehr als drei!

Abwägendes Argumentieren:

Vergegenwärtigen Sie sich das Bild der Justitia. Je nach Lage und Auftrag überzeugen Sie, wenn sie in schwierigen Fragen das Dafür und das Dawider aufzeigen. Sie können mit diesem „einerseits – andererseits" zeigen, dass sie nichts Wesentliches übersehen und die Schwierigkeiten des Falles auch tatsächlich rechtlich durchdacht haben. So erzeugen Sie Glaubwürdigkeit und Vertrauen.

Ergebnisorientierung:

Was wollen Sie im Ergebnis sagen? Und wie können Sie sicher sein, dass Ihr Gegenüber auch versteht, was sie wollen? Hier hilft das Konzept der Kernbotschaft: Achten Sie bei allem, was Sie sonst noch sagen, auf eine kurze und klare Kernbotschaft. Wiederholen sie diese am Ende Ihres Statements.

Authentizität:

Dieser Punkt ist gerade für Anfänger schwierig. Es geht darum, auch in der professionellen Kommunikation Sie selbst zu bleiben und niemand anderen nachzuspielen. Imitationsverhalten wirkt unsouverän. Schädlich ist es auch, zu perfekt sein zu wollen. Setzen Sie auf Ihre Stärken und üben Sie gelassene Nachsicht mit Ihren Schwächen.

Zuhören und aufgreifen:

Im juristischen (Streit-)Gespräch sollten Sie Argumente Ihres Gegners aufgreifen und nach Möglichkeit widerlegen. Wenn Sie Ihre eigenen Argumente wie ein vorgefertigtes Programm abspulen, ohne auf die Argumente Ihrer Gegner einzugehen, wirkt das wenig überzeugend (auch wenn einige Politiker leider manchmal genau so auftreten). Scheuen Sie sich nicht, auch einmal nachzuhaken: „Habe ich sie richtig verstanden, ..."

Schonung der Diskussionsgegner:

Greifen Sie niemals Personen an, sondern immer nur Sachargumente und Sichtweisen. Stellen Sie Ihre Gegner nicht bloß. Schonen Sie insbesondere Gegner, die bereits auf dem Rückzug sind. Nachtreten kommt nicht nur im Sport schlecht an, sondern auch in einem streitigen Fachgespräch.

Mut zur Selbstkorrektur:

Jeder macht Fehler. Das gilt auch in der juristischen Debatte. Eigene Fehler sollten Sie einräumen können. Wer seine Irrtümer ohne Probleme eingestehen kann und die Bereitschaft zeigt, von seinen Mitarbeitern und von seinen Gegnern zu lernen, der erweist damit Respekt und fördert die Sache. Zeigen Sie sich geistig beweglich und scheuen Sie sich keinesfalls, Ihren eigenen Standpunkt zu korrigieren, wenn die Gegenargumente eindeutig überwiegen (*„Ein guter Gedanke, das habe ich so noch gar nicht gesehen ..."*). Wer seine Position um jeden Preis halten will, wirkt starrsinnig und überzeugt nicht.

Schulen Sie Ihre Beobachtungskompetenz: Einiges lernen können Sie durch Beobachtung anderer. Achten Sie einmal nicht darauf, was jemand sagt, sondern anhand der soeben genannten Beispiele auf das Wie. Welcher Professor macht seine Sache gut und vor allem warum? Auch bei Gerichtsverhandlungen, bei Fachgesprächen und Fachdiskussionen, ja sogar bei Diskussionen im Fernsehen können Sie eine ganze Menge lernen. Sie werden feststellen, dass Überzeugungskraft und persönliches Auftreten eine ganze Menge miteinander zu tun haben.

4. Konzentrieren Sie sich auf Ihre Stärken!

Nicht nötig und auch nicht sinnvoll ist es, in sämtlichen praktischen Qualifikationsfeldern ein Meister sein zu wollen. Aber es gilt, die Sensibilität für das eigene Verhalten zu schärfen und das Bewusstsein für die eigenen *außerfachlichen* Fähigkeiten zu wecken. Erkennen Sie Ihre persönlichen Kompetenzen und Stärken. Setzen Sie auf Ihre positiven Seiten!

Allein das Abstellen von Fehlern macht Sie noch nicht zu einer erfolgreichen Persönlichkeit. Vermeidungsziele sind keine Ziele. Formulieren Sie Ihren inneren Vorsatz positiv! (Falsch: „Ich will nicht schnell sprechen." – Richtig: „Ich will mit ruhigem Sprechtempo sprechen.") Wer nur darauf achtet, Fehler zu vermeiden, wirkt leicht steril und glatt oder eingezwängt und unsicher, jedenfalls nicht authentisch.

Wenn Sie überzeugen wollen, müssen Sie Ihre Persönlichkeit und Ihr ganz persönliches Temperament einsetzen. Das können Sie letztlich nur auf der Plus-Seite Ihrer Fähigkeiten, also mit dem, was Sie persönlich auszeichnet und was Sie besonders gut können. Konzentrieren Sie sich deshalb auf Ihre Stärken.

Die Temperamente und die natürlichen Gaben sind ganz unterschiedlich verteilt – und sollen es auch sein. Es geht wirklich darum zu erkennen, was Ihre ganz persönlichen Stärken sind. *Auf die individuelle Mischung kommt es an*. Je nach individuellem Mischungsverhältnis der Persönlichkeitsmerkmale und Gaben kann das, was beim einen eine Schwäche ist, beim anderen ein Pluspunkt sein. Wer beispielsweise eher ein engagiert-dynamisch-kämpferischer Typ ist, wird in einer *betont* ruhigen, nachdenklichen und sachlich-nüchternen Selbstinszenierung kaum überzeugen, ebenso wenig wie umgekehrt.

Wo sehen Sie Ihre Stärken?

- Wie bewerten Sie Ihr Temperament?
- Wo sehen Sie Ihre natürlichen Vorzüge? Beispiele: angenehme Stimmlage, Freundlichkeitsfaktor, Körperhaltung, Präsenz, gutes Aussehen, scharfer Blick, ruhige Sprechweise etc.
- Wie wirken Sie auf andere? Dabei geht es um eine Einschätzung Ihrer eigenen Außenwirkung auf Dritte. Was kommt gut an, was weniger? An welchen Stellen neigen Sie manchmal zur Übertreibung?
- Was sind Ihre drei wichtigsten Stärken?
- Welche dieser Stärken können Sie noch verbessern?

Anhang

1. Der Motivations- und Zieltest?

Bearbeitungshinweis:

Beantworten Sie die folgenden Fragen bitte schriftlich. Nehmen Sie sich dafür ruhig Zeit. Vielleicht sind Sie sich Ihrer Antwort nicht bei jeder Frage sicher. In solchen Fällen hat es sich bewährt, mit jemandem zu sprechen, der Sie gut kennt.

(1) Das Jurastudium ist mein Wunschstudium:
- ☐ ja
- ☐ nein

(2) Ich hätte lieber ein anderes Studium gewählt:
- ☐ ja, nämlich..
- ☐ nein
- ☐ Ich hätte lieber einen nichtakademischen Beruf ergriffen

(3) Ich habe mich für das Jurastudium entschieden, weil – nennen Sie Ihre wichtigsten Beweggründe, z. B.:
- ☐ weil mir nichts Besseres eingefallen ist
- ☐ mir hat der Mut zu meinem Wunschstudium gefehlt
- ☐ aus Vernunftgründen (Berufschancen)

- andere (Eltern, Lehrende) haben mir dazu geraten
- es wird von mir erwartet
- ich habe ein juristisches Vorbild, dem ich nachstrebe
- mich faszinieren juristische Tätigkeiten
- meinen Wunschberuf kann ich nur als JuristIn erreichen
- ich will erst mal schnuppern, ob es mir gefällt
- ich will mich noch nicht festlegen und möglichst viele Optionen im Berufsleben offenhalten
- weitere Gründe:
- ....
- ....
- ....

(4) Ich habe davon gehört, dass nur jeder Dritte, der das Jurastudium aufnimmt, auch das erste juristische Staatsexamen bestehen wird (ca. 30 % brechen das Studium der Rechtswissenschaft ab und ca. 30 % fallen durch die erste juristische Staatsprüfung), das hält mich aber von meiner Studienwahl nicht ab, da

- ich diese Tatsache irgendwie ignoriere,
- ich dieser Statistik nicht glaube,
- sich diese Statistik auf Studierende mit einer anderen Einstellung beziehen muss,
- ich mir erst selbst ein Bild von dem Fach machen muss, das Fach wechseln kann ich immer noch,
- die anderen für mich in Frage kommenden Fächer noch schlechtere Aussichten aufweisen,
- ich sicher bin, zu dem Teil zu gehören, das „ankommen wird",
- Jura mein Traumfach ist.

(5) Meine bisherigen Interessen und Neigungen lassen sich mit dem Jura-Studium gut verbinden,

- weil sie sich auf die Ordnung des Lebens vieler Menschen beziehen,
- weil sie sich auf die Ermöglichung der Freiheit und Gleichheit der Menschen beziehen,
- weil sie in einem Bereich liegen, der auch rechtlich durchdrungen ist und daher zwischen den Rechtsregeln und meinem außerjuristischen Fachwissen und Interessen eine gute Verbindung besteht,

1. Der Motivations- und Zieltest?

- ☐ weil sie so vielfältig sind, dass sie nur durch das Recht miteinander verbunden sind,
- ☐ ...

(6) Am Jurastudium interessieren mich besonders die folgenden Fächer:
- ☐ Zivilrecht
- ☐ Wirtschaftsrecht
- ☐ Verwaltungsrecht
- ☐ Staatsrecht
- ☐ Strafrecht
- ☐ Rechtsgeschichte
- ☐ Rechtsphilosophie
- ☐ Rechtssoziologie
- ☐ Kirchenrecht
- ☐ Kriminologie
- ☐ Prozessrecht
- ☐ Sozialrecht
- ☐ Völkerrecht
- ☐ Europarecht
- ☐ Arbeitsrecht
- ☐ weiß nicht, keine rechte Vorstellung

(7) Mit meinem Studium möchte ich folgende Ziele erreichen – nennen Sie Ihre wichtigsten Ziele für das spätere Berufsleben:
- ☐ hoher gesellschaftlicher Status
- ☐ möglichst viel Geld verdienen
- ☐ JuristIn ist einfach mein Traumberuf
- ☐ gute Karrierechancen
- ☐ sicheres Unterkommen in der Arbeitswelt
- ☐ interessantes und vielfältiges Tätigkeitsfeld
- ☐ viele Möglichkeiten später offenhalten
- ☐ der Gerechtigkeit dienen
- ☐ zum späteren Beruf mache ich mir keine Gedanken
- ☐ weitere Gründe:
- ☐ ....

Anhang

☐ ....
☐ ....

(8) Ziel meines Studiums ist es:
- ☐ eine schöne Zeit zu haben;
- ☐ mich nach der Schule neu zu orientieren;
- ☐ auszuprobieren, ob Jura das Richtige für mich ist;
- ☐ eine gute Berufsausbildung zu erreichen;
- ☐ einen Berufsabschluss zu erhalten;
- ☐ Fähigkeiten zu erwerben, von denen ich ein Leben lang zehren kann;
- ☐ ....

(9) Ich habe ein klares persönliches Berufsbild:
- ☐ ja, und zwar – bitte so genau wie möglich antworten, also nicht nur VerwaltungsjuristIn, wenn Sie als präzise Zielangabe die Kommunalverwaltung haben, oder nur RichterIn, wenn Sie ArbeitsrichterIn werden möchten:
- ☐ ....
- ☐ nein, (falls Sie hier ein Kreuz gemacht haben):
- ☐ Sind Sie der Auffassung, dass Sie eine klare Berufsvorstellung überhaupt im Studium entwickeln sollten?
- ☐ ja
- ☐ nein

(10) Ich möchte auch außerhalb des Fachstudiums wichtige Erfahrungen machen:
- ☐ ja, und zwar (bitte ergänzen):
  - ☐ politisches Engagement
  - ☐ gesellschaftliches Engagement
  - ☐ Selbsterfahrung
  - ☐ in einer WG leben
  - ☐ Auslandsaufenthalt
  - ☐ die große Liebe
  - ☐ eine Fremdsprache erlernen
  - ☐ Musik machen (Instrument lernen)
  - ☐ künstlerisch tätig sein

1. Der Motivations- und Zieltest?

- ☐ besondere Sportart
- ☐ Zeit für persönliche Experimente
- ☐ große Reisen unternehmen
- ☐ Geld für besondere Wünsche verdienen
- ☐ ....
- ☐ ....
- ☐ nein, diese Aspekte sind mir nicht so wichtig

(11) Wie lange wollen Sie studieren? – Wählen Sie eine Option: 6–7 – 8–9 – 10–11 – 12–13 – 14 oder mehr Semester.
- ☐ Ich habe mir selbst eine Höchstgrenze für mein Studium gesetzt und möchte mein Studium nach ___ Semestern abschließen.
- ☐ Das ist mir gleichgültig.
- ☐ Darüber habe ich mir noch keine Gedanken gemacht.

(12) Meinen Lebensstandard während des Studiums stelle ich mir so vor:
- ☐ Beschreiben Sie Ihre Ansprüche möglichst präzise und berücksichtigen Sie dabei die Bereiche Wohnen, Kleidung, (eigenes?) Fahrzeug, Reisewünsche, Ausgaben für Lektüre, Konzerte, „social life", sonstige Hobbys etc.
- ☐ ....
- ☐ ....
- ☐ ....
- ☐ Schätzen Sie, wie viel Geld Sie dafür ungefähr pro Monat benötigen:
- ☐ ....
- ☐ Reichen Ihre Eigenmittel aus oder müssen Sie etwas dazuverdienen, um Ihre Vorstellungen zu verwirklichen?
    - ☐ ja, Mittel reichen
    - ☐ nein, Jobben ist im Prinzip angesagt
- ☐ Wollen Sie lieber etwas länger studieren und dafür „gut" leben oder ziehen Sie es vor, rasch fertig zu werden und dafür Verzicht zu leisten?
    - ☐ ich möchte gut leben und lieber länger studieren
    - ☐ lieber Verzicht leisten und schnell fertig werden

(13) Meine Vorstellungen über den Gegenstand des juristischen Studiums bei Studienbeginn waren/sind:
- ☐ klar
- ☐ halbe/halbe
- ☐ unklar

(14) Folgende Fertigkeiten befähigen mich meiner Meinung nach zu einem Erfolg versprechenden Studium der Rechtswissenschaften:
- ☐ ich lese gerne,
- ☐ ich habe Freude am Diskutieren,
- ☐ ich habe keine Schwierigkeiten, auch vor einer großen Gruppe zu sprechen – Begründungen sind mir wichtig,
- ☐ ich erkenne sogleich, ob ein Argument für oder gegen ein Ergebnis spricht oder kein Zusammenhang besteht,
- ☐ ich bleibe auch in emotional angespannten Situationen und sonstigen Stresssituationen sachlich und bemühe mich, mein Ergebnis gut zu begründen,
- ☐ in der Diskussion lasse ich mich durch emotionale Argumente oder kollektiven Druck wenig beeindrucken,
- ☐ ich kann deutlich zwischen moralischen Regeln, die je nach Kultur, Erziehung, persönlicher Wertschätzung und politischer Anschauung verschieden sein können, und zwingenden Regeln, die jeder einhalten muss und die vom Staat erlassen werden, trennen.

(15) Wenn ich ein Gesetz für falsch halte, dann
- ☐ beachte ich das Gesetz einfach nicht,
- ☐ begründe ich ausführlich, warum die Regelung falsch ist,
- ☐ wende ich das Gesetz dennoch uneingeschränkt an,
- ☐ schimpfe ich über den generellen Schwachsinn, den der Gesetzgeber und die Politiker allgemein hervorbringen,
- ☐ versuche ich den Anwendungsbereich des Gesetzes durch Auslegung möglichst weit einzuschränken und wende den gültigen Teil an und versuche gleichzeitig eine Änderung dieser Norm zu initiieren.
- ☐ ....

1. Der Motivations- und Zieltest?

(16) Wie sehr sind Sie geeignet, Probleme selbstständig zu lösen. Hypothetische Testfrage: Wozu neigen Sie, wenn Sie etwa wissen möchte, ob das Fach Gesellschaftsrecht Gegenstand Ihrer ersten juristischen Prüfung ist oder nicht?
- ☐ Sie fragen eine ältere Kommilitonin,
- ☐ Sie gehen zur Studienberatung (und verlieren zwei Stunden)
- ☐ Sie schauen in der Justizprüfungsordnung nach.

(17) Wie sehr sind Sie in der Lage, Ihre Ausbildung selbst in die Hand zu nehmen?
- ☐ Brauchen Sie immer einen, der Ihnen sagt, was gemacht werden muss?
- ☐ Trauen Sie sich auch eigene Entscheidungen zu und können Sie Ihren Stundenplan selbst aufstellen?
- ☐ Haben Sie die Leistungskurse in der gymnasialen Oberstufe selbst gewählt und hat sich die Wahl als richtig erwiesen?
- ☐ ....

(18) Meine Erwartungen haben sich im Verlauf des bisherigen Studiums:
- ☐ bestätigt
- ☐ in etwa bestätigt
- ☐ nicht bestätigt

(19) Ich bringe für mein Studium netto ... Wochenstunden auf.

(20) Alles in allem studiere ich Jura:
- ☐ sehr gerne
- ☐ gerne
- ☐ so lala
- ☐ nicht so gerne
- ☐ ich quäle mich

(21) Im wievielten Semester sind Sie?
- ☐ ich befinde mich im ... Semester
- ☐ ich habe das Studium noch gar nicht begonnen

(22) Ich habe das Gefühl, effektiv zu studieren und gute Fortschritte zu machen:
- ☐ ja
- ☐ nein

- ☐ Falls Sie nein angekreuzt haben, beantworten Sie bitte auch noch die nachfolgende Frage: Ich würde gerne effizienter arbeiten, weiß aber einfach nicht, wie ich das anstellen soll:
    - ☐ ja
    - ☐ nein

(23) (a) Haben Sie persönlichen Kontakt zu wissenschaftlichem Hochschulpersonal (Professoren, Assistenten) gewonnen?
    - ☐ ja
    - ☐ nein

   (b) Halten Sie solche Kontakte für sinnvoll oder wünschenswert?
    - ☐ ja, unbedingt
    - ☐ schadet nicht
    - ☐ überflüssig

(24) Wie organisieren Sie Ihren Studienablauf? (Mehrfachnennung möglich)
    - ☐ ich halte mich an den Studienplan
    - ☐ ich mache mehr als im Studienplan vorgesehen
    - ☐ ich mache weniger als im Studienplan vorgesehen
    - ☐ ich besuche Lehrveranstaltungen regelmäßig
    - ☐ ich besuche nur die Lehrveranstaltungen, die etwas bringen
    - ☐ ich besuche Vorlesungen etc. eher nach Neigung
    - ☐ ich arbeite viel im Selbststudium
    - ☐ ich lese viel für das Studium und arbeite Lehrveranstaltungen nach
    - ☐ ich bereite mich auf Vorlesungen regelmäßig vor
    - ☐ ich lerne mit anderen zusammen

(25) Schätzen Sie Ihr Engagement für Ihr Studium mit einer Gesamtnote ein!
    - ☐ sehr gut
    - ☐ gut
    - ☐ so lala
    - ☐ mäßig
    - ☐ schlecht

1. Der Motivations- und Zieltest?

Zur Auswertung: Dieser kleine Test enthält keine Auswertung, wie man sie aus vielen Zeitschriften kennt. Sie können also keine Punkte für irgendwelche Leistungen bekommen, die Sie dann nur noch addieren müssten, um unter der entsprechenden Punktzahl Ihren Typ zu finden. Welcher Typ Sie sind, müssen Sie schon selbst herausfinden. Sie erhalten dafür das folgende Stichwort zur Auswertung Ihrer Antworten an die Hand:

Zielklarheit: Auf Dauer werden Sie das Ziel des Studiums ohne Zielklarheit, den Willen zum Ankommen und ein gewisses Vergnügen an der Sache kaum erreichen.

Sie sollten anhand Ihrer Antworten in der Lage sein, Ihre eigene Zielklarheit zu bestimmen. Unterscheiden Sie dabei im Hinblick auf Ihre Studienwahl und Ihr Berufsziel. Wenn Ihr Berufsziel noch weitgehend unbestimmt ist, muss das kein Nachteil sein. Falls Sie ein klares Berufsziel haben, machen Sie sich klar, ob es ein spezifisch juristisches Berufsziel ist oder ob es auch mit anderen Studiengängen erreichbar wäre. Wer zum Beispiel in erster Linie einen hohen gesellschaftlichen Status und ein hohes Einkommen anstrebt, der wird auch als Wirtschaftswissenschaftler eine gute Ausgangsbasis haben. Entscheidend ist, dass Sie zu einer klaren Aussage finden, ob Sie dieses Studium wirklich ergreifen und durchziehen wollen. Falls Sie überall sehr unbestimmt geantwortet haben, hängt es entscheidend von Ihrem Studienfortschritt ab, wie dieses Signal zu würdigen ist. Da es als Anfänger schwer ist, sich ein Bild von der Juristerei zu machen, kommt es darauf an, ob Sie überhaupt darum bemüht sind, sich ein entsprechendes Bild zu verschaffen. Die Frage, die Sie sich selbst stellen sollten, lautet:

Was tue ich, um meine eigene Zielklarheit zu fördern? Schöpfe ich alle Möglichkeiten aktiv aus oder begnüge ich mich mit dem „Pflichtprogramm" des Studienplans?

Selbstverständlich können Sie auch mit alternativer Zielsetzung arbeiten. Es ist nicht unbedingt sinnvoll, vom ersten Tag des Studiums an ein sehr präzises Berufsziel zu haben. Sie sollten allerdings daran arbeiten, eine eigene Richtung zu finden, um sich Perspektiven zu erschließen.

Anhang

Weiter sollten Sie in der Lage sein, Ihre persönliche Prioritätenskala auszuarbeiten und den tatsächlichen Stellenwert, den Sie Ihrem Studium und Ihren sonstigen Präferenzen einräumen, zu bestimmen. Erstellen Sie dafür ein Zeitdiagramm mit den Zeitanteilen, die Sie pro Woche bestimmten Tätigkeiten widmen, indem Sie jeden Tag nach dem Vorbild einer möglichst normalen Studienwoche einteilen. Beobachten Sie dafür in den nächsten drei bis sechs Wochen Ihren eigenen Zeithaushalt und notieren Sie ihn möglichst exakt. Sie werden feststellen, dass die tatsächliche Zeiteinteilung von der geschätzten Zeitaufteilung erheblich abweichen kann. Setzen Sie dabei nur Nettozeiten an und bilanzieren Sie die jeweiligen Wochenanteile für Studium, Freizeit, Essen und Schlafen, Kontakte, Erledigungen, evtl. Jobben etc. – je differenzierter, desto besser.

- Wie hoch ist der Zeitanteil, den Sie für Ihr Studium tatsächlich aufbringen?
- Entspricht Ihre tatsächliche Zeiteinteilung auch dem ideellen Stellenwert, den Ihr Studium für Sie hat?

2. Statistiken und Übersichten zum Jurastudium

Übersicht		Seite
Statistik 1:	Die Ergebnisse der ersten juristischen Staatsprüfung im Jahr 2008	223
Statistik 2:	Art und Gewichtung der in der ersten juristischen Staatsprüfung zu erbringenden Leistungen	225
Statistik 3:	Übersicht über die Zahl der in der Bundesrepublik erfolgreich abgelegten juristischen Examina (ohne einstufige Ausbildung)	226
Statistik 4:	Übersicht über die Schwerpunktbereiche in der universitären Lehre und der ersten Prüfung an den juristischen Fakultäten Deutschlands	229

2. Statistiken und Übersichten zum Jurastudium

Statistik 1

Bundesamt für Justiz
Referat III 3
Ausbildungsstatistik Stand: 31. Oktober 2014

Übersicht über die Ergebnisse der Ersten Juristischen Prüfung im Jahre 2013 (neues Recht)[1]

Land	Erfolgreiche Kandidaten			Notenverteilung bei den erfolgreichen Kandidaten										
	insgesamt	dar. Frauen		sehr gut		gut		voll befriedigend		befriedigend		ausreichend	
		Zahl	%Sp 2	Zahl	%Sp 2	Zahl	%Sp 2	Zahl	%Sp 2	Zahl	%Sp 2	Zahl	%Sp 2
1	2	3	4	5	6	7	8	9	10	11	12	13	14
Baden-Württemberg	945	495	52,4	5	0,5	62	6,6	234	24,8	435	46,0	209	22,1
Bayern[2] [3]	1.584	894	56,4	11	0,7	94	5,9	398	25,1	745	47,0	336	21,2
Berlin[2] [3]	619	366	59,1	3	0,5	47	7,6	202	32,6	272	43,9	95	15,3
Brandenburg[2] [3]	227	139	61,2	0	0,0	5	2,2	38	16,7	122	53,7	62	27,3
Bremen	103	53	51,5	0	0,0	4	3,9	29	28,2	55	53,4	15	14,6
Hamburg[2] [3] [4]	416	204	49,0	1	0,2	27	6,5	162	38,9	156	37,5	70	16,8
Hessen	538	330	61,3	3	0,6	26	4,8	138	25,7	264	49,1	107	19,9
Mecklenburg-Vorpommern	128	71	55,5	0	0,0	6	4,7	24	18,8	58	45,3	40	31,3
Niedersachsen[2] [5]	562	316	56,2	0	0,0	33	5,9	146	26,0	258	45,9	125	22,2
Nordrhein-Westfalen[2] [3] [6]	1.741	971	55,8	2	0,1	90	5,2	426	24,5	790	45,4	433	24,9

Anhang

Land	Erfolgreiche Kandidaten			Notenverteilung bei den erfolgreichen Kandidaten										
	insgesamt	dar. Frauen		sehr gut		gut		voll befriedigend		befriedigend		ausreichend	
	Zahl	Zahl	%Sp 2	Zahl	%Sp 2	Zahl	%Sp 2	Zahl	%Sp 2	Zahl	%Sp 2	Zahl	%Sp 2
1	2	3	4	5	6	7	8	9	10	11	12	13	14
Rheinland-Pfalz[3]	421	267	63,4	2	0,5	22	5,2	71	16,9	189	44,9	137	32,5
Saarland[2][3]	144	88	61,1	1	0,7	8	5,6	24	16,7	67	46,5	44	30,6
Sachsen[3]	225	126	56,0	1	0,4	9	4,0	61	27,1	107	47,6	47	20,9
Sachsen-Anhalt[3]	99	66	66,7	0	0,0	5	5,1	29	29,3	40	40,4	25	25,3
Schleswig-Holstein[2]	187	113	60,4	0	0,0	7	3,7	39	20,9	100	53,5	41	21,9
Thüringen[2]	207	137	66,2	0	0,0	7	3,4	54	26,1	105	50,7	41	19,8
Zusammen	8.146	4.636	56,9	29	0,4	452	5,5	2.075	25,5	3.763	46,2	1.827	22,4

[1]) Berücksichtigt sind nur die im Erhebungsjahr abgeschlossenen Ersten Juristischen Prüfungen.
[2]) Es wurden alle Prüfimg, einschließlich jener, die das Prüfungsverfahren zur Notenverbesserung absolviert haben, einbezogen.
[3]) Für die Erhebung der Ergebnisse ist der Zeitpunkt der Beendigung des Prüfungsverfahrens der Tag, an dem der Bescheid über die Feststellung des Gesamtergebnisses erlassen worden ist.
[4]) Hierin sind die Kandidaten der Bucerius Law School enthalten.
[5]) In Niedersachsen haben 169 Kandidaten nach der alten Prüfungsordnung (NJAG 2003) und 393 Kandidaten nach dem NJAG 2009 das Examen bestanden.
[6]) In Nordrhein-Westfalen sind in den Angaben 292 Notenverbesserer enthalten.
Anl 1 1. Jur. Prüfung neu

2. Statistiken und Übersichten zum Jurastudium

Statistik 2: Art und Gewichtung der in der staatlichen Pflichtfachprüfung zu erbringenden Leistungen

	Art der Leistung	Anteil Gesamtnote:
Baden-Württemberg	6 Aufsichtsarbeiten	70 %
	mündliche Prüfung	30 %
Bayern	6 Aufsichtsarbeiten	75 %
	mündliche Prüfung	25 %
Berlin	7 Aufsichtsarbeiten	63 %
	mündliche Prüfung insgesamt, davon	37 %
	Aktenvortrag	13 %
	Prüfungsgespräch	24 %
Brandenburg	7 Aufsichtsarbeiten	63 %
	mündliche Prüfung insgesamt, davon	37 %
	Aktenvortrag	13 %
	Prüfungsgespräch	24 %
Bremen	6 Klausuren	2/3
	mündliche Prüfung	1/3
Hamburg	6 Klausuren	75 %
	10 minütiger Kurzvortrag und Prüfungsgespräch	25 %
Hessen	6 Klausuren	2/3
	mündliche Prüfung	1/3
Mecklenburg-Vorpommern	6 Klausuren	70 %
	mündliche Prüfung	30 %
Niedersachsen	6 Klausuren	64 %
	mündliche Prüfung	36 %
Nordrhein-Westfalen	6 Klausuren	60 %
	mündliche Prüfung	30 %
	Vortrag	10 %

Anhang

	Art der Leistung	Anteil Gesamtnote:
Rheinland-Pfalz	6 Klausuren	2/3
	mündliche Prüfung	1/3
Saarland	6 Klausuren	70,59 %
	mündliche Prüfung	29,41 %
Sachsen	5 Klausuren	67 %
	Prüfungsgespräch	20 %
	Vortrag	13 %
Sachsen-Anhalt	6 Klausuren	60 %
	mündliche Prüfung	30 %
	Vortrag	10 %
Schleswig-Holstein	6 Klausuren	2/3
	mündliche Prüfung	1/3
Thüringen	6 Klausuren	65 %
	mündliche Prüfung	35 %

Quelle: Bundesamt für Justiz

Statistik 3: Übersicht über die Zahl der in der Bundesrepublik erfolgreich abgelegten juristischen Examina (ohne einstufige Ausbildung)

Jahr	Erste juristische Staatsprüfung	Zweite
1959	3.153	2.308
1960	3.400	2.173
1961	3.283	2.142
1962	3.305	2.306
1963	3.150	2.631
1964	2.792	2.845
1965	2.698	2.9191
1966	2.850	3.109

2. Statistiken und Übersichten zum Jurastudium

Jahr	Erste juristische Staatsprüfung	Zweite
1967	3.088	3.636
1968	3.465	3.401
1969	4.284	2.960
1970	3.712	2.758
1971	3.532	3.000
1972	4.359	3.2432
1973	5.132	4.096
1974	4.887	5.043
1975	4.326	5.353
1976	3.496	5.373
1977	3.857	4.713
1978	4.324	4.104
1979	5.090	3.707
1980	5.750	4.123
1981	6.158	4.653
1982	5.592	5.149
1983	5.535	5.649
1984	5.854	4.5763
1985	6.015	5.265
1986	7.082	5.616
1987	6.951	5.874
1988	7.927	6.267
1989	8.020	6.129
1990	8.127	6.853
1991	7.508	7.522
1992	8.411	7.555
1993	9.781	7.796
1994	10.127	8.3594
1995	11.380	10.653
1996	12.573	10.689

Jahr	Erste juristische Staatsprüfung	Zweite
1997	12.393	9.761
1998	12.153	10.397
1999	12.099	10.710
2000	11.893	10.366
2001	11.139	10.697
2002	10.838	10.330
2003	9.565	9.722
2004	9.655	9.639
2005	9.015	9.400
2006	9.903	8.573[5]
2007	10.696	8.351
2008	7.865	8.345
2009	8.319	9.347
2010	7.976	8.358
2011	7.924	7.568
2012	7.646	7.711
2013	8.148	7.491

1 ab 1.10. 1965 Verkürzung der Referendarzeit von $3^1/_2$ auf $2^1/_2$ Jahre

2 ab 1.6. 1972 Verkürzung der Referendarzeit von $2^1/_2$ auf 2 Jahre

3 ab 1.6. 1982 Verlängerung der Referendarzeit von 2 auf 21/2 Jahre

4 ab 1.1. 1983 Verkürzung der Referendarzeit von 21/2 auf 2 Jahre

5 **Erste juristische Staatsprüfung:** Nordrhein-Westfalen: davon 23 Prüfungsverfahren nach neuem Recht Saarland: davon 2 Kandidaten nach neuem Recht **Zweite juristische Staatsprüfung:** Bremen: davon 41 Kandidaten nach neuer Länderübereinkunft Hamburg: davon 162 Kandidaten nach neuer Länderübereinkunft Schleswig-Holstein: davon 175 Kandidaten nach neuer Länderübereinkunft

Statistik 4: Überblick über die Schwerpunktbereiche in der universitären Lehre und ersten Prüfung an den juristischen Fakultäten Deutschlands

Bei der folgenden Tabelle handelt es sich um die aktualisierte Übersicht der im Anschluss an den Beitrag von Rolfs/Rossi-Wilberg, JuS 2007, 297, abgedruckten Fassung.

Baden-Württemberg

- Aufsichtsarbeiten: 6
- Mündliche Prüfung: ja

Freiburg i.Br.:

- Grundlagenorientierte Schwerpunktbereiche: Rechtsgeschichte und Rechtsvergleichung
- Zivilrechtliche Schwerpunktbereiche:
  - Familien- und Erbrecht, Verfahrensrecht, Rechtsberatung und Rechtsgestaltung, IPR: Zivilrechtliche Rechtspflege in Justiz und Anwaltschaft
  - Handels- und Gesellschaftsrecht, Wirtschaftsrecht:
    1. Handel und Wirtschaft
    2. Europäische und internationale Rechts- und Wirtschaftsbeziehungen
    3. Recht der Informationsgesellschaft
  - Arbeitsrecht, Sozialrecht: Arbeit und Soziale Sicherung
- Strafrechtliche Schwerpunktbereiche: Strafrechtliche Rechtspflege
- Öffentlich-rechtliche Schwerpunktbereiche:
  1. Umwelt und Wirtschaft
  2. Europäische und internationale Rechts- und Wirtschaftsbeziehungen
  3. Recht der Informationsgesellschaft
- Weitere Schwerpunktbereiche: keine Angaben
- Aufsichtsarbeiten: 1 fünfstündige Aufsichtsarbeit und 4 Semesterabschlussklausuren
- Seminar-/Studienarbeiten: 4-wöchig mit Vortrag und Diskussion
- Mündliche Prüfung: keine Angaben

Heidelberg:

- Grundlagenorientierte Schwerpunktbereiche: keine Angaben
- Zivilrechtliche Schwerpunktbereiche:
  - Familien- und Erbrecht, Verfahrensrecht, Rechtsberatung und Rechtsgestaltung, IPR:
    1. Rechtspflege und Rechtsgestaltung
    2. Internationales Recht unter Berücksichtigung der transnationalen Privatrechtsgesellschaft

- Handels- und Gesellschaftsrecht, Wirtschaftsrecht:
  3. Unternehmens- und Steuerrecht
  4. Das Recht des Europäischen Binnenmarkts, der Weltwirtschaft und der Wirtschaftsverfassung
- Arbeitsrecht, Sozialrecht: Deutsches und europäisches Arbeits-, Beschäftigungs- und Sozialrecht
- Strafrechtliche Schwerpunktbereiche: Rechtspflege mit Berücksichtigung von Strafrecht und Kriminologie
- Öffentlich-rechtliche Schwerpunktbereiche: Regierung und Verwaltung in nationaler, europäischer und internationaler Perspektive
- Weitere Schwerpunktbereiche: keine Angaben
- Aufsichtsarbeiten: 1 fünfstündig
- Seminar-/Studienarbeiten: 4-wöchig
- Mündliche Prüfung: ja

Konstanz:

- Grundlagenorientierte Schwerpunktbereiche: keine Angaben
- Zivilrechtliche Schwerpunktbereiche:
  - Familien- und Erbrecht, Verfahrensrecht, Rechtsberatung und Rechtsgestaltung, IPR:
    1. Deutsches und Europäisches Marktrecht
    2. Rechtsgestaltung, Rechtsberatung und Rechtsdurchsetzung, insbesondere im Familien- und Erbrecht
  - Handels- und Gesellschaftsrecht, Wirtschaftsrecht: keine Angaben
  - Arbeitsrecht, Sozialrecht: Arbeits- und Sozialrecht
- Strafrechtliche Schwerpunktbereiche: Recht und Praxis strafrechtlicher Berufe mit europäischen und internationalen Bezügen
- Öffentlich-rechtliche Schwerpunktbereiche:
  1. Internationale Personen- und Wirtschaftsbeziehungen im öffentlichen Recht
  2. Umwelt- und Planungsrecht sowie öffentliches Wirtschaftsrecht
- Weitere Schwerpunktbereiche: keine Angaben
- Aufsichtsarbeiten: 1 fünfstündig
- Seminar-/Studienarbeiten: 4-wöchig
- Mündliche Prüfung: ja

Mannheim:

- Grundlagenorientierte Schwerpunktbereiche: keine Angaben
- Zivilrechtliche Schwerpunktbereiche:
  - Familien- und Erbrecht, Verfahrensrecht, Rechtsberatung und Rechtsgestaltung, IPR: keine Angaben
  - Handels- und Gesellschaftsrecht, Wirtschaftsrecht:
    1. Versicherungs- und Bankrecht
    2. Handels-, Wettbewerbs- und Immaterialgüterrecht
  - Arbeitsrecht, Sozialrecht: Unternehmensrecht (Wirtschaft und Arbeit)

2. Statistiken und Übersichten zum Jurastudium

- Strafrechtliche Schwerpunktbereiche: Wirtschafts-, Umwelt- und Steuerstrafrecht
- Öffentlich-rechtliche Schwerpunktbereiche: Öffentliches Wirtschaftsrecht/Steuerrecht
- Weitere Schwerpunktbereiche: Medizin- und Gesundheitsrecht
- Aufsichtsarbeiten: 1 fünfstündig
- Seminar-/Studienarbeiten: 6-wöchig mit Vortrag und Diskussion
- Mündliche Prüfung: ja

Tübingen:

- Grundlagenorientierte Schwerpunktbereiche: Fundamente europäischer Rechtsordnungen
- Zivilrechtliche Schwerpunktbereiche:
  - Familien- und Erbrecht, Verfahrensrecht, Rechtsberatung und Rechtsgestaltung, IPR: Zivilrechtspflege
  - Handels- und Gesellschaftsrecht, Wirtschaftsrecht:
    1. Unternehmens- und Wirtschaftsrecht
    2. Steuern und Finanzierung
  - Arbeitsrecht, Sozialrecht: in Unternehmens- und Wirtschaftsrecht
- Strafrechtliche Schwerpunktbereiche: Verschiedene Schwerpunktbereiche zur Strafrechtspflege (z. B. Rechtsfolgen der Straftat)
- Öffentlich-rechtliche Schwerpunktbereiche:
  1. Verschiedene Schwerpunktbereiche zum internationalen und europäischen Recht
  2. Öffentliche Wirtschaft, Infrastruktur und Umwelt
- Weitere Schwerpunktbereiche: keine Angaben
- Aufsichtsarbeiten: 1 fünfstündig
- Seminar-/Studienarbeiten: 6-wöchig
- Mündliche Prüfung: ja

Bayern

- Aufsichtsarbeiten: 6
- Mündliche Prüfung: ja

Augsburg:

- Grundlagenorientierte Schwerpunktbereiche: keine Angaben
- Zivilrechtliche Schwerpunktbereiche:
  - Familien- und Erbrecht, Verfahrensrecht, Rechtsberatung und Rechtsgestaltung, IPR: keine Angaben
  - Handels- und Gesellschaftsrecht, Wirtschaftsrecht:
    1. Deutsches und internationales Unternehmensrecht, Steuerrecht
    2. Deutsches und internationales Kapitalmarktrecht und Gewerblicher Rechtsschutz
  - Arbeitsrecht, Sozialrecht: Recht im Unternehmen: Arbeitsrecht
- Strafrechtliche Schwerpunktbereiche: Wirtschaftsrecht und internationales Strafrecht
- Öffentlich-rechtliche Schwerpunktbereiche:

Anhang

1. Europarecht, internationales und europäisches Privatrecht, Völkerrecht
2. Deutsches und internationales Umwelt- und Wirtschaftsregulierungsrecht
- Weitere Schwerpunktbereiche: keine Angaben
- Aufsichtsarbeiten: 2 Semesterabschlussklausuren
- Seminar-/Studienarbeiten: 4-wöchig
- Mündliche Prüfung: ja

Bayreuth:

- Grundlagenorientierte Schwerpunktbereiche: keine Angaben
- Zivilrechtliche Schwerpunktbereiche:
  - Familien- und Erbrecht, Verfahrensrecht, Rechtsberatung und Rechtsgestaltung, IPR:
    1. Vertragsgestaltung (Methodik, moderne Vertragstypen)
    2. Internationales Recht
  - Handels- und Gesellschaftsrecht, Wirtschaftsrecht:
    1. Geistiges Eigentum und Wettbewerbsrecht
    2. Unternehmens- und Steuerrecht
  - Arbeitsrecht, Sozialrecht: keine Angaben
- Strafrechtliche Schwerpunktbereiche: Wirtschafts- und Steuerstrafrecht
- Öffentlich-rechtliche Schwerpunktbereiche:
  1. Internationales Recht
  2. Wirtschaftsverwaltungsrecht
- Weitere Schwerpunktbereiche: keine Angaben
- Aufsichtsarbeiten: keine Angaben
- Seminar-/Studienarbeiten: 6-wöchig
- Mündliche Prüfung: ja

Erlangen-Nürnberg:

- Grundlagenorientierte Schwerpunktbereiche: Grundlagen des Rechts
- Zivilrechtliche Schwerpunktbereiche:
  - Familien- und Erbrecht, Verfahrensrecht, Rechtsberatung und Rechtsgestaltung, IPR: Internationales und europäisches Recht
  - Handels- und Gesellschaftsrecht, Wirtschaftsrecht: Wirtschaftsrecht
  - Arbeitsrecht, Sozialrecht: Unternehmens- und Arbeitsordnung
- Strafrechtliche Schwerpunktbereiche: Kriminalwissenschaften
- Öffentlich-rechtliche Schwerpunktbereiche:
  1. Internationales und europäisches Recht
  2. Staat und Verwaltung
- Weitere Schwerpunktbereiche: keine Angaben
- Aufsichtsarbeiten: keine Angaben
- Seminar-/Studienarbeiten: 4–6-wöchig
- Mündliche Prüfung: ja

München:

- Grundlagenorientierte Schwerpunktbereiche: Grundlagen der Rechtswissenschaften
- Zivilrechtliche Schwerpunktbereiche:
  - Familien- und Erbrecht, Verfahrensrecht, Rechtsberatung und Rechtsgestaltung, IPR: Internationales, europäisches und ausländisches Privat- und Verfahrensrecht
  - Handels- und Gesellschaftsrecht, Wirtschaftsrecht:
    1. Wettbewerbsrecht, Geistiges Eigentum und Medienrecht
    2. Wirtschafts- und Steuerrecht
  - Arbeitsrecht, Sozialrecht: Unternehmens- und Arbeitsrecht
- Strafrechtliche Schwerpunktbereiche: Strafjustiz, Strafverteidigung, Prävention
- Öffentlich-rechtliche Schwerpunktbereiche: Europäisches und internationales öffentliches Recht
- Weitere Schwerpunktbereiche: keine Angaben
- Aufsichtsarbeiten: 2 zweistündige
- Seminar-/Studienarbeiten: 4-wöchig mit Vortrag
- Mündliche Prüfung: ja

Passau:

- Grundlagenorientierte Schwerpunktbereiche: Grundlagen der Rechts und des Staates
- Zivilrechtliche Schwerpunktbereiche:
  - Familien- und Erbrecht, Verfahrensrecht, Rechtsberatung und Rechtsgestaltung, IPR: Zivilrechtspflege
  - Handels- und Gesellschaftsrecht, Wirtschaftsrecht: Gesellschafts-, Kapitalmarkt- und Steuerrecht
  - Arbeitsrecht, Sozialrecht: Arbeit und soziale Sicherung
- Strafrechtliche Schwerpunktbereiche: Kriminalrechtspflege
- Öffentlich-rechtliche Schwerpunktbereiche:
  1. Internationale Dimensionen des Rechts
  2. Ausländisches Recht
- Weitere Schwerpunktbereiche: Informations- und Kommunikationsrecht in der Verwaltung
- Aufsichtsarbeiten: 1 zweistündig
- Seminar-/Studienarbeiten: ja
- Mündliche Prüfung: ja

Regensburg:

- Grundlagenorientierte Schwerpunktbereiche: Grundlagen der modernen Rechtsordnung
- Zivilrechtliche Schwerpunktbereiche:
  - Familien- und Erbrecht, Verfahrensrecht, Rechtsberatung und Rechtsgestaltung, IPR: Deutsches, europäisches und internationales Privat- und Zivilverfahrensrecht
  - Handels- und Gesellschaftsrecht, Wirtschaftsrecht:
    1. Gesellschafts-, Handels- und Steuerrecht

2. Arbeit und Kapital im Unternehmen
  3. Unternehmenssanierung
  – Arbeitsrecht, Sozialrecht:
    1. Recht der Arbeit und der sozialen Sicherheit
    2. Arbeit und Kapital im Unternehmen
    3. Steuer- und Sozialrecht
- Strafrechtliche Schwerpunktbereiche: Strafrecht in der modernen Gesellschaft (Strafverteidigung, Jugendstrafrecht, Kriminologie u. a.)
- Öffentlich-rechtliche Schwerpunktbereiche: Mittel- und Osteuropa im Prozess der europäischen Integration (Europarecht mit Bezug zu Osteuropa)
- Weitere Schwerpunktbereiche: Recht der Informationsgesellschaft
- Aufsichtsarbeiten: keine Angaben
- Seminar-/Studienarbeiten: 4-wöchig
- Mündliche Prüfung: ja

Würzburg:

- Grundlagenorientierte Schwerpunktbereiche: Grundlagen der Rechts
- Zivilrechtliche Schwerpunktbereiche:
  – Familien- und Erbrecht, Verfahrensrecht, Rechtsberatung und Rechtsgestaltung, IPR: keine Angaben
  – Handels- und Gesellschaftsrecht, Wirtschaftsrecht:
    1. Europäischer und internationaler Rechts- und Wirtschaftsverkehr
    2. Wirtschaft und Steuern
  – Arbeitsrecht, Sozialrecht: Arbeit und Soziales
- Strafrechtliche Schwerpunktbereiche: Kriminalwissenschaften
- Öffentlich-rechtliche Schwerpunktbereiche:
  1. Politik, Regierung, Verwaltung
  2. Europäisches öffentliches Recht und Völkerrecht
- Weitere Schwerpunktbereiche: keine Angaben
- Aufsichtsarbeiten: keine Angaben
- Seminar-/Studienarbeiten: 6-wöchig mit Vortrag und Diskussion
- Mündliche Prüfung: ja

Berlin

- Aufsichtsarbeiten: 7
- Mündliche Prüfung: mit Vortrag

Freie Universität:

- Grundlagenorientierte Schwerpunktbereiche: Grundlagen der Rechts
- Zivilrechtliche Schwerpunktbereiche:
  – Familien- und Erbrecht, Verfahrensrecht, Rechtsberatung und Rechtsgestaltung, IPR: keine Angaben
  – Handels- und Gesellschaftsrecht, Wirtschaftsrecht:

1. Unternehmens- und Wirtschaftsrecht
  2. Arbeits- und Versicherungsrecht
  - Arbeitsrecht, Sozialrecht: Arbeits- und Versicherungsrecht
- Strafrechtliche Schwerpunktbereiche: Strafrechtspflege und Kriminologie
- Öffentlich-rechtliche Schwerpunktbereiche: Die Internationalisierung der Rechtsordnung (Völkerrecht, Europarecht u. a.)
- Weitere Schwerpunktbereiche: Staatliche Entscheidungsfindung und ihre Kontrolle
- Aufsichtsarbeiten: 1 fünfstündig
- Seminar-/Studienarbeiten: ja
- Mündliche Prüfung: ja

Humboldt-Universität:

- Grundlagenorientierte Schwerpunktbereiche: Zeitgeschichte des Rechts
- Zivilrechtliche Schwerpunktbereiche:
  - Familien- und Erbrecht, Verfahrensrecht, Rechtsberatung und Rechtsgestaltung, IPR: Zivilrechtliche Rechtsberatung und Rechtsgestaltung
  - Handels- und Gesellschaftsrecht, Wirtschaftsrecht: Europäisierung und Internationalisierung des Privat- und Wirtschaftsrechts
  - Arbeitsrecht, Sozialrecht: keine Angaben
- Strafrechtliche Schwerpunktbereiche: Deutsche und internationale Strafrechtspflege
- Öffentlich-rechtliche Schwerpunktbereiche:
  1. Staat und Verwaltung im Wandel
  2. Recht der internationalen Gemeinschaft und europäische Integration
  3. Ausländisches Recht
- Weitere Schwerpunktbereiche: Rechtsgestaltung und Rechtspolitik
- Aufsichtsarbeiten: 1 fünfstündig
- Seminar-/Studienarbeiten: 6-wöchig
- Mündliche Prüfung: ja

Brandenburg

- Aufsichtsarbeiten: 7
- Mündliche Prüfung: mit Vortrag

Frankfurt (Oder):

- Grundlagenorientierte Schwerpunktbereiche: keine Angaben
- Zivilrechtliche Schwerpunktbereiche:
  - Familien- und Erbrecht, Verfahrensrecht, Rechtsberatung und Rechtsgestaltung, IPR:
    1. Zivilrechtspflege
    2. Internationales Recht
  - Handels- und Gesellschaftsrecht, Wirtschaftsrecht: Wirtschaftsrecht
  - Arbeitsrecht, Sozialrecht: in Wirtschaftsrecht
- Strafrechtliche Schwerpunktbereiche: Strafrechtspflege

Anhang

- Öffentlich-rechtliche Schwerpunktbereiche:
  1. Staat und Verwaltung
  2. Internationales Recht
- Weitere Schwerpunktbereiche: Transdisziplinäre Rechtswissenschaft (Rechtsentstehung und Rechtsverwirklichung
- Aufsichtsarbeiten: 1 fünfstündig
- Seminar-/Studienarbeiten: 6-wöchig
- Mündliche Prüfung: ja

Potsdam:

- Grundlagenorientierte Schwerpunktbereiche: Grundlagen des Rechts
- Zivilrechtliche Schwerpunktbereiche:
  - Familien- und Erbrecht, Verfahrensrecht, Rechtsberatung und Rechtsgestaltung, IPR:
    1. Zivilrechtspflege und Internationales Privat- und Prozessrecht
    2. Internationales Recht
  - Handels- und Gesellschaftsrecht, Wirtschaftsrecht: Privates Wirtschaftsrecht
  - Arbeitsrecht, Sozialrecht: Privates Wirtschaftsrecht
- Strafrechtliche Schwerpunktbereiche: Wirtschafts-, Steuer- und Umweltstrafrecht
- Öffentlich-rechtliche Schwerpunktbereiche:
  1. Staat – Wirtschaft – Verwaltung
  2. Internationales Recht
- Weitere Schwerpunktbereiche: Französisches Recht
- Aufsichtsarbeiten: 1 fünfstündig
- Seminar-/Studienarbeiten: 6-wöchig mit Vortrag und Diskussion
- Mündliche Prüfung: ja

Bremen

- Aufsichtsarbeiten: 6
- Mündliche Prüfung: ja

Bremen:

- Grundlagenorientierte Schwerpunktbereiche: keine Angaben
- Zivilrechtliche Schwerpunktbereiche:
  - Familien- und Erbrecht, Verfahrensrecht, Rechtsberatung und Rechtsgestaltung, IPR: keine Angaben
  - Handels- und Gesellschaftsrecht, Wirtschaftsrecht: Europäisches und nationales Wirtschaftsrechts
  - Arbeitsrecht, Sozialrecht: Arbeits- und Sozialrecht im internationalen und supranationalen Kontext
- Strafrechtliche Schwerpunktbereiche: Strafrecht und Kriminalpolitik in Europa
- Öffentlich-rechtliche Schwerpunktbereiche:
  1. Demokratie, Menschenrechte, Grundfreiheiten
  2. Umwelt, Technik, Wirtschaft

- Weitere Schwerpunktbereiche: Gesundheits- und Medizinrecht
- Aufsichtsarbeiten: keine Angaben
- Seminar-/Studienarbeiten: 4-wöchig
- Mündliche Prüfung: ja

Hamburg

- Aufsichtsarbeiten: 6
- Mündliche Prüfung: mit Vortrag

Universität:

- Grundlagenorientierte Schwerpunktbereiche: Europäische Rechtsgeschichte
- Zivilrechtliche Schwerpunktbereiche:
  - Familien- und Erbrecht, Verfahrensrecht, Rechtsberatung und Rechtsgestaltung, IPR:
    1. Familien-, Erb- und Zivilverfahrensrecht
    2. Internationales und europäisches Privatrecht und Rechtsvergleichung
  - Handels- und Gesellschaftsrecht, Wirtschaftsrecht: Arbeits-, Handels- und Gesellschaftsrecht
  - Arbeitsrecht, Sozialrecht:
    1. Arbeits-, Handels- und Gesellschaftsrecht
    2. Sozialrecht mit arbeitsrechtlichen Bezügen
- Strafrechtliche Schwerpunktbereiche: Kriminalität und Kriminalitätskontrolle
- Öffentlich-rechtliche Schwerpunktbereiche:
  1. Planungs-, Wirtschaftsverwaltungs- und Umweltrecht
  2. Europarecht und Völkerrecht
  3. Finanzverfassungs- und Steuerrecht
- Weitere Schwerpunktbereiche:
  1. Ökonomische Analyse des Rechts
  2. Information und Kommunikation
- Aufsichtsarbeiten: 1 fünfstündig
- Seminar-/Studienarbeiten: 4-wöchig
- Mündliche Prüfung: ja

Bucerius Law School:

- Grundlagenorientierte Schwerpunktbereiche: keine Angaben
- Zivilrechtliche Schwerpunktbereiche:
  - Familien- und Erbrecht, Verfahrensrecht, Rechtsberatung und Rechtsgestaltung, IPR: Europäisches und internationales Recht
  - Handels- und Gesellschaftsrecht, Wirtschaftsrecht:
    1. Unternehmen und Steuern
    2. Recht des internationalen Handels
  - Arbeitsrecht, Sozialrecht: Wirtschaft, Arbeit und Soziales

Anhang

- Strafrechtliche Schwerpunktbereiche: Wirtschaftsstrafrecht
- Öffentlich-rechtliche Schwerpunktbereiche: Wirtschaft, Medien und Verwaltung
- Weitere Schwerpunktbereiche: keine Angaben
- Aufsichtsarbeiten: 1 fünfstündig
- Seminar-/Studienarbeiten: 4-wöchig mit Vortrag und Diskussion
- Mündliche Prüfung: ja

Hessen

- Aufsichtsarbeiten: 6
- Mündliche Prüfung: ja

Frankfurt a. M.:

- Grundlagenorientierte Schwerpunktbereiche: Grundlagen des Rechts
- Zivilrechtliche Schwerpunktbereiche:
  - Familien- und Erbrecht, Verfahrensrecht, Rechtsberatung und Rechtsgestaltung, IPR: Familienrecht in Arbeit, Soziales, Lebenslagen
  - Handels- und Gesellschaftsrecht, Wirtschaftsrecht: Unternehmen und Finanzen
  - Arbeitsrecht, Sozialrecht: Arbeit, Soziales, Lebenslagen
- Strafrechtliche Schwerpunktbereiche: Kriminalwissenschaften
- Öffentlich-rechtliche Schwerpunktbereiche: Internationalisierung und Europäisierung des Rechts
- Weitere Schwerpunktbereiche: Steuerung durch Recht
- Aufsichtsarbeiten: 6 Semesterabschlussklausuren, kann nach Wahl des jew. Lehrenden auch als mündliche Prüfung stattfinden
- Seminar-/Studienarbeiten: 8-wöchig
- Mündliche Prüfung: ja

Gießen:

- Grundlagenorientierte Schwerpunktbereiche: keine Angaben
- Zivilrechtliche Schwerpunktbereiche:
  - Familien- und Erbrecht, Verfahrensrecht, Rechtsberatung und Rechtsgestaltung, IPR:
    1. Gestaltung und Verfahren im deutschen und internationalen Familien- und Erbrecht
    2. Europäisierung und Internationalisierung des Rechts
  - Handels- und Gesellschaftsrecht, Wirtschaftsrecht: Wirtschaftsrecht
  - Arbeitsrecht, Sozialrecht: Arbeitsrecht und Sozialrecht
- Strafrechtliche Schwerpunktbereiche:
  1. Strafjustiz
  2. Kriminologie
- Öffentlich-rechtliche Schwerpunktbereiche:
  1. Europäisierung und Internationalisierung des Rechts
  2. Planung, Umwelt, Wirtschaft, Verwaltung

- Weitere Schwerpunktbereiche: keine Angaben
- Aufsichtsarbeiten: keine Angaben
- Seminar-/Studienarbeiten: 4-wöchig
- Mündliche Prüfung: ja

Marburg:
- Grundlagenorientierte Schwerpunktbereiche: Recht der Privatperson (mit Römische Rechtsgeschichte, Privatrechtsgeschichte)
- Zivilrechtliche Schwerpunktbereiche:
  - Familien- und Erbrecht, Verfahrensrecht, Rechtsberatung und Rechtsgestaltung, IPR: Recht der Privatperson (Familien- und Erbrecht, Haftungsrecht, Mietrecht u. a.)
  - Handels- und Gesellschaftsrecht, Wirtschaftsrecht: Recht des Unternehmens (Recht der GmbH, Unternehmenssteuerrecht u. a.)
  - Arbeitsrecht, Sozialrecht: Recht des Unternehmens (Koalitions-, Tarifvertrags-, Arbeitskampfrecht u. a.)
- Strafrechtliche Schwerpunktbereiche: Nationale und internationale Strafrechtspflege
- Öffentlich-rechtliche Schwerpunktbereiche:
  1. Staat und Wirtschaft
  2. Völker- und Europarecht
- Weitere Schwerpunktbereiche: Medizin- und Pharmarecht
- Aufsichtsarbeiten: 7 Semesterabschlussklausuren
- Seminar-/Studienarbeiten: 6-wöchig
- Mündliche Prüfung: keine Angaben

Mecklenburg-Vorpommern

- Aufsichtsarbeiten: 6
- Mündliche Prüfung: ja

Greifswald:
- Grundlagenorientierte Schwerpunktbereiche: keine Angaben
- Zivilrechtliche Schwerpunktbereiche:
  - Familien- und Erbrecht, Verfahrensrecht, Rechtsberatung und Rechtsgestaltung, IPR: keine Angaben
  - Handels- und Gesellschaftsrecht, Wirtschaftsrecht: Recht der Wirtschaft
  - Arbeitsrecht, Sozialrecht: Recht der Wirtschaft
- Strafrechtliche Schwerpunktbereiche: Kriminologie und Strafrechtspflege
- Öffentlich-rechtliche Schwerpunktbereiche:
  1. Europarecht und Rechtsvergleichung
  2. Staat und Verwaltung
  3. Steuern
- Weitere Schwerpunktbereiche: keine Angaben
- Aufsichtsarbeiten: 1 fünfstündig

- Seminar-/Studienarbeiten: 4-wöchig mit Vortrag und Diskussion
- Mündliche Prüfung: ja

Rostock:

- Grundlagenorientierte Schwerpunktbereiche: keine Angaben
- Zivilrechtliche Schwerpunktbereiche:
  - Familien- und Erbrecht, Verfahrensrecht, Rechtsberatung und Rechtsgestaltung, IPR: Rechtsberatung (anwaltsorientierte Juristenausbildung)
  - Handels- und Gesellschaftsrecht, Wirtschaftsrecht:
    1. Internationales Wirtschaftsrecht und Rechtssprache
    2. Recht der kleinen und mittleren Unternehmen
  - Arbeitsrecht, Sozialrecht: Recht der kleinen und mittleren Unternehmen
- Strafrechtliche Schwerpunktbereiche: Strafverteidigung
- Öffentlich-rechtliche Schwerpunktbereiche: Umwelt und Planung
- Weitere Schwerpunktbereiche: Kommunikationsrecht
- Aufsichtsarbeiten: 1
- Seminar-/Studienarbeiten: 4-wöchig
- Mündliche Prüfung: ja

Niedersachsen

- Aufsichtsarbeiten: 6
- Mündliche Prüfung: mit Vortrag

Göttingen:

- Grundlagenorientierte Schwerpunktbereiche: Historische und philosophische Grundlagen des Rechts
- Zivilrechtliche Schwerpunktbereiche:
  - Familien- und Erbrecht, Verfahrensrecht, Rechtsberatung und Rechtsgestaltung, IPR: Europäisches Privat- und Prozessrecht
  - Handels- und Gesellschaftsrecht, Wirtschaftsrecht: Wirtschafts- und Arbeitsrecht
  - Arbeitsrecht, Sozialrecht: Wirtschafts- und Arbeitsrecht
- Strafrechtliche Schwerpunktbereiche: Kriminalwissenschaften
- Öffentlich-rechtliche Schwerpunktbereiche: Internationales und europäisches öffentliches Recht
- Weitere Schwerpunktbereiche: Privates und öffentliches Medienrecht
- Aufsichtsarbeiten: 4 zweistündige
- Seminar-/Studienarbeiten: 4-wöchig mit Vortrag und Diskussion
- Mündliche Prüfung: keine Angaben

Hannover:

- Grundlagenorientierte Schwerpunktbereiche: Rechtsentstehung und Rechtsverwirklichung
- Zivilrechtliche Schwerpunktbereiche:

- Familien- und Erbrecht, Verfahrensrecht, Rechtsberatung und Rechtsgestaltung, IPR: Recht der internationalen Integration und Rechtsdurchsetzung
- Handels- und Gesellschaftsrecht, Wirtschaftsrecht:
  1. Arbeit, Unternehmen, Soziales
  2. Europäische Binnenmärkte
- Arbeitsrecht, Sozialrecht: Arbeit, Unternehmen, Soziales
- Strafrechtliche Schwerpunktbereiche: Strafverfolgung und Strafverteidigung
- Öffentlich-rechtliche Schwerpunktbereiche:
  1. Recht der internationalen Integration und Rechtsdurchsetzung
  2. Wirtschaftsverwaltungsrecht und Infrastrukturverwaltung
- Weitere Schwerpunktbereiche: keine Angaben
- Aufsichtsarbeiten: 1 fünfstündig
- Seminar-/Studienarbeiten: 6-wöchig mit Vortrag und Diskussion
- Mündliche Prüfung: ja

Osnabrück:

- Grundlagenorientierte Schwerpunktbereiche: Europäisches und internationales Privatrecht und seine historischen Grundlagen
- Zivilrechtliche Schwerpunktbereiche:
  - Familien- und Erbrecht, Verfahrensrecht, Rechtsberatung und Rechtsgestaltung, IPR:
    1. Europäisches und internationales Privatrecht und seine historischen Grundlagen
    2. Rechtspflege, Rechtsberatung und Rechtsgestaltung
  - Handels- und Gesellschaftsrecht, Wirtschaftsrecht:
    1. Deutsches und europäisches Unternehmens- und Kapitalmarktrecht
    2. Deutsches und europäisches Recht des Wettbewerbs und des geistigen Eigentums
    3. Deutsches und europäisches Recht der öffentlichen Güter und Dienstleistungen
  - Arbeitsrecht, Sozialrecht: Deutsches und europäisches Unternehmens- und Kapitalmarktrecht
- Strafrechtliche Schwerpunktbereiche: Deutsches und europäisches Wirtschaftsstrafrecht
- Öffentlich-rechtliche Schwerpunktbereiche:
  1. Europäisches öffentliches Recht und seine Grundlagen
  2. Deutsches und europäisches Steuerrecht
- Weitere Schwerpunktbereiche: keine Angaben
- Aufsichtsarbeiten: keine Angaben
- Seminar-/Studienarbeiten: 4-wöchig
- Mündliche Prüfung: ja

Nordrhein-Westfalen

- Aufsichtsarbeiten: 6
- Mündliche Prüfung: mit Vortrag

Bielefeld:

- Grundlagenorientierte Schwerpunktbereiche: keine Angaben
- Zivilrechtliche Schwerpunktbereiche:
  - Familien- und Erbrecht, Verfahrensrecht, Rechtsberatung und Rechtsgestaltung, IPR: Private Rechtsgestaltung und Prozessführung
  - Handels- und Gesellschaftsrecht, Wirtschaftsrecht:
    1. Wirtschaftsberatung
    2. Internationaler Handelsverkehr
  - Arbeitsrecht, Sozialrecht: Arbeit und sozialer Schutz
- Strafrechtliche Schwerpunktbereiche:
  1. Kriminalwissenschaften
  2. Strafverfahren und Strafverteidigung
- Öffentlich-rechtliche Schwerpunktbereiche:
  1. Öffentliches Wirtschaftsrecht in der EU
  2. Umwelt-, Technik- und Planungsrecht in der EU
- Weitere Schwerpunktbereiche: Einwanderung und soziale Integration
- Aufsichtsarbeiten: 1 fünfstündig
- Seminar-/Studienarbeiten: 4-wöchig
- Mündliche Prüfung: mit Vortrag

Bochum:

- Grundlagenorientierte Schwerpunktbereiche: keine Angaben
- Zivilrechtliche Schwerpunktbereiche:
  - Familien- und Erbrecht, Verfahrensrecht, Rechtsberatung und Rechtsgestaltung, IPR: Familie, Vermögen und Verfahren
  - Handels- und Gesellschaftsrecht, Wirtschaftsrecht:
    1. Unternehmen und Wettbewerb
    2. Internationale und europäische Wirtschaft
  - Arbeitsrecht, Sozialrecht: Arbeit und Soziales
- Strafrechtliche Schwerpunktbereiche: Strafverteidigung, Strafprozessrecht und Kriminologie
- Öffentlich-rechtliche Schwerpunktbereiche:
  1. Wirtschaftsverwaltung, Umwelt und Infrastruktur
  2. Steuern und Finanzen
- Weitere Schwerpunktbereiche: keine Angaben
- Aufsichtsarbeiten: 1 fünfstündig
- Seminar-/Studienarbeiten: 4-wöchig
- Mündliche Prüfung: keine Angaben

Bonn:

- Grundlagenorientierte Schwerpunktbereiche: keine Angaben
- Zivilrechtliche Schwerpunktbereiche:
  - Familien- und Erbrecht, Verfahrensrecht, Rechtsberatung und Rechtsgestaltung, IPR:
    1. Zivilrechtspflege, Anwaltsberuf und Notariat
    2. Rechtsvergleichung, europäische und internationale Rechtsvereinheitlichung, IPR, grenzüberschreitender Handelsverkehr
  - Handels- und Gesellschaftsrecht, Wirtschaftsrecht:
    1. Unternehmen, Kapitalmarkt und Steuern
    2. Wirtschaft und Wettbewerb
  - Arbeitsrecht, Sozialrecht: Arbeit und soziale Sicherung
- Strafrechtliche Schwerpunktbereiche: Kriminalwissenschaften
- Öffentlich-rechtliche Schwerpunktbereiche:
  1. Staat und Verfassung im Prozess der Internationalisierung
  2. Deutsches und europäisches Umwelt- und Planungsrecht, öffentliches Wirtschaftsrecht und Infrastrukturrecht
  3. Internationales und europäisches Recht der Wirtschaftsbeziehungen
- Weitere Schwerpunktbereiche: keine Angaben
- Aufsichtsarbeiten: bis zu 7
- Seminar-/Studienarbeiten: 6-wöchig mit Vortrag und Diskussion
- Mündliche Prüfung: keine Angaben

Düsseldorf:

- Grundlagenorientierte Schwerpunktbereiche: keine Angaben
- Zivilrechtliche Schwerpunktbereiche:
  - Familien- und Erbrecht, Verfahrensrecht, Rechtsberatung und Rechtsgestaltung, IPR: keine Angaben
  - Handels- und Gesellschaftsrecht, Wirtschaftsrecht:
    1. Wirtschaftsrecht/Immaterialgüterrecht
    2. Wirtschaftsrecht/Wettbewerbsrecht
    3. Wirtschaftsrecht/Unternehmensrecht
    4. Deutsches und europäisches Unternehmens- und Kapitalmarktrecht
  - Arbeitsrecht, Sozialrecht: in Deutsches und europäisches Unternehmens- und Kapitalmarktrecht
- Strafrechtliche Schwerpunktbereiche: Wirtschaftsstrafrecht
- Öffentlich-rechtliche Schwerpunktbereiche:
  1. Öffentliches Wirtschafts- und Umweltrecht
  2. Internationales und Europäisches Recht
  3. Steuerrecht
- Weitere Schwerpunktbereiche: Recht der Politik
- Aufsichtsarbeiten: 1 fünfstündig
- Seminar-/Studienarbeiten: 4-wöchig
- Mündliche Prüfung: ja

Köln:

- Grundlagenorientierte Schwerpunktbereiche: Privatrechtsgeschichte und Privatrechtsvergleichung
- Zivilrechtliche Schwerpunktbereiche:
  - Familien- und Erbrecht, Verfahrensrecht, Rechtsberatung und Rechtsgestaltung IPR:
    1. Rechtspflege und Notariat
    2. Internationales Privatrecht
  - Handels- und Gesellschaftsrecht, Wirtschaftsrecht:
    1. Unternehmensrecht
    2. Geistiges Eigentum und Wettbewerb
    3. Finanzdienstleistungen und Verbraucherschutz
    4. Internationales Privat-, Wirtschafts- und Verfahrensrecht
    5. Steuerrecht und Bilanzrecht
  - Arbeitsrecht, Sozialrecht: Arbeits- und Sozialrecht
- Strafrechtliche Schwerpunktbereiche:
  1. Kriminologie, Jugendkriminalrecht, Strafvollzug
  2. Internationales Strafrecht, Strafverfahren, praxisrelevante Gebiete des Strafrechts
- Öffentlich-rechtliche Schwerpunktbereiche:
  1. Staatsrecht
  2. Verwaltungsrecht
  3. Völker- und Europarecht
- Weitere Schwerpunktbereiche:
  1. Religion, Kultur und Recht
  2. Medien- und Kommunikationsrecht
  3. Gemeinsame Studiengänge der Fakultät mit ausländischen Hochschulen
- Aufsichtsarbeiten: 3 Semesterabschlussklausuren
- Seminar-/Studienarbeiten: 6-wöchig mit Vortrag und Diskussion
- Mündliche Prüfung: keine Angaben

Münster:

- Grundlagenorientierte Schwerpunktbereiche: Internationales Recht, Europäisches Recht, IPR (Verfassungsgeschichte, Römisches Sachenrecht u. a.)
- Zivilrechtliche Schwerpunktbereiche:
  - Familien- und Erbrecht, Verfahrensrecht, Rechtsberatung und Rechtsgestaltung, IPR:
    1. Rechtsgestaltung und Streitbeilegung
    2. Internationales Recht, Europäisches Recht, IPR
  - Handels- und Gesellschaftsrecht, Wirtschaftsrecht:
    1. Wirtschaft und Unternehmen
    2. Steuerrecht
  - Arbeitsrecht, Sozialrecht: Arbeit- und Soziales

2. Statistiken und Übersichten zum Jurastudium

- Strafrechtliche Schwerpunktbereiche:
  1. Kriminalwissenschaften
  2. Rechtsgestaltung und Streitbeilegung
- Öffentlich-rechtliche Schwerpunktbereiche:
  1. Staat und Verwaltung
  2. Internationales Recht, Europäisches Recht, IPR
  3. Rechtsgestaltung und Streitbeilegung

- Weitere Schwerpunktbereiche: Informations-, Telekommunikations- und Medienrecht
- Aufsichtsarbeiten: bis zu 7 Semesterabschlussklausuren
- Seminar-/Studienarbeiten: 4–6-wöchig mit Vortrag und Diskussion
- Mündliche Prüfung: keine Angaben

Rheinland-Pfalz

- Aufsichtsarbeiten: 6
- Mündliche Prüfung: ja

Mainz:

- Grundlagenorientierte Schwerpunktbereiche: Methodik und Geschichte des Rechts
- Zivilrechtliche Schwerpunktbereiche:
  - Familien- und Erbrecht, Verfahrensrecht, Rechtsberatung und Rechtsgestaltung, IPR:
    1. Internationales Privat- und Verfahrensrecht
    2. Familien- und Erbrecht
  - Handels- und Gesellschaftsrecht, Wirtschaftsrecht:
    1. Gesellschafts- und Kapitalmarktrecht
    2. Wirtschaft und Verwaltung II
    3. Europäisches und deutsches Kartell- und Wettbewerbsrecht
  - Arbeitsrecht, Sozialrecht: Deutsches und europäisches Arbeitsrecht
- Strafrechtliche Schwerpunktbereiche: Strafrechtspflege
- Öffentlich-rechtliche Schwerpunktbereiche:
  1. Internationales öffentliches Recht
  2. Wirtschaft und Verwaltung I (Gewerberecht, Umwelt- und Planungsrecht
  3. Steuerrecht
- Weitere Schwerpunktbereiche:
  1. Medienrecht
  2. Kulturrecht
- Aufsichtsarbeiten: 2 dreistündige
- Seminar-/Studienarbeiten: keine Angaben
- Mündliche Prüfung: ja

Anhang

Trier:

- Grundlagenorientierte Schwerpunktbereiche: Grundlagen der europäischen Rechtsentwicklung
- Zivilrechtliche Schwerpunktbereiche:
  - Familien- und Erbrecht, Verfahrensrecht, Rechtsberatung und Rechtsgestaltung, IPR: Europäisches und internationales Recht
  - Handels- und Gesellschaftsrecht, Wirtschaftsrecht: Unternehmensrecht
  - Arbeitsrecht, Sozialrecht: Arbeits- und Sozialrecht
- Strafrechtliche Schwerpunktbereiche: Wirtschaftsstrafrecht, Kriminologie und europäisches Strafrecht
- Öffentlich-rechtliche Schwerpunktbereiche:
  1. Europäisches und internationales Recht
  2. Umwelt- und Technikrecht
- Weitere Schwerpunktbereiche: Deutsches und internationales Steuerrecht
- Aufsichtsarbeiten: 1 fünfstündig
- Seminar-/Studienarbeiten: 4-wöchig mit Vortrag und Diskussion, kann nach Wahl des Prüfungsamts bzw. des Lehrenden durch eine zweite Aufsichtsarbeit ersetzt werden
- Mündliche Prüfung: ja

Saarland

- Aufsichtsarbeiten: 6
- Mündliche Prüfung: ja

Saarbrücken:

- Grundlagenorientierte Schwerpunktbereiche: keine Angaben
- Zivilrechtliche Schwerpunktbereiche:
  - Familien- und Erbrecht, Verfahrensrecht, Rechtsberatung und Rechtsgestaltung, IPR: keine Angaben
  - Handels- und Gesellschaftsrecht, Wirtschaftsrecht: Deutsches und internationales Vertrags- und Wirtschaftsrecht
  - Arbeitsrecht, Sozialrecht: Deutsches und europäisches Arbeits- und Sozialrecht
- Strafrechtliche Schwerpunktbereiche: keine Angaben
- Öffentlich-rechtliche Schwerpunktbereiche:
  1. Internationales Recht, Europarecht und Menschenrechtsschutz
  2. Deutsches und internationales Steuerrecht
- Weitere Schwerpunktbereiche:
  1. Deutsches und internationales Informations- und Medienrecht
  2. Französisches Recht
- Aufsichtsarbeiten: 2 fünfstündige
- Seminar-/Studienarbeiten: keine Angaben
- Mündliche Prüfung: ja

Sachsen

- Aufsichtsarbeiten: 5
- Mündliche Prüfung: mit Vortrag

Dresden:

- Grundlagenorientierte Schwerpunktbereiche: keine Angaben
- Zivilrechtliche Schwerpunktbereiche:
    - Familien- und Erbrecht, Verfahrensrecht, Rechtsberatung und Rechtsgestaltung, IPR: Rechtsgestaltung, Rechtsverfolgung und Streitbeilegung
    - Handels- und Gesellschaftsrecht, Wirtschaftsrecht: Wirtschaftsrecht
    - Arbeitsrecht, Sozialrecht: Wirtschaftsrecht
- Strafrechtliche Schwerpunktbereiche: Grundlagen und Praxis des Strafrechts
- Öffentlich-rechtliche Schwerpunktbereiche:
    1. Internationales Recht
    2. Technologie und Umweltrecht
- Weitere Schwerpunktbereiche: Recht und Rechtswissenschaft in interdisziplinärer Perspektive
- Aufsichtsarbeiten: 1 fünfstündig
- Seminar-/Studienarbeiten: ja, kann nach Wahl des Prüfungsamts bzw. des Lehrenden durch eine zweite Aufsichtsarbeit ersetzt werden
- Mündliche Prüfung: ja

Leipzig:

- Grundlagenorientierte Schwerpunktbereiche: Grundlagen des Rechts
- Zivilrechtliche Schwerpunktbereiche:
    - Familien- und Erbrecht, Verfahrensrecht, Rechtsberatung und Rechtsgestaltung, IPR: Rechtsberatung, Rechtsgestaltung, Rechtsdurchsetzung
    - Handels- und Gesellschaftsrecht, Wirtschaftsrecht:
        1. Bank- und Kapitalmarktrecht
        2. Unternehmen, Arbeit, Steuern
    - Arbeitsrecht, Sozialrecht: Unternehmen, Arbeit, Steuern
- Strafrechtliche Schwerpunktbereiche: Kriminalwissenschaften
- Öffentlich-rechtliche Schwerpunktbereiche:
    1. Staats- und Kommunalverwaltung
    2. Internationales und europäisches Recht
- Weitere Schwerpunktbereiche: Medien- und Informationsrecht
- Aufsichtsarbeiten: 1 vierstündig
- Seminar-/Studienarbeiten: 8-wöchig mit Vortrag
- Mündliche Prüfung: keine Angaben

Sachsen-Anhalt

- Aufsichtsarbeiten: 6
- Mündliche Prüfung: mit Vortrag

Halle-Wittenberg:

- Grundlagenorientierte Schwerpunktbereiche: keine Angaben
- Zivilrechtliche Schwerpunktbereiche:
  - Familien- und Erbrecht, Verfahrensrecht, Rechtsberatung und Rechtsgestaltung, IPR: Forensische Praxis
  - Handels- und Gesellschaftsrecht, Wirtschaftsrecht: Deutsches und europäisches Wirtschaftsrecht
  - Arbeitsrecht, Sozialrecht: Arbeits-, Sozial- und Verbraucherrecht
- Strafrechtliche Schwerpunktbereiche: Kriminalwissenschaften
- Öffentlich-rechtliche Schwerpunktbereiche:
  1. Staat und Verwaltung
  2. Internationales, transnationales und europäisches Recht
- Weitere Schwerpunktbereiche: keine Angaben
- Aufsichtsarbeiten: keine Angaben
- Seminar-/Studienarbeiten: 6-wöchig mit Vortrag
- Mündliche Prüfung: ja

Schleswig-Holstein

- Aufsichtsarbeiten: 6
- Mündliche Prüfung: ja

Kiel:

- Grundlagenorientierte Schwerpunktbereiche: Historische und philoscphische Grundlagen des Rechts
- Zivilrechtliche Schwerpunktbereiche:
  - Familien- und Erbrecht, Verfahrensrecht, Rechtsberatung und Rechtsgestaltung, IPR:
  - Zivilrechtspflege
    1. Internationales Privatrecht und Rechtsvergleichung
  - Handels- und Gesellschaftsrecht, Wirtschaftsrecht:
    2. Wirtschaftsrecht: Steuerrecht
    3. Wirtschaftsrecht: Kartell- und Urheberrecht
  - Arbeitsrecht, Sozialrecht: Wirtschaftsrecht: Arbeitsrecht
- Strafrechtliche Schwerpunktbereiche: Kriminalwissenschaften
- Öffentlich-rechtliche Schwerpunktbereiche:
  1. Staat und Verwaltung
  2. Völker- und Europarecht
- Weitere Schwerpunktbereiche: keine Angaben

- Aufsichtsarbeiten: keine Angaben
- Seminar-/Studienarbeiten: 4-wöchig mit Vortrag und Diskussion
- Mündliche Prüfung: ja

Thüringen

- Aufsichtsarbeiten: 6
- Mündliche Prüfung: ja

Jena:

- Grundlagenorientierte Schwerpunktbereiche: Grundlagen des Rechts und der Rechtswissenschaft
- Zivilrechtliche Schwerpunktbereiche:
  - Familien- und Erbrecht, Verfahrensrecht, Rechtsberatung und Rechtsgestaltung, IPR: keine Angaben
  - Handels- und Gesellschaftsrecht, Wirtschaftsrecht: Wirtschaftsrecht
  - Arbeitsrecht, Sozialrecht: Arbeitsbeziehungen und sozialer Schutz
- Strafrechtliche Schwerpunktbereiche: Kriminalwissenschaften
- Öffentlich-rechtliche Schwerpunktbereiche: Public Governance
- Weitere Schwerpunktbereiche: keine Angaben
- Aufsichtsarbeiten: 1 zweistündig
- Seminar-/Studienarbeiten: 4-wöchig
- Mündliche Prüfung: ja

Anmerkungen

1 Etwa *Wolfgang Kaupen*, Die Hüter von Recht und Ordnung, Neuwied 1969.
2 *Kaupen*, ebd., S. 215 f.
3 *Walter Otto Weyrauch*, Zum Gesellschaftsbild des Juristen, Neuwied 1970, S. 319 f.
4 *Manfred Rehbinder*, Rechtssoziologie, 7. Aufl., Berlin 2009, S. 127.
5 *Klaus Friedrich Röhl*, Rechtssoziologie, Köln 1987, S. 352.
6 *Tilmann Moser*, Verstehen, Urteilen, Verurteilen – Psychoanalytische Gruppendynamik mit Jurastudenten, Frankfurt/Main 1977.
7 Siehe Anhang 2, Statistik 1, S. 212 f.
8 *Dietrich Rüschemeyer*, Juristen in Deutschland und in den USA, Stuttgart 1976.
9 Wer diese Fähigkeit trainieren möchte, dem sei das unterhaltsame Buch von Vera F. Birkenbihl, Stroh im Kopf, 2005 (Taschenbuchausgabe), empfohlen.
10 Vgl. http://www.brak.de/seiten/08_02_01_01.php (genauer Link: http://www.brak.de/seiten/pdf/Statistiken/Jurastudenten2005.pdf).
11 Für viele hier: *Niklas Luhmann*, in: Jürgensen u. a., Jahrbuch für Sozialwissenschaft, Bd. 19, 1968, S. 147–170.
12 Siehe Anhang 2, Statistik 1 S. 212.
13 Ausführlich dazu *Michael Greßmann*, Die Reform der Juristenausbildung, Bundesanzeiger Verlagsges.m.b.H., Köln 2002.
14 Vgl. etwa *Frederic Vester*, Denken, Lernen, Vergessen, Stuttgart 1978, S. 92–137.
15 *Ludwig Reiners*, Stilkunst. Ein Lehrbuch deutscher Prosa, überarb. Ausgabe, München 1991. Eine preiswerte Kurzfassung bietet die Stilfibel, seit 1951 in fortlaufenden Auflagen.
16 *Eberhard Schmidt*, Die Sache der Justiz, Göttingen 1961, S. 45.
17 *Gustav Radbruch* in seinem Aufsatz „Des Reichsjustizministeriums Ruhm und Ende", in: Süddeutsche Juristenzeitung 1948, Sp. 57–64.
18 So der Titel des Buches von *Ingo Müller*, Untertitel: Die unbewältigte Vergangenheit unserer Justiz, München 1987.
19 Im Namen des Deutschen Volkes – Justiz und Nationalsozialismus, Katalog zur Ausstellung des Bundesministeriums der Justiz, Köln 1989.
20 *Franz Böhm* in seinem Geleitwort zu Hugo Sinzheimer, Jüdische Klassiker der deutschen Rechtswissenschaft, Frankfurt 1953, S. XII.
21 *Schmidt* (1961), S. 46.
22 *Alexander Hollerach*, in: Staatslexikon Bd. 4, 7. Aufl. Freiburg 1988, Sp. 692.
23 Dazu *Christof Gramm*, Argumentieren – Das Trainingsbuch, Planegg b. München 2005.
24 *Rudolf von Ihering*, Der Kampf um's Recht, Wien 1872, S. 18 und S. 8.
25 *Peter Häberle*, in: Die Zeit, Schriften der Carl-Friedrich-von Siemens-Stiftung, Bd. 6, hrsg. v. A. Reisl u. A. Mohler, 1983, S. 294.
26 § 5a Abs. 3 DRiG lautet: „Die Inhalte des Studiums berücksichtigen die rechtsprechende, verwaltende und rechtsberatende Praxis einschließlich der hierfür erforderlichen Schlüsselqualifikationen wie Verhandlungsmanagement, Gesprächsführung, Rhetorik, Streitschlichtung, Mediation, Vernehmungslehre und Kommunikationsfähigkeit." Die Umsetzung in der Praxis befindet sich allerdings noch im Anfangsstadium.

Sachverzeichnis

A

Abenteurer 130
Abschluss 19
Abstraktheit 9
Abstraktionsvermögen 12
Abwechslung 104
akademische Lehre 57
aktives Lernen 89
aktives Studieren 108
allgemeine Hochschulreife 3
allgemeiner Rechtssatz 11
Allgemeinheit des Gesetzes 10
Analytiker 24
Anfänger-AG 115
Anfangsgehalt 31
Angemessenheit 202
Angst 117, 147, 151
Anonymität 61
Anspruch auf BAföG 85
Anwalt 31 f.
Anwaltskanzlei 30
Arbeitsaufwand 135
Arbeitsbedingungen 60
Arbeitsgemeinschaften 66, 69, 74, 122, 192, 195
Arbeitsgericht 26
Arbeitsgruppen 187
Arbeitshaltung 131
arbeitslos 12
Arbeitsmarkt 21
Arbeitspensum 105
Arbeitspläne 98
Arbeitsplatz 195
Arbeitsrecht 30, 34, 184
Arbeitsrhythmus 105
Arbeitstechniken 89
Arbeitszeiten 30
Architektenrecht 30
Argumentation 47, 50, 173, 180
Argumentationsketten 204
Argumentationsstrukturen 39
Argumentationswettbewerbe 205
Argumente 40, 208
Argumentieren 12, 208
Assessment-Center 50
Aufbaufehler 140
Aufgabenkatalog 102
Aufrichtigkeit 89
Aufstiegschancen für Richter 28
Ausbildungsmarkt 93
Ausgleich 24
Auslandsstudium 82
Auslegung 139
Authentizität 209
Autoritätsgläubige 127, 129

B

Bachelorabschluss 20
BAföG 84
Bankkredit 86
Bankrecht 25, 30

Sachverzeichnis

Baurecht 30
Beamte 22, 28, 30
Beförderungschancen 27
Beisitzer 25
Bergsteiger 117
Berufsausübung 5
Berufsbild 15, 17, 25, 29
Berufsbild des Anwalts 29
Berufseinstieg 31
Berufsentscheidung 17
Berufsethik 201 f.
Berufsfelder 16, 49
Berufsleben 48, 81, 183 f., 197
Berufsmilieu 20
Berufsmöglichkeiten 20
Berufsvorstellung 15
Besoldung 27
Besserwisser 127
Betriebswirte 35
Bewerbungen 145
BGB 144
Bibliotheken 61
Blickkontakt 207
Bundesländer 28
Bundesverfassungsgericht 40
Bürgerliches Gesetzbuch 46

C

Campus 186
Chancengleichheit 206
Computerprobleme 186
Cusanuswerk, Bischöfliche Studienförderung 86

D

Definition 156
Definition, richtige 173
Demokratie 9
Denkbaustein 110
Denkfehler 142
Denkweise 203
Deutscher Akademischer Austauschdienst (DAAD) 83
Deutscher Juristentag 37
Diskussionsgegner 209
Diskussionssituation 152
Diskussionswettbewerbe 205
Dissertation 185
diszipliniertes Denken 12
Dozentinnen, Dozenten 189
Dschungeldurchquerung 1, 5
Durchblicke 128
Durchfallquote 80, 187

E

Ehrgeiz 125
Einkommen 12
Einstellung 25
Einstellungspolitik 49
Empathie 207
Entscheidung 26
Entstehungsgeschichte 139
Enttäuschungen 109
ERASMUS-Programm 83
Erblasser 41, 43
Erbrecht 30
Erfolg 5, 95, 198
Ergebnisorientierung 208
Ermessensproblematik 141

erste juristische Prüfung 19, 37, 54, 78, 190
Erwartungen 15
Ethik 180
Ethos 20, 182
Europarecht 70
Evaluation der Lehre 56
Evangelisches Studienwerk e. V., Haus Villigst 86
Examen 3, 75, 155
Examen, zweigeteiltes 78
Examensklausuren 57
Examensvorbereitung 57, 72
Examensvorbereitungsphase 67, 191

F

Fachanwaltstitel 30
Fachhochschule 19
Fachsprache 205
Fairness 50, 180, 201
Fakultäten, juristische 60, 65
Fallbearbeitung 77, 136
Fallfrage 137
Fallgestaltungen 203
Falllösungen 68, 193
Fallsituation 78
Familienrecht 30
Fehler 122
Fehlerlehre 120
Fehlerliste 135
Fehlerquellen 122, 135
Finanzgericht 26
Finanzierung des Studiums 84, 86
Floskeln 163

Flüchtigkeitsfehler 138
Formalist 131
Frauen 38 f.
Freiheit 13, 180
Freischuss 3, 52, 79
Fremdsprachenkenntnisse 35, 49
Freude 196
Freundlichkeit 208
Friedrich-Ebert-Stiftung e. V. 86
Friedrich-Naumann-Stiftung 86
Frustrationen 109
Furcht 117
Fußnoten 165

G

Gedankenführung 161
Gedankengang 140
Geheimwissenschaft 157
Generalist 128
Generalität 9
Gerechtigkeit 12, 177, 180 f.
Gerichtsprozess 48
Gerichtsurteile 157
Gesamtbild 199
Gesellschaftsrecht 30
Gesetz 13
Gesetzesanwendung 139
Gesetzeslektüre 138, 170
Gesetzestext 138, 156
Gesetzeszweck 139 f.
Gesetzgebung 10
Gewaltlosigkeit 13
Gliederungsskizze 169

Grammatik 186
Großkanzlei 30, 186
Großunternehmen 34
Grundbegriffe 112
Grundgesetz 41, 140
Grundlagenfächer 179
Grundrechte 140
Grundstrukturen 47
Grundstudium 69

H

Handelsrecht 30
Handwerkskunst 177
Handwerkszeug 47
Hanns-Seidel-Stiftung e. V. 86
Hans-Böckler-Stiftung 86
Hauptstudium 70
Hausarbeiten 76, 163, 166
Hektik 195
Hermeneutik 40
Herrschaftswissen 200
herrschende Meinung 164
Hilfstechniken 185
Hinhören, bewusstes 153
Hochschulen 108
Hochschullehrende 108, 190
Hochschulranking 59
Hochschulwahl 58
HonorarprofessorInnen 66

I

Immobilienrecht 25
Indikativ 161
Individuelle Schwerpunktsetzung 81

Informationstechnologierecht 30
Insolvenzrecht 30
Intensität 116

J

Jobben 84, 86
Jugendstrafrecht 184
Jura 9
Jurastudierende 23
Jurastudium 12, 15, 21, 187
Jurisprudenz 10
Juristerei 12, 17, 24, 29, 37, 39, 55, 97, 147, 157, 202
JuristInnen 10, 21, 35
juristische Fakultäten 60
Juristische Fakultäten 65
juristische Prüfung 19
juristische Tätigkeiten 15, 21
juristisches Denken 6, 16, 37, 39, 47
Juristisches Schreiben 157

K

kapitalmarktrecht 30
Karriere 125
Karteikarten 113
Kartellrecht 184
Klarheit 40
Klausureinstieg 137
Klausuren 112, 157, 166 f., 173
Klausurenpraxis 166
kleine Scheine 69
Kommentar 185

Kommilitonen 4
Kommunalverwaltungen 32
Kommunikation 144
Kommunikationsfähigkeiten 147
Kommunikationslücke 143
Konfliktmanagement 29
Konfliktmanager 25
konkretes Wissen 192
Konkurrenz 29
Konrad-Adenauer-Stiftung e. V. 86
Konstanz 104
Kooperation 66
Körpersignale 207
Kreditaufnahme 84
Kriterien, ästhetische 143
Kunst des Fragens 110

L

Landkreise 32
Langzeitgedächtnis 113
Lautstärke 207
Lebensverhältnisse 61
Lebenswirklichkeit 16
Legaldefinition 140
Lehrbeauftragte 66
Lehrbuch 107, 112
Lehrbücher 192
Lehre 61
Lehrveranstaltungen 195
Leidenschaft 129
Leistungskontrollen 76
Leitbild 17
Lernen, bewusstes 122
Lernerfolg 106
Lernmethode 193
Lerntechnik 6
Lerntypen 123
Lösungsentwurf 169
Lösungsstrukturen 156
Lustlosigkeit 109

M

Macht 179
Managementfunktion 32
Massenuniversität 54, 68, 71, 95, 145
Masterabschluss 20
Mediation 29, 197
Mediator 26
Medienrecht 30
Meinungsstreitigkeiten 193
Menschenverstand 22
Mentalität 26, 33, 35, 37
Methode 135
Methoden wissenschaftlichen Arbeitens 69
Methodenlehre 139, 156
Methodik, juristische 188
Mietrecht 30
Minimalist 134
Ministerien 33
Moderator 25 f.
Modewörter 160
Motivation 2, 65, 92, 198
Motivationstest 17, 122
mündliche Prüfungssituation 148

Sachverzeichnis

N

Nachweise 165
Neugier 109
Niederschrift 172
Normalfälle 185

O

ordentliche Gerichtsbarkeit 26
Ordnungswidrigkeitenrecht 185
Orientierungslosigkeit 2
Orientierungsphase 68
Orthographie 186

P

Parlamentsgesetz 9
Partnerschaften 83
Pauken 113
Pause 102, 105
Perfektionismus 151
Perfektionismusdrang 173
Perfektionist 127
persönliche Freiheit 108
Persönlichkeit 199
Persönlichkeitsprofil 145
Pervertierung des Rechts 178
Pessimist 11
Pflichtteil 65
Politik 37
Prädikatsexamina 27, 48 f.
Präsentation 143
Praxis 183
Praxisbezug 188
private Arbeitsgemeinschaften 77

Problemen 167
Problemfälle 185
Professionalität 155
Professoren 36, 60
ProfessorInnen 96
Profil 52, 65
Profilbildung 67, 91
Promotion 81
Prüfungen 75
Prüfungen im Schwerpunktbereich 71
Prüfungsarbeiten 165
Prüfungsart 189
Prüfungsfächer 184
Prüfungsgebiet 184
Prüfungsgespräche 148, 156
Prüfungsklausuren 175
Prüfungsordnung 83
Prüfungssituation 155
Prüfungsstoff 65
Publikum 152

Q

Qualifikationsfelder 210
Qualifikationsmerkmal 202
Qualität 61, 102, 116, 179
Qualitätsbewusstsein 6
Qualitätskontrolle 119
Qualitätsvergleiche 56

R

R-Besoldung 27
Ranglisten 59
Ranking 59
Recht 181

Rechtsanwalt 20 f., 27 f., 50
Rechtsanwendung 45
Rechtsauslegung 45
Rechtsbegriffe 140
Rechtsfindung 13, 201
Rechtsfragen 203
Rechtsgeschichte 179
Rechtsgutachten 162
Rechtslage 137
Rechtsnormen 16, 45 f., 141, 161
Rechtsprechung 172, 189
Rechtsschutz 30
Rechtsverordnungen 33
Rechtswissenschaft 12, 22
Redezeit 208
Referat 150
Referendarzeit 80
Repetitor 57, 76
Repetitorien 57, 67, 77, 148, 193
Reproduzieren von Wissen 162
Rhetorik 48, 143, 197
Rhetorikseminare 205
Richter 20, 22, 25 ff., 29 f., 33, 49
Richterrolle 24
Risikobereitschaft 23

S

Sachlichkeit 40, 47, 180, 201
Sachverhalt 162
Sachverhaltsfehler 136
Sachverhaltslektüre 168
Sachverhaltsquetsche 136
Scheine 69 f.
Schemafixierung 140
Schlüsselqualifikationen 7, 24, 51, 147, 197, 206
Schnelligkeit 166
Schreibzentren 159
Schule 15 f.
Schulzeit 22
Schwerpunktbereich 3, 80, 82
Schwerpunktbereiche 3, 27, 55, 66 f., 71, 75, 194
Schwerpunktbereichsstudium 71
Schwerpunktbildung 168
Schwerpunktorientierung 121
Schwerpunktsetzung 64, 164
Selbstdisziplin 94
Selbstkorrektur 209
Selbstlernen 89
Selbstleseverfahren 106
Selbstmotivation 91, 93
Selbstorganisation 91, 101
Selbstsicherheit 155
Selbststudium 104, 116, 119, 195
Selbstüberforderer 133
Selbstüberforderung 174
Selbstvertrauen 135
Seminare 74, 108
Seminarschein 71
Signale, körpersprachliche 144
Sokrates 83
soziale Herkunft 22
Sozialgericht 26
Sozialkompetenz 198
Sozialrecht 30
Speditionsrecht 30
Spezialinteresse 97

Spezialinteressen 95 f.
Spitzenkanzleien 49
Spontaneität 104
Sprachgebrauch, exakter 160
Sprachkompetenz 12
Sprechen 146, 149
Sprechgeschwindigkeit 207
Sprechsituation 147, 150
Staat 181
Staatsanwalt 20, 22
Staatsexamina 184
Städte 32
Standort 15
Standortbestimmung 21
Statement 150
Steuerrecht 30, 185
Stiftung der Deutschen Wirtschaft für Qualifizierung und Kooperation 86
Stiftungen 85
Stiftungsverband Regenbogen e. V. 86
Stipendium 84
Stofffülle 191
Strafrecht 30, 185
Straßenrecht 184
Straßenverkehrsrecht 185
Streit 12
Studienabbruch 54
Studienabschnitte 68
Studienbedingungen 61
Studiendauer 80
Studienentscheidung 17
Studienliteratur 107
Studienordnung 97
Studienortwechsel 84
Studienplan 191

Studienplatzwahl 61
Studienschwerpunkte 82
Studienstiftung des deutschen Volkes 85
Studienstiftung des deutschen Volkes e. V. 86
Studienverlauf 67, 188
Studienwahl 22
Studienwechsler 64
Studienzeit 61, 188
Studienzeiten 51
Studium 17
Studium Generale 94
Subsumtion 170, 172
systematischer Zusammenhang 139

T

Tagesablauf 100
Tagesbilanz 100
Teamfähigkeit 198
Teamgeist 50
Teamwork 114
Technik des Fragens 110
Teilsätze 159
Traditionsuni 60
Trainingsmöglichkeit 148
Transportrecht 30
Tutorien 66, 69

U

Überschaubarkeit 61
Übung 108
Übungen 74
Unbekanntes 174

Universität 119, 193
Universitätsbezug 194
Universitätsbibliothek 4
Universitätsbibliotheken, Kataloge der 185
Universitätsort 67
Universitätsprofessur 36
Unparteilichkeit 201
Unsicherheitsfehler 138
Urheberrecht 30
Urteilskraft 116
Urteilsstil 161
Urteilsvermögen 107, 111, 116, 127
Utopie 181

V

Veranstaltungsformen 73
VerbandsjuristIn 34
Verbesserungsversuch 3
Verdienstchancen 35
Verfassungsgeschichte 70
verfassungskonforme Auslegung 141
Verhältnismäßigkeitsüberlegungen 142
Verhandlung 50
Verkehrsrecht 30
Versagen, ethisches 179
Versicherungsrecht 30
Verständlichkeit 158, 160
Verstehen des Textes 111
Verstehenslehre 40
Verträge 45
Vertragsrecht 25
Verwaltung 33, 49

Verwaltungsbeamte 27
Verwaltungsdienst 23
Verwaltungsgericht 26
VerwaltungsjuristIn 32
Verwaltungsrecht 30
Verwaltungsvorschriften 33
Verweise 140
Vielfalt 55
Völkerrecht 70
Vollständigkeit 167
Vollständigkeitswahn 151
Vorlesungen 108
Vorlesungsverzeichnisse 66
Vorschrift, konkrete 185
Vortragssituation 153

W

Wahrheitssucher 129
Weiterbildungsangebote 145
Wiedererkennen 137 f.
Wiederholung 113
Willenserklärung 46, 144
Wirklichkeit 21
Wirtschaftsjurist 34
WirtschaftsjuristIn 59
Wirtschaftsrecht 25, 70
Wissen, passives/aktives 191
Wissenschaft 36, 40, 109
Wissenschaftlichkeit 188
Wohlstand 13
Wohnsituation 61
Wohnungseigentumsrecht 30
Wortmetze 46 f.
Wortwissenschaft 147
Wunschberuf 48

Z

Zeit 61, 193, 196
Zeitdruck 169, 192
Zeiteinteilung 171
Zeithaushalt 98, 101, 10 f.
Zeitpläne 98
Zeitplaner 100
Zielbestimmung 183
Zieldefinition 100
Zielsetzung 98
Zirkelschluss 142
Zitieren 165
Zuhören 209
Zusatzkenntnisse 185
Zusatzqualifikationen 20, 50
Zweite Juristische Staatsprüfung 3
zweites (juristisches) Staatsexamen 19, 49, 80, 189
Zwischenprüfung 148

Rund ums Recht
Ein- und Überblicke

Einstieg

BGB · Bürgerliches Gesetzbuch
Textausgabe Toptitel
75. Aufl. 2015. 894 S. Neu
€ 5,50. dtv 5001
Neu im März 2015
Mit EinführungsG, BGB-Informationspflichten-VO, Allgemeines GleichbehandlungsG, ProdukthaftungsG, UnterlassungsklagenG, WohnungseigentumsG, BeurkundungsG, LebenspartnerschaftsG, ErbbaurechtsG, Rom I bis III, VOen (EG), EuUntehVO und EuErbVO.

Däubler
BGB kompakt
Allgemeiner Teil · Schuldrecht · Sachenrecht.
Rechtsberater
3. Aufl. 2008. 1304 S.
€ 28,90. dtv 5693
Kompakt und leicht verständlich stellt der Band die besonders wichtigen ersten drei Bücher des BGB anschaulich und oft anhand von alltäglichen Beispielen dar. Der Ratgeber schildert rechtliche Verhältnisse, die jeden betreffen. Wiederholungsfragen und kleine Fälle runden jedes Kapitel ab.

Loos
Recht: verstanden!
So funktioniert unser Rechtssystem. Juristische Grundlagen einfach erklärt.
Beck im dtv Neu
2. Aufl. 2015. 186 S.
€ 12,90. dtv 50764
Auch als ebook erhältlich.
Warum gibt es Recht? Wer macht die Gesetze? Warum bekommt der, der Recht hat, nicht immer Recht. Mit vielen Beispielen.

Rittershofer
Lexikon Politik, Staat, Gesellschaft
3600 aktuelle Begriffe von Abberufung bis Zwölfmeilenzone.
Beck im dtv
1. Aufl. 2007. 869 S.
€ 19,50. dtv 50894
Was sind die Aufgaben von Bundestag und Bundesrat, EU, UNO und NATO, welches die Unterschiede zwischen Gewaltenteilung und Föderalismus? Auf diese und viele weitere Fragen zu den Begriffen der nationalen und internationalen Politik gibt dieses Lexikon aktuell, klar und verlässlich Auskunft.

RVG · Rechtsanwaltsvergütungsgesetz
Textausgabe Toptitel
10. Aufl. 2015. 302 S. Neu
€ 9,90. dtv 5762
Auch als ebook erhältlich.
Rechtsanwaltsvergütungsgesetz, Gerichtskostengesetz, Justizvergütungs- und -entschädigungsgesetz.

Haft
Aus der Waagschale der Justitia
Eine Reise durch 4000 Jahre Rechtsgeschichte.
Beck im dtv
4. Aufl. 2009. 335 S.
€ 18,90. dtv 5690
Vom Prozess Jesu bis zu den Mauerschützenprozessen, vom Codex Hammurapi bis zum Einigungsvertrag, von Platon bis zu Max Weber.

RDG · Rechtsdienstleistungsgesetz
Textausgabe
1. Aufl. 2008. 157 S.
€ 7,90. dtv 5773
Rechtsdienstleistungsgesetz mit Einführungsgesetz, Rechtsverordnung zum Rechtsdienstleistungsgesetz sowie Auszüge aus Verfahrensordnungen.

Europa

EuR · Europa-Recht
Textausgabe Toptitel
26. Aufl. 2015. 781 S. Neu
€ 11,90. dtv 5014
Neu im April 2015
Vertrag über die Europäische Union und Vertrag über die Arbeitsweise der Europäischen Union in der Fassung des Vertrages von Lissabon, Charta der Grundrechte mit Erläuterungen, Rechtsstellung des Unionsbürgers, Integrationsverantwortungsgesetz, Verfahrensordnungen von EuGH und EuG, Satzung des Europarates, Menschenrechtskonvention, Europäisches Zivilverfahrensrecht, Währungsunion.

Schrötter
Kleines Europa-Lexikon
Geschichte · Politik · Recht.
Beck im dtv
1. Aufl. 2010. 437 S.
€ 19,90. dtv 50691
Über 200 praxisnahe Stichworte von der Agrarpolitik bis hin zur Zypernfrage. Die rechtlichen und politischen Hintergründe des modernen Europa werden in diesem Lexikon klar und verständlich dargestellt.

Weltweit

Völkerrechtliche Verträge
Vereinte Nationen, Beistandspakte, Menschenrechte, See-, Luft- und WeltraumR, UmweltR, KriegsverhütungsR, Int. Strafgerichtsbarkeit.
Textausgabe
13. Aufl. 2013. 858 S.
€ 16,90. dtv 5031

Menschenrechte – Ihr internationaler Schutz
Textausgabe
6. Aufl. 2010. 755 S.
€ 24,90. dtv 5531
Menschenrechtspakte, Europäische Menschenrechtskonvention, EU-Grundrechtecharta, Antifolterkonvention Internationale Strafgerichte, Diskriminierungsschutz, Verfahrensordnungen u.v.a.

WTO · Welthandelsorganisation
Textausgabe
5. Aufl. 2013. 405 S.
€ 23,90. dtv 5752
WTO-Übereinkommen, Auszüge aus dem Allgemeinen Zoll- und Handelsabkommen (GATT) in den Fassungen von 1947 und 1994, Landwirtschaftsübereinkommen, Übereinkommen über gesundheitspolizeiliche Maßnahmen (SPS), Übereinkommen über technische Handelshemmnisse (TBT), Subventionsübereinkommen, Antidumping-Übereinkommen, Dienstleistungsabkommen (GATS), Übereinkommen über geistiges Eigentum (TRIPS), Streitbeilegungsvereinbarung (DSU).

Von der Jugend bis ins Alter
Recht in allen Lebenslagen

Jugend und Recht

JugR · Jugendrecht
SGB VIII – Kinder- und Jugendhilfe, AdoptionsvermittlungsG, UnterhaltsvorschussG, JugendschutzG.
Textausgabe
36. Aufl. 2015. 580 S.
€ 8,90. dtv 5008
Neu im April 2015

Toptitel **Neu**

Schule und Hochschule

Staupe
Schulrecht von A–Z
Noten und Zeugnisse ·
Schüler- und Elternrechte · Haftung und Rechtsschutz.
Rechtsberater
6. Aufl. 2007. 332 S.
€ 13,50. dtv 5232
Das umfassende Lexikon für Eltern, Lehrer und Schüler.

Lenßen
Dein Recht: Jugend und Schule
Beck im dtv
1. Aufl. 2009. 108 S.
€ 6,90. dtv 50453
Der kompakte Ratgeber für Jugendliche, um auch schwierige Lebenssituationen zu meistern.

Birnbaum
Mein Recht bei Prüfungen
Grundlagen · Anfechtung ·
Rechtsschutz.
Rechtsberater
1. Aufl. 2007. 230 S.
€ 9,50. dtv 50647
Effektive Hilfe für Prüflinge, Prüfer und Behörden.

Brehm/Zimmerling
Erfolgreich zum Wunschstudienplatz
Bewerbung · hochschulstart.de ·
NC · Auswahlverfahren und -tests ·
Rechtsschutz · Studienplatzklage.
Rechtsberater
2. Aufl. 2015. 300 S.   **Neu**
€ 16,90. dtv 50765
Neu im Juli 2015
Macht mit Tipps und Hinweisen den Weg zum Wunschstudium frei.

BAföG · Bildungsförderung
Textausgabe
31. Aufl. 2013. 262 S.
€ 12,90. dtv 5033
BundesausbildungsförderungsG mit Durchführungsverordnungen und Ausbildungsförderungsgesetzen der Länder, BerufsbildungsG, StipendienprogrammG und Meister-BAföG.

Theisen
ABC des wissenschaftlichen Arbeitens
Erfolgreich in Schule, Studium und Beruf.
Beck im dtv
1. Aufl. 2006. 263 S.
€ 9,50. dtv 50897

Gramm/Wolff
Jura – erfolgreich studieren
Für Schüler und Studenten.
Rechtsberater Toptitel
7. Aufl. 2015. 277 S. Neu
€ 14,90. dtv 50770
Neu im Juli 2015
Auch als ebook erhältlich.
Das Buch liefert detaillierte Informationen und Tipps zum Jurastudium. Ein Eignungstest für junge Juristen am Ende des Bandes bietet eine wichtige Entscheidungshilfe.

Ehe, Familie und Partnerschaft

FamR · Familienrecht
Zu Ehe, Scheidung, Unterhalt, Versorgungsausgleich, Lebenspartnerschaft und internationalem Recht.
Textausgabe Toptitel
16. Aufl. 2014. 895 S.
€ 13,90. dtv 5577
Mit der Düsseldorfer Tabelle 2014.

von Münch/Backhaus
Ehe- und Familienrecht von A–Z
Über 500 Stichwörter zur aktuellen Rechtslage.
Rechtsberater
16. Aufl. 2010. 510 S.
€ 19,90. dtv 5042
Auch als ebook erhältlich.
Annahme als Kind, Betreuung, Ehe, elterliche Sorge, Güterstand, Kindschaftssachen, Nichtehelichkeit, Scheidung, Unterhalt, Zugewinn, Lebenspartnerschaft.

Klein
Eheverträge
Sicherheit für die Zukunft.
Rechtsberater Toptitel
1. Aufl. 2012. 258 S.
€ 14,90. dtv 50719
Auch als ebook erhältlich.
Kompakter Ratgeber für die Regelungen in Ihrem Ehevertrag – vor Schließung der Ehe, während der Ehe und im Fall von Trennung und Scheidung.

Dahmen-Lösche
Ehevertrag – Vorteil oder Falle?
So finden Sie Ihre perfekte Regelung.
Rechtsberater
2. Aufl. 2011. 159 S.
€ 10,90. dtv 50656
Welche Klauseln vorteilhaft sind und wo die Fallen liegen erläutert ausführlich und mit zahlreichen Mustern und Beispielen versehen dieses Buch.

Peyerl
Ehevertrag und Scheidungsvereinbarung in Frage und Antwort
Güterstand, Unterhalt, Versorgungsausgleich und Zugewinn richtig regeln.
Rechtsberater
1. Aufl. 2011. 127 S.
€ 8,90. dtv 50681
Auch als ebook erhältlich.

Langenfeld
Ehevertrag und Scheidungsvereinbarung
Vertragsmuster mit Erläuterungen.
Rechtsberater
12. Aufl. 2012. 139 S.
€ 11,90. dtv 5226
Ausführliche Erläuterung der Grundlagen und typischen Konstellationen für vorsorgende Eheverträge und Scheidungsvereinbarungen.

Grziwotz
Rechtsfragen zu Ehe und Lebenspartnerschaft
Rechte und Pflichten, Unterhalt, Vermögensrecht und Verträge.
Rechtsberater
4. Aufl. 2010. 156 S.
€ 10,90. dtv 50611
Perfekter Rechtsrat für Verheiratete und Lebenspartner sowie alle, die heiraten oder eine Lebenspartnerschaft eingehen wollen.

Grziwotz
Rechtsfragen des nichtehelichen Zusammenlebens
Ein Ratgeber für gleich- und verschiedengeschlechtliche Paare.
Rechtsberater
3. Aufl. 2010. 179 S.
€ 11,90. dtv 50613
Umfassende Beratung zu den Themen Lebensgemeinschaft, gemeinsame Wohnung, Haushalt und Vermögen, Unterhalt, Altersvorsorge, Kinder, erbrechtliche Absicherung u.v.m.

Schwab/Görtz-Leible
Meine Rechte bei Trennung und Scheidung
Unterhalt · Ehewohnung · Sorge · Zugewinn- und Versorgungsausgleich.
Rechtsberater **Toptitel**
8. Aufl. 2014. 327 S.
€ 13,90. dtv 50730
Auch als ebook erhältlich.
Ratgeber zu allen Rechtsfragen bei Trennung und Scheidung.

Grziwotz/Kappler/Kappler
Trennung und Scheidung richtig gestalten
Getrenntleben, Scheidung, Lebenspartnerschaftsaufhebung, Vermögensauseinandersetzung und Unterhalt.
Rechtsberater **Toptitel**
8. Aufl. 2013. 303 S.
€ 12,90. dtv 50731
Auch als ebook erhältlich.
Informiert über die gesetzlichen Regelungen und zeigt Vereinbarungsmöglichkeiten.

Dahmen-Lösche
Scheidungsberater für Frauen
Ihre Rechte und Ansprüche bei Trennung und Scheidung.
Rechtsberater
2. Aufl. 2009. 159 S.
€ 9,90. dtv 50641
Dieses Buch berät umfassend mit vielen Beispielen, Mustern und Checklisten.

Schlickum
Scheidungsberater für Männer
Meine Rechte und Ansprüche bei Trennung und Scheidung.
Rechtsberater
3. Aufl. 2013. 192 S.
€ 12,90. dtv 50725
Auch als ebook erhältlich.
Der umfassende Rechtsberater für Ehemänner und Väter, die sich nicht aus ihrer Verantwortung drängen lassen wollen. Mit neuem Unterhaltsrecht.

Peyerl
Vermögensteilung bei Scheidung
So sichern Sie Ihre Ansprüche.
Rechtsberater
2. Aufl. 2010. 119 S.
€ 9,90. dtv 50659
Mit zahlreichen Tipps und Beispielen.

Strecker
Versöhnliche Scheidung
Trennung, Scheidung und deren Folgen einvernehmlich regeln.
Rechtsberater
5. Aufl. 2014. 349 S.
€ 16,90. dtv 50759
Auch als ebook erhältlich.
Bietet Hilfe bei der Suche nach einvernehmlichen Lösungen während Trennung und Scheidung. Berücksichtigt sind auch psychologische Aspekte.

Dahmen-Lösche
Unterhalt
So wehren Sie sich bei Trennung und Scheidung gegen unberechtigte Forderungen.
Rechtsberater
1. Aufl. Rd. 150 S.
Ca. € 7,90. dtv 50685
In Vorbereitung
Strategien nach der Reform im Unterhaltsrecht zur Abwehr und Begrenzung von Unterhaltsforderungen.

Lenßen
Ihr Recht: Scheidung und Unterhalt
Beck im dtv
1. Aufl. 2009. 100 S.
€ 6,90. dtv 50451
Die verständliche Einführung, damit Sie Ihre Rechte bei Trennung und Scheidung kennen.

Heiß/Heiß
Die Höhe des Unterhalts von A–Z
Mehr als 400 Stichwörter zum aktuellen Unterhaltsrecht.
Rechtsberater Toptitel
11. Aufl. 2012. 557 S.
€ 19,90. dtv 5059
Auch als ebook erhältlich.
Dieser Rechtsberater bietet als umfassendes Lexikon Antwort zu allen Unterhaltsfragen.

Lindemann-Hinz
Elternunterhalt
Das müssen Kinder für ihre Eltern zahlen.
Rechtsberater Toptitel Neu
3. Aufl. 2015. Rd. 200 S.
Ca. € 13,90. dtv 50780
In Vorbereitung
Alles Wichtige zum Unterhalt für Eltern: Ansprüche, Höhe, Vermögen, Überleitung, Verfahren u.v.m.

Schulte/Heider
Eltern und Kinder
Elterliche Sorge · Umgang · Unterhalt.
Rechtsberater
3. Aufl. 2011. 255 S.
€ 15,90. dtv 5648
Rechte und Pflichten gegenüber Partnern und Kindern sowie alles zu Jugendamt, Familiengericht, Unterhaltsvorschuss und Sozialhilfe, Namensrecht sowie Erbrecht.

Wernitznig
Meine Rechte und Pflichten als Vater
Vaterschaft, Sorgerecht, Umgang, Namensrecht, Unterhaltsfragen, erbrechtliche und steuerrechtliche Fragen.
Rechtsberater
2. Aufl. 2014. 148 S.
€ 11,90. dtv 50756
Auch als ebook erhältlich.
Das Werk behandelt das Thema leicht und verständlich und erklärt es anhand von vielen Beispielen.

Oberloskamp/Hoffmann
Wir werden Adoptiv- oder Pflegeeltern
Verfahren im In- und Ausland.
Rechtsberater
5. Aufl. 2006. 399 S.
€ 13,50. dtv 5215
Alles Wichtige zu Voraussetzungen und Rechtsfolgen, insbesondere bei Auslandsadoptionen; Erziehungsrechte, Unterhalt und Kindergeld.

Raack/Doffing/Raack
Recht der religiösen Kindererziehung
Unser Kind und seine Religion.
Rechtsberater
1. Aufl. 2003. 275 S.
€ 11,50. dtv 5676

Behinderung

**SGB IX ·
Rehabilitation und Teilhabe behinderter Menschen**
Textausgabe
8. Aufl. 2014. 800 S.
€ 17,90. dtv 5755

SGB IX mit allen Schwerbehindertenverordnungen, Behindertengleichstellungsgesetz, Auszüge aus anderen Sozialgesetzbüchern, einschlägige Steuervorschriften sowie das Bundesversorgungsgesetz.

Majerski-Pahlen/Pahlen
Mein Recht als Schwerbehinderter
Erwerbstätigkeit · Sozialleistungen · Steuern · Nachteilsausgleiche.
Rechtsberater
8. Aufl. 2010. 293 S.
€ 12,90. dtv 5252

Alles Wissenswerte für Betroffene, Angehörige und Betreuer. Mit allen Neuerungen durch Hartz IV.

Greß
Recht und Förderung für mein behindertes Kind
Elternratgeber für alle Lebensphasen – alles zu Sozialleistungen, Betreuung und Behindertentestament.
Rechtsberater
2. Aufl. 2014. 334 S.
€ 16,90. dtv 50745
Auch als ebook erhältlich.

Dieser Rechtsberater informiert über Sozialleistungen und Rechte, die Eltern mit behinderten Kindern zustehen.

Betreuung und Alter

BtR · Betreuungsrecht
BetreuungsG, BetreuungsbehördenG, Vormünder- und BetreuervergütungsG.
Textausgabe
12. Aufl. 2014. 164 S.
€ 6,90. dtv 5570

Zimmermann
Ratgeber Betreuungsrecht
Hilfe für Betreute und Betreuer.
Rechtsberater **Toptitel**
10. Aufl. 2014. 317 S.
€ 18,90. dtv 50743
Auch als ebook erhältlich.

Der Ratgeber informiert umfassend und in verständlicher Sprache über alle Rechte und Pflichten der Beteiligten bei einer Betreuung. Alles Wissenswerte zur „Patientenverfügung" wird dargestellt.

Dankelmann
Mehr Geld für Rentner
So erhalten Sie alle Leistungen, die Ihnen zustehen.
Rechtsberater
1. Aufl. 2014. 239 S.
€ 11,90. dtv 50722
Auch als ebook erhältlich.

Der neue Band ist eine wertvolle Orientierungshilfe für Rentner, um alle Leistungen und Ansprüche durchzusetzen – ob Grundsicherung, Arbeitslosen-, Kranken-, Pflege-, Unfall- und Rentenversicherung oder Rieser- und Rürup-Verträge.

Zimmermann
Betreuungsrecht von A–Z
Rund 470 Stichwörter zum aktuellen Recht.
Rechtsberater Toptitel
5. Aufl. 2014. 389 S.
€ 19,90. dtv 50757
Auch als ebook erhältlich.
Der Ratgeber informiert lexikalisch umfassend und leicht verständlich über alle wesentlichen Fragen der Betreuung.

Winkler
Betreuung in Frage und Antwort
Alle rechtlichen Aspekte für Betreute und Betreuer.
Rechtsberater
1. Aufl. 2014. 239 S.
€ 14,90. dtv 50682
Auch als ebook erhältlich.
Mit zahlreichen Beispielen und Checklisten.

Kempchen
Der neue Wohn- und Betreuungsvertrag
Was Betroffene und Angehörige beim Vertragsabschluss beachten sollten.
Rechtsberater
1. Aufl. 2013. 258 S.
€ 14,90. dtv 50724
Auch als ebook erhältlich.
Kompakt und verständlich erläutert das Werk alles Wichtige zum Wohn- und Betreuungsvertrag. Praktische Tipps, Hinweise, Vertragsmuster und praktische Beispiele runden die Darstellung ab.

Sengler/Zinsmeister
Mein Recht bei Pflegebedürftigkeit
Praxisleitfaden zur Pflegeversicherung.
Rechtsberater
3. Aufl. 2006. 346 S.
€ 12,50. dtv 5650
Hinweise, Beispiele und Adressen bieten wichtige Hilfen.

Zimmer
Ratgeber Demenzerkrankungen
Rechts- und Praxistipps für Angehörige und Betreuer.
Rechtsberater
1. Aufl. 2009. 256 S.
€ 13,90. dtv 50672
Alles zu rechtlicher Vorsorge, Betreuung, Pflege und vielen weiteren Themen.

Lenz/Roglmeier
Vorsorgeregelungen
Patientenverfügung, Vorsorgevollmacht, Betreuungsverfügung.
Rechtsberater
1. Aufl. 2010. 167 S.
€ 13,90. dtv 50708

Putz/Steldinger
Patientenrechte am Ende des Lebens
Vorsorgevollmacht · Patientenverfügung · Selbstbestimmtes Sterben.
Rechtsberater Toptitel
5. Aufl. 2014. 337 S.
€ 15,90. dtv 50746
Auch als ebook erhältlich.
Beantwortet die wichtigen Fragen rund um das »Selbstbestimmte Sterben«